불안이
불안하다면

FUTURE TENSE

트레이시 데니스 티와리 지음
양소하 옮김

불안이
불안하다면

불안감을
추진력으로
바꾸는
가장 과학적인 방법

와이즈베리
WISEBERRY

추천의 말

불안이 없는 인생은 브레이크가 고장 난 자동차다. 잠재적 문제로부터 우리를 보호하지만, 불안은 한 번의 치명적 사고를 막기 위해 99번 "위험"을 외치도록 설계되었다. 그래서 이 책의 메시지가 중요하다. 불안을 존중하되, 그것에 위축되어 삶을 작게 만들지 말라는 것이다. 행복 열풍이 과열된 지금, 감정에 대한 보다 깊고 넓은 시각을 갖게 해주는 좋은 책이다.

_ 서은국 행복심리학자, 연세대학교 심리학과 교수, 《행복의 기원》 저자

"아는 것은 힘이 된다." 특히 우리의 마음에 대해서는 확실히 그렇다. 그동안 불안이라는 감정을 피하기 위해 얼마나 노력했던가? 그리고 그때마다 얼마나 불안에게 패배했던가? 그런데 이 책에서는 불안이 단지 마음속 경보장치라고 말한다. 불안이 실체가 아닌, 우리에게 무언가 알려주는 신호일 뿐이라는 것이다. 그 신호를 우리의 삶에 어떻게 이용할 수 있는지 알려주며, 불안을 공포가 아닌 내 마음의 방향키로

삼을 수 있는 방법을 이야기한다. 많은 사람들이 이 책을 읽고 마음속 미지의 길을 탐험하게 되길 기대해본다. 그곳에서 보물상자를 발견할 수 있을 것이다.

_ **최설민** 심리학 유튜버, 채널 〈놀면서 배우는 심리학〉 운영

만약 당신이 평소보다 더 불안하다거나, 불안감을 느끼는 것 자체가 불안하다면 이 책을 꼭 읽어야 한다. 불안은 병이 아니라 인간 본성의 특징으로 밝혀졌다. 트레이시 데니스 티와리는 수년간의 과학적 연구와 자신의 개인적인 임상 경험을 바탕으로, 여러 가지 면에서 쉽게 오해되고 가장 과소평가되는 이 감정에 관해 설득력 있는 가이드를 제시한다. 지금 우리에게 절실하게 필요하고, 믿도 안 되게 명확하고 실용적이며 읽기 쉬운 책이다!

_ **앤절라 더크워스** 펜실베이니아대학교 심리학과 교수, 《그릿》 저자

이 책은 불안에 대한 기존의 오해를 깨부수면서 그것을 더 유용한 사고로 대체한다. 감정에 관한 신경과학 전문가인 트레이시 데니스 티와리는 모두가 걱정을 '덜 하는' 대신 걱정을 '잘하는' 법을 스스로 깨우쳐야 한다는 매우 흥미롭고도 요긴한 팩트를 세상에 선보였다.

_ **애덤 그랜트** 펜실베이니아대학교 와튼스쿨 심리학과 교수, 《오리지널스》 저자

놀라운 연구와 훌륭한 스토리텔링을 통해 우리가 지금껏 생각하고 익혀온 모든 것과 반대로, 불안이 현명하게 이해되고 활용됨으로써 꿈

을 이루는 데 가장 가치 있고 유용한 감정이 된다는 점을 일깨워주고 있다. 만약 여러분이 나처럼 불안해하거나 또 불안해하는 사람들과 함께 생활하고 일한다면 반드시 읽어야만 한다!

_ **마크 브래킷** 예일대학교 감성지능센터장, 《감정의 발견》 저자

불안을 쉽게 이해하게 하며 우리를 앞으로 나아가기 위한 새로운 길로 인도하는 책이다. 이 책은 또한 불안의 무감각화와 관련해 오랫동안 미뤄져온 도전 과제를 던진다. 트레이시 데니스 티와리는 우리가 불안과 함께 어떻게 살아가고 성장할지 고민해볼 수 있게 하고, 또 삶의 근본적인 복화싫성을 다루는 데 있어 창의성을 발휘하도록 격려의 목소리를 아끼지 않는다. 이 책을 둘러싼 폭넓은 대화는 이 불안한 시대에 시급하고 필수적인 요소이다.

_ **대커 켈트너** 캘리포니아대학교 버클리캠퍼스 심리학과 교수

우리의 마음은 불안을 '나쁨'으로 분류하지만, 바로 그 생각이 종종 불안이 미래에 관한 유용한 메시지를 전달하지 못하게 막는다. 도움이 될 때는 불안한 감정을 활용하고 그렇지 않을 때는 그냥 내버려두는 법을 모두가 배워야 할 때이다. 하지만 이는 우선 불안이 무엇인지, 그리고 불안을 어떻게 하면 제대로 느낄 수 있는지를 배우는 단계부터 시작되어야 한다. 현명하게 잘 쓰인 이 책이 그 과정에 엄청난 도움이 될 것이다. 적극 추천한다.

_ **스티븐 헤이즈** 네바다대학교 리노캠퍼스 심리학과 교수

불안, 그리고 불안의 원인과 결과를 다루는 중요한 대화 속에 강력하고 깊이 있는 정보를 담은 새로운 목소리다. 이 책은 만성적인 감정적 고통이 정상화된 이 시기에 지식과 공감, 명확성을 제공한다. 어떻게 하면 불안이 우리에게 유용하게 작용할지 그 방식을 만들어내는 관점은 굉장히 혁명적이다.

_ 앨라니스 모리셋 가수

지혜와 연민, 유머로 가득한 이 책은 오랫동안 굳어져 있던 우리의 추측을 무너뜨리고 불안과 함께 어떻게 살아가야 하는지 단번에 이해하게 해준다. 우리의 새로운 번영을 위한 발판을 마련해줄 책.

_ 레시마 소자니 '걸스 후 코드' 창립자이자 CEO

프롤로그

한 유명한 철학자는 "올바르게 불안해하는 법을 아는 사람[1]은 궁극적인 진리를 깨달았다."라고 말했다.

잠깐, 불안해하는 데 옳고 그른 방법이 있다는 말인가? 이는 우리에게 또 하나의 걱정거리처럼 들리기도 한다.

하지만 내가 불안의 수호성인으로 생각하는 덴마크의 철학자 쇠렌 키르케고르Søren Kierkegaard는 중요한 사실을 발견했다.

우리는 불안감을 싫어한다. 그건 나도 마찬가지다. 아마 누구나 다 그럴 것이다. 불안은 고통스럽고 부담스러우며 우리를 쇠약하게 만드는 감정이다. 그리고 바로 이 점 때문에 우리는 키르케고르가 알게 된 사실, '불안은 우리의 친구가 되고 싶어 한다'는 점을 놓치고 있다. 불안은 알려지고 싶고 인정받고 싶어 하며 귀 기울여지길 바라는 동시에 자신을 소중하게 여기고 또 주의를 기울여주길 바란다. 하지만 동시에 불안은 좋은 친구가 종종 그러듯 우리가 듣고 싶지 않은 중요한 것을 말하려 하기에 끔찍한 존재로 느껴지기도 한다. 만약 우리가 정말 불안에 귀를 기울인다면 삶은 불안이 찾아왔을 때 도망가거나 숨는 손쉬운 선택을 할 때보다 훨씬 더 나아질 것이다.

불안을 끔찍하게 느끼는 게 무슨 문제가 될까? 불안은 개인적인 실패가 아니란 말일까? 우리 삶에 무언가 문제가 있다는 신호, 고치고 뿌리 뽑아야 할 무언가가 있다는 조짐이 아닐까? 그러나 인류가 살아온 긴 시간의 역사에서 그 누구도 불안을 뿌리 뽑지 않았다. 감사한 일이다. 만약 그랬다면 엄청난 불행이 찾아왔을 것이다.

이 책은 고통스럽고 강력하며 수상쩍지만 힘을 내게도 하는 불완전한 감정에 관한 이야기다. 마치 우리네 인생 같고 또 우리 인간의 이야기 같다. 아니, 우리 인간의 이야기가 맞다. 이 책을 읽게 되는 여러분이 불안을 바라보는 관점을 바꿀 수 있으리라 믿는다. 불안을 바라보는 관점은 마치 착시 현상을 설명하는 그림으로 잘 알려진 루빈의 꽃병과도 같다. 이 그림은 언뜻 보면 꽃병이 보이지만 시선을 바꾸면 두 사람의 옆얼굴이 꽃병 모양의 공간을 가로질러 서로를 바라보는 모습을 발견하게 된다.

우리의 친구이자 협력자로서의 불안을 되찾는 이 패러다임의 변화를 만드는 건 단지 일련의 연습과 해결책을 거치는 과정만 해당하지 않는다. 정말 가끔 효과가 있긴 하겠지만 그렇다고 불안한 마음이 나아지게 만들기 위해 할 수 있는 스무 가지 일을 그저 책에서 묘사하고 싶은 것도 아니다. 불안을 미화하거나, 불안이 결과적으로 생산적이고 창의적인 효과를 가져오니 절정의 컨디션으로 행동하려면 항상 불안이 필요하다고 강하게 주장하려는 건 더더욱 아니다 오히려 이 변화는 불안을 탐색해 그것으로부터 배우고, 또 그 감정을 유리하게 활용하게 하는 새로운 믿음과 통찰, 그리고 기대라는 새로운 조합으로서의 불안에 관해 새로운 마음가짐을 만들어낸다. 새로운 사고방식을 지닌다고 불안의 감정이 깨지는 게 아니기에 불안 그 자체를 고치는 것이 아닌 깨진 불안에 우리가 어떻게 대처하느냐에 관한 방법인 셈이다. 새로운 사고방식을 만드는 것이 불안을 고치는 최선이자 유일한 방법이다. 그리고 바로 이것이 이 책을 쓴 유일한 목적이다.

불안의 수호성인 쇠렌도 부디 이를 괜찮다고 생각해주길 바라본다.

FUTURE TENSE

1부

o

불안이 우리에게 필요한 이유

1장

불안이란
무엇인가

　미국의 스콧 파라진스키Scott Parazynski 박사와 그의 우주왕복선 승무원들은 지구 대기권을 벗어나기 위해 시속 17,500마일(약 28,000km)로 속도를 내고 있었다. 그들의 목적지는 과학의 중심지이자 태양계 탐사의 디딤돌, 그리고 인류가 우주에 건설한 가장 큰 구조물인 국제우주정거장International Space Station, ISS이었다. 많은 사람에게 ISS는 인류가 일궈낸 성공의 정점을 상징한다.

　2007년에 이 임무를 수행하기 전까지 스콧은 네 번의 우주왕복선 비행과 궤도에서 우주유영과 같은 선외 활동을 몇 차례 완수한 베테랑 우주비행사였다. 나사NASA에서 은퇴한 뒤 그는 에베레스트 등반에도 성공해 우주와 에베레스트를 둘 다 정복한 최초의 인물이 되기도 했다.

이처럼 스콧은 위험에 익숙한 사람이었다. 그러나 이번에는 중요한 일이니만큼 추가적인 부담이 뒤따랐다. 이번 임무는 지구에 복귀하려 대기권에 재진입하는 과정에서 우주선이 산산조각 나는 사고로 탑승한 선원 일곱 명 전원이 사망한 우주왕복선 컬럼비아호 참사가 일어난 뒤 3년간 지연되었던 일이었다.

하지만 스콧과 그의 팀에게는 이 임무가 잠재적 위험을 감수할 만한 가치가 있었다. 그들은 ISS 내에 미국과 유럽, 일본의 우주 실험실을 연결하고 통합하는 데 필요한 핵심 부품을 공급하고 설치해 추가 전력과 생활 지원을 제공하는 방식으로 ISS의 크기 및 성능을 크게 확장할 예정이었다.

일주일 동안 새로운 설치 작업과 평소 하던 수리를 마친 뒤, 상황은 예상치 못한 방향으로 전개되었다. 스콧과 그의 동료가 이제 막 설치한 두 개의 거대한 태양전지판이 말썽이었다. 처음 전지판을 펼치는 작업 도중 가이드 와이어가 걸려 전지판 두 군데가 크게 파손이 되고 만 것이다. 이렇게 되면 전지판이 완전히 펼쳐져 충분한 전력 생성이라는 제 기능을 수행할 때 방해가 되기에 심각한 문제였다.

스콧이 찢어진 태양전지판 수리를 맡았고 팀은 임시방편으로 활대 역할을 하는 붐boom의 끝에 스콧을 고정할, 매우 긴 밧줄을 마련해 그의 발에 감는 방법으로 ISS의 로봇팔에 연결했다. 붐에 매달린 스콧은 전지판을 따라 45분 동안 약 27미터를 이동해 마침내 파손된 전지판 부근에 접근했다. 꼬인 와이어를 공들여 자르고 안정 장치를 설치해 구조물을 보강하는 작업에서 외과의로서 발휘한 그의 실력은 결정적이었다.

초조함 속에 일곱 시간이 흘렀고 마침내 임무는 성공적으로 끝났다. 수리된 전지판이 완전한 길이로 펼쳐지자 ISS의 승무원과 지구의 관계자들이 환호성을 질렀다. 주황빛으로 빛나는 태양전지판 위를 나는 듯한 스콧의 사진은 용감한 우주 탐험을 상징하는 이미지다. 이런 그의 업적은 2013년에 개봉한 영화 〈그래비티〉에 묘사된, 죽음을 무릅쓴 우주선 수리 장면에 영감을 주었다고 한다.

그의 눈부신 활약 이후 거의 8년이 지난 뒤 나는 뉴욕의 루빈 박물관에서 열린 뇌파 관련 프로그램 무대에서 영광스럽게도 스콧과 이야기를 나눌 기회가 있었다. 키가 크고 금발인 데다 다부진 인상의 그는 마치 1950년대 미국 영웅처럼 보였다. 또 스콧은 상대를 편하게 하는 미소와 진심 어린 겸손한 태도를 지닌 예의 바른 사람이기도 했다.

나는 스콧에게 그날 우주의 빈 공간에서 오로지 우주복에만 의지한 채 어떻게 냉정을 유지할 수 있었는지 물었다. 임무의 성공 여부가 그의 어깨에 달려 있던 상황에서 그를 성공으로 이끈 비결은 무엇이었을까?

그것은 다름 아닌 '불안'이었다.

불안과 두려움

불안이 무엇인지 새삼스레 말할 필요가 있을까.

불안은 호모 사피엔스가 직립 보행을 한 뒤로 쭉 우리와 함께하고 있는 동반자 같은 존재다. 사람이라면 누구나 가지고 있는 근본적인 감정인 셈이다. 불안은 우리 신경계를 활성화해 긴장감을 높이고 심박수를 증가시킬 뿐 아니라 통제 불가능한 생각을 불러일으켜 우리를 초조하고 안절부절못하게 만든다. 라틴어와 고대 그리스어로 '목을 조르다', '고통스럽게 조이다', '불편하다'를 뜻하는 말에서 파생된 이 단어는 불쾌함과 더불어 두려움으로 마비된 몸과 우유부단함에 사로잡힌 마음, 다시 말해 신체적 및 정신적 질식의 결합을 뜻한다. 17세기에 이르러서야 이 단어는 우리가 오늘날 불확실한 결과가 따를지 모르는 상황에 대한 걱정과 두려움, 고뇌, 그리고 초조함 같은 불안으로 인지하는 생각과 느낌의 범위를 묘사하기 위해 영어에서 흔히 쓰이게 되었다.

우리는 종종 우리가 왜 불안해하는지 알고 있다. 조직 검사를 예약하라고 담당 의사가 전화를 걸어왔거나 500명의 낯선 사람들 앞에서 경력을 쌓기 위한 연설을 하려 무대에 서는 순간이어서일 수 있다. 아니면 소득 신고 관련해 회계 감사를 진행한다고 알리는 국세청 우편물을 뜯고 있기 때문일지도 모른다. 반면 뚜렷한 원인이나 주안점이 없는 불안은 더 파악하기 어렵다. 미친 듯 끈질기게 울려대는 경고음처럼 부동성 불안(free-floating anxiety, 이유를 알 수 없는 과도한 불안을 뜻하는 의학용어-옮긴이 주)은 무언가 잘못되고 있다는 것을 알려주지만 우리는 '삐' 소리의 원인을 찾아낼 수 없다.

일반적이든 특수한 경우든 간에 불안은 나쁜 일이 일어날 수 있지만 아직 일어나지 않았을 때 느끼는 감정을 뜻한다. 불안에는 신체적 감각(불안감, 긴장감, 흥분)과 생각(위험이 눈앞에 닥쳤을지 모른다는 근심, 두려움, 걱정)이라는 두 가지 핵심 요소가 있다. 이 둘을 합치면 왜 목을 조른다는 뜻이 불안이란 단어의 유래가 되었는지 알 수 있다. 나는 어디로 가야 할까? 어떻게 해야 하지? 왼쪽으로 돌면 상황이 더 나빠질까? 아니면 오른쪽으로 도는 게 더 나빠질까? 아냐, 그냥 멈춰버리거나 아예 사라지는 게 최선일지도 몰라.

불안은 우리 몸 안에서의 감정으로서뿐 아니라 생각의 질로서도 경험할 수 있다. 불안한 마음일 때 우리의 관심사는 좁아진다. 더 집중하고 세부 지향적이 되며 숲 대신 나무를 보는 경향이 있다. 긍정적인 감정은 반대로 작용한다. 불안하지 않고 긍정적일 때 우리는 세부 사항보다 전체 상황의 요점을 파악하도록 시야를 넓힌다. 또 불안은 우리의 마음을 움직이거나 부정적인 가능성에 관해 걱정하고 미리 대비하도록 만들기도 한다.

일반적으로 두려움이 불안한 감정을 지배하지만, 무언가를 원할 때 불안함을 느끼기도 한다. 나는 오랫동안 미룬 바닷가에서의 휴가를 즐기러 비행기에 탈 생각을 하다가 혹시 항공기 지연이나 비가 방해하면 어쩌지 하고 불안할 때가 있다. 이런 종류의 불안은 원하는 미래에 흥분해 생긴 전율에 해당한다. 하지만 해마다 열리는 연말 파티에 갈 때는 불안한 마음이 들지 않는다. 늘 그랬듯 너무 많이 마시는 사람들이 올 게 분명하지만 나는 이미 그곳에서 보내게 될 힘든 시간을 알고 있기 때문이다. 하지만 불안이 두려움 때문이든 흥분 때문이든 간에 우리는 미래 상황에 관해 예측하고 관심을 가질 때만 불안한 마음을 느낀다.

그렇다면 왜 불안은 두려움과 같지 않을까? 우리는 종종 두 단어를 서로 바꾸어 사용한다. 둘 다 뒤숭숭한 감정을 불러일으키고 아드레날린 분출과 뛰는 심장 박동, 가쁜 호흡으로 드러나는 '투쟁 도피 반응 (fight/flight response, 갑작스러운 자극에 투쟁할 것인가 도피할 것인가로 흥분한 생리적 상태-옮긴이 주)'을 유발하기 때문이다. 불안과 두려움 둘 다 우리 마음을 한곳에 집중하게 하고 세밀한 방향으로 이끌며 기꺼이 반응할 준비가 된 상태로 몰아넣는다. 우리 뇌는 준비를 하고 몸 역시 활동할 채비를 갖춘다. 하지만 여기에 차이점이 있다.

얼마 전 일이다. 어느 날 나는 다락방에 보관했던 낡은 상자를 뒤지고 있었다. 그러다 따뜻하고 털이 많으며 움직이는 무언가에 손이 닿았다. 나는 내가 생각한 것보다 더 빨리 펄쩍 뛰며 뒤로 물러났고 상자를 밀어냈다. 인간의 깜짝 놀라는 반응에 관한 연구는 그날 내가 그렇게 반응하는 데 겨우 수백 밀리초, 즉 영 점 몇 초밖에 걸리지 않았다는 사실을 알려준다. 심장이 정신없이 뛰었고 땀도 한가득 흘렀으며 나는 분명 그 일이 일어나기 전보다 더 각성했고 기민한 상태였다. 그리고 상자 안에 있던 생물의 정체는 작은 들쥐로 밝혀졌다.

그 쥐에 대한 나의 반응은 두려움이었다.

이제 나는 쥐처럼 앞니가 날카로운 동물이 두렵지 않다. 들쥐들이 귀여울 뿐 아니라 생태계에서 중요한 일부분을 차지한다고도 생각한다. 하지만 그날 두려움과 관련한 내 반응은 쥐가 물 것이라 예상하지 않는 내 마음을 신경 쓰지 않았다.

내 두려움은 들쥐의 장점이나 귀염성, 그리고 내가 정말 그렇게 빨리 펄쩍 뛰며 뒤로 물러날 필요가 있었는지 등에 관한 논쟁에 관심이 없었다. 그리고 이는 나에게 좋은 일이었다. 만약 상자 안에 있는 생물이 들

쥐가 아닌 전갈이었다면 내가 보인 자동 반응이 끓는 물이 담긴 냄비를 만졌을 때 반사적으로 손을 잡아당겨 더 이상 화상을 입지 않도록 보호하는 식으로 도움이 되었을 테니 말이다. 내 두려움은 마치 작은 쥐가 상자 주위를 돌아다니다가 누군가에게 모습을 들키지 않으려 구석에 얼어붙듯 멈추는 것처럼 반사적이었다. 나나 이 쥐나 불확실한 미래에 대해 불안감을 느끼지 않았다. 위험은 특정한 현재에 있었고, 우리 둘 다 그에 대처하기 위해 자동적이고 신속하게 행동했다(나중에 어째서 쥐 같은 생물이 집에 난무하는 상황을 방치하느냐는 불안감의 경고에 귀를 기울여 그 쥐의 거주지를 근처 들판으로 옮겼다).

물론 인간의 감정적인 삶은 반사적인 두려움과 분노, 슬픔, 기쁨, 혐오보다 훨씬 더 복잡하다. 감정 과학emotion science은 이런 감정들을 기본적이거나 일차적인 감정으로 파악한다. 이 감정들은 전형적으로 생물학적 기원과 보편적인 표현으로 여겨진다. 그리고 동물은 이런 감정들을 우리처럼 똑같이 지닌다. 다시 말해 동물도 어떤 감정들이 얼마나 근본적인 것인지 아는 셈이다.

또 슬픔이나 후회, 수치심, 증오, 불안을 포함한 복잡한 감정들이 있다. 이 복잡한 감정들은 본능을 초월하며 기본적인 감정들로 구성된다. 이 감정들은 기본적인 감정들보다 덜 본능적이고 덜 자동적이기에 그로부터 벗어날 방법을 생각해내기 쉽다. 다음번 다락방에 있는 상자에 손을 뻗을 때 또 다른 털북숭이 친구를 발견하는 건 아닐까 하는 불안감을 느낄 수 있지만, 그럴 가능성이 작다고 이성적으로 생각하며 스스로를 안심시킬 수도 있다. 동물은 아마 인간이 하는 방식의 불안과 간은 복잡한 감정을 경험하지 않을 것이다. 우리 집에 사는 작은 쥐는 제 보금자리에서 자신을 낚아채는 거대한 손이 불시에 나타날지 모르는 미래를 생생하게 상상할 능력이 없다. 만약 그럴 수 있다면 그 능력은 그 쥐를 쥐 세계의 장 폴 사르트르(Jean-Paul Sartre, 실존주의 철학으로 유명한 프랑스의 사상가-옮긴이 주)로 만들 것이다. 쥐는 '혼자만의 상자'로 물러날 때 '지옥은 다른 쥐'라며 불평할 것이고, 다음 손이 상자로 들어오기 전까지 실존하는 불안과 씨름할 것이다. 어떤 경우든 우리가 확실하게 알 수 있는 점은 쥐가 다시 상자로 들어오는 손을 보게 된다면 그 손을 두려워하게 될 것이고, 그때 쥐가 느낀 두려움은 따뜻하고 안전한 구석 자리로 도망가면 끝나리라는 것이다(사르트르는 자신의 희곡 〈닫힌 방〉을 통해, 타인에 의해 규정되는 나의 모습이 나의 실존을 방해한다며 '타인은 지옥이다'라고 말한 바 있다-편집자 주).

두려움은 위협이 사라졌을 때 끝이 나는 현재의 실제 위험에 대한 즉각적이고도 확실한 반응이다. 불안은 불확실하고 상상한 미래에 대한 걱정과 우리를 바짝 긴장하게 하는 경계심이다. 이는 무언가 나쁜 일이 일어날 수 있다는 점을 인지하는 것과 실제로 발생하는 나쁜 일 사이에, 또 계획을 세우는 것과 동물이 위험을 피하기 위해 싸우거나 도망치는 등의 실제 행동을 취할 수 없는 것 사이에 존재하는 공간에서 일어난다. 나는 내 조직 검사 결과를 받아드는 순간이나 국세청 조사관이 내가 저지른 어떤 부정행위를 발견했는지 알게 되는 순간, 또 내 연설에 열광적인 박수가 뒤따르는지 아니면 성의 없는 느린 템포의 박수가 뒤따르는지 듣게 되는 순간을 기다릴 수밖에 없다. 불안은 우리가 잠재적으로 불행하거나 행복한 미래로 느리지만 가차 없이 끌려가고 있다는 것을 알기 때문에 존재한다. 불안감을 견디기 어렵게 만드는 것은 바로 그 불확실성이다.

스펙트럼

일상적인 불안은 놀라운 것이 아니다. 우리는 모두 종종 걱정과 근심, 심지어 공황 상태에 가까운 순간을 경험한다. 하지만 불안은 켜지거나 꺼지는 전등 스위치처럼 '이것 아니면 저것'의 개념으로 처리되는 게 아니다. 대신 빛을 조절하는 조광기 스위치가 위아래로 왔다 갔다 켜지거나 때로는 빠르게, 때로는 거의 켜지지 않는다고 상상해보자. 낮은 수준의 불안은 숨 쉬는 공기처럼 삶에 너무나 당연한 듯 존재하기에 우리는 그것을 알아차리지도 못할 것이다. 불안은 우리가 새로운 상사를 만나기 위해 문을 열거나 집에 가기 위해 가방을 챙기다가 눈 내리는 창밖 광경을 내다볼 때 발생한다. 갑작스럽게 우리는 정말 생각하지 않는 편이 나은 것에 주의를 기울이지만 그 느낌은 1~2분 이상 지속되지 않는다. 일단 새로운 상사를 만나기만 하면 나는 곧 그녀가 어떤 사람인지 알게 되고 내가 느끼는 불안감은 가라앉는다. 차를 몰고 집으로 향하기 시작하면 아직 도로 상태가 양호한 것을 알게 되어 걱정이 줄어든다. 일단 일이 어떻게 될지 인지하면 우리가 느끼는 가벼운 불안감은 태양의 온기에 타버린 아침 안개처럼 사라진다.

우리가 왼쪽에서 오른쪽으로 저울을 따라 움직일수록 느끼는 불안한 감정은 더 강해지고 초점은 좁은 시야로 바뀌며 그렇게 정말로 걱정이 시작된다. 어둠에 대한 두려움, 선사 시대의 공포를 예로 들어보자. 그것은 두려움이 아니라 불안이다. 야행성 동물과 달리 인간은 어둠에 반응해 보이지 않는 위험이 기다리고 있을지 모른다는 불안감을 느낀다. 어둠 속에서 빛을 찾는 것은 인류 역사상 가장 기본적인 은유 중 하나다. 심지어 선사 시대에도 우리는 작은 불 형태의 야간 조명이 아마도 뜨거운 물건이었으리라 상상할 수 있다. 왜냐하면 인간은 어둠 속에 숨어 있는 위험에 대해 너무 불안해하기 때문이다.

그 스펙트럼을 계속 따라가보면 온건한 불안의 가장 흔한 형태 중 하나는 타인에 관한 판단과 부정적인 평가를 두려워하는 사회적인 것들이다. 청중들은 내 연설을 어떻게 생각할까? 내 직무 능력 평가는 좋은 점수를 받을까? 다른 사람이 내 형편없는 춤을 비웃지는 않을까?

심지어 자기 능력에 자신이 있을 때조차도 많은 사람은 무대에 나가기 전 긴장을 느낀다. 종종 청중을 바라볼 때 눈에 보이는 게 뒤쪽에 잠들어 있는 친구 한 명뿐일 때도 있다. 다른 모든 사람이 감탄하며 웃고 고개를 끄덕이고 있다는 것조차 알아차리지 못하는 경우도 있다.

몇 시간, 심지어 단 몇 분 동안에 우리가 느끼는 것은 가벼운 걱정에서 고강도의 공포로 바뀔지 모른다. 안도감이나 나아가 선禪과 같은 고요함에 도달할 때나 다시 저울 아래로 미끄러져 내려가기 전이 그렇다. 비록 높은 수준의 불안감은 통제하지 못하는 것으로 느껴질 수 있지만 이는 여전히 스펙트럼상의 한 점에 불과하므로 보통은 그것을 다시 돌려 편안한 영역으로 돌아갈 수 있다.

이는 불안 그 자체(걱정과 두려움, 초조함, 불확실성에 대한 고통, 심지어 압도적인 공포심까지도)가 문제가 아니기 때문이다. 진짜 문제는 우리가 불안에 대처하기 위해 하는 생각과 행동이 불안을 더 악화시킬 수 있다는 점이다. 이런 일이 자주 일어날 때 불안은 우리를 불안장애로 이끌 수 있다. 하지만 불안과 불안장애, 이 둘은 다르다.

불안과 불안장애의 가장 결정적인 차이는 불안장애가 기능 손상 functional impairment에 해당한다는 점이다. 즉 불안장애는 불안감이 삶을 방해하는 상태를 의미한다. 불안한 감정은 활발하거나 가라앉는 기분으로 나타나는가 하면 종종 거의 눈에 띄지 않거나 고통으로 발현되기도 한다. 하지만 불안장애는 개념의 정의상 일시적인 고통 이상의 것을 수반한다. 불안장애를 가진 사람에게 이런 감정들은 몇 주, 몇 달, 심지어 몇 년 동안 지속되거나 시간이 지남에 따라 악화되는 경향이 있다. 가장 중요한 점은 해당 감정들이 종종 가정이나 직장에서의 생활, 그리고 친구들과 보내는 시간처럼 우리가 가장 소중하게 여기는 것들을 방해한다는 것이다. 우리의 일상적인 활동과 행복의 장기적인 장애는 불안장애에 필수적으로 따라오는 조건이다.

니나의 예를 보자. 서른살의 니나는 결혼사진과 인물 사진을 찍으며 사진작가로서의 커리어를 쌓아왔다. 그녀는 오래전부터 다른 사람들의 시선을 받거나 카메라 앞에 서는 것보다 자신이 사람들을 바라보고 카메라 뒤에 서는 편이 더 편안했다. 하지만 요새 들어 타고난 수줍음이 통제하기 힘든 수준이 되어 새로운 고객을 상대하는 데 힘겨워하고 있었다. 니나는 자신이 어리숙하게 행동하고 떨며 땀을 흘리는 데다 사람들에게 멍청하게까지 보인다고 믿기 시작했고 정말 자신이 그런 사람이지 않을까 의문을 품게 되었다. 그녀는 직장에 나가지 못하게 되어 경제적으로 어려움을 겪자 치료받기로 결심했다. 치료 과정으로서 치료사는 니나에게 한 실험에 참여하도록 요구했다. 실험 과정은 치료사가 카메라를 통해 영상으로 기록할 예정이었다.

먼저 니나는 치료사를 결혼사진 작가를 찾고 있는 잠재적인 고객인 양 대했다. 그녀는 자신이 늘 맞이하던 다른 새 고객들과 마찬가지로 치료사와 이야기를 나누었다. 대화하는 동안 니나는 불안을 통제하기 위해 자신이 늘 하는, 떨지 않으려 카메라나 다른 물건을 꽉 움켜쥐고 아래를 내려다보며 눈을 마주치지 않는 등의 행동을 의식적으로 했다.

그러고 나서 니나와 치료사는 중요한 변화를 주며 인터뷰를 재연했다. 니나는 아래를 내려다보는 대신 계속해서 상대와 눈을 마주쳤고 무언가를 움켜쥐는 대신 자기 무릎에 손을 올려놓았다.

실험을 시작하기 전 니나의 치료사는 그녀에게 0에서 100까지의 숫자를 기준으로 보았을 때 자신이 어느 정도 수준으로 떠는 것 같은지 물었다. 니나는 90 정도의 숫자를 떠올렸다. 얼마나 자신이 땀에 젖은 것처럼 보일 것 같나요? 얼마나 바보같이 말하는 것처럼 들린다고 생각하나요? 다시 말하지만 니나는 이 두 물음에 확실히 숫자로 따지면 90일 것이라 생각했다. 자신이 다른 사람에게는 특별한 날을 기념하기 위해 굳이 고용하고 싶지 않을 만큼의 신경 쇠약자로 보이리라 예상한 것이다.

두 가지 유형의 대화를 수행하고 녹화한 영상을 본 뒤 치료사는 니나에게 앞선 물음처럼 0에서 100까지의 숫자를 기준으로 보았을 때 실제 자기 모습이 어떻게 보였는지를 물었다. 그녀는 정말 자신이 예상한 것처럼 떨며 땀을 흘리고 바보 같이 행동했을까? 니나는 비록 실험 초반에는 긴장한 것처럼 보였지만 그 뒤로는 전혀 떨거나 땀을 흘리는 것처럼 보이지 않는 모습과 엄청나게 뛰어나지는 않아도 절대 어리석게는 보이지 않는, 오히려 꽤 괜찮게 들리는 자신의 목소리에 놀랐다. 실험 후반부 영상을 보던 니나는 자신이 상대와 눈을 마주치고 카메라를 움켜쥐지 않았을 때 갑자기 자신감 넘치는 프로페셔널한 모습이 되었다는 점을 확연히 느낄 수 있었다. 영상 속 그녀는 미소 지은 얼굴로 유창하게 말했으며 기발한 아이디어도 상대에게 제안하고 있었다.

니나가 긴장하지 않았던 건 아니었다. 그녀는 분명 긴장하고 있었다. 하지만 일단 그녀가 필사적으로 다른 곳에 시선을 두고 카메라를 움켜쥐는 등 엉망인 행동을 멈추자 훨씬 덜 당황하는 것처럼 느껴졌다. 이는 그녀가 의도치 않게 자신의 불안을 더 악화하는 대처 방법에 의존하는 행동을 중단했기 때문이었다.

만약 몇 가지 주요 행동과 인식을 바꾸는 것이 고통스럽고 심지어 쇠약하게까지 만드는 불안감을 완화하는 데 정말 도움이 된다면, 왜 불안장애가 오늘날 현대인들에게 가장 흔한 정신건강 문제로 여겨지는 걸까? 왜 불안장애는 빠른 속도로 우리 시대의 대중적인 건강 관련 위기로 자리 잡는 것일까?

만약 이 말이 과장된 표현으로 들린다면 다음 통계를 살펴보자. 하버드대학에서 실시한 한 대규모 역학 연구[1]는 진단 인터뷰와 생활 장애의 평가를 조합하는 방식으로 시행되었는데, 연구 결과 미국 성인의 거의 20%에 해당하는 6천만 명 이상이 매년 불안장애를 겪고 있다고 밝혔다. 매년 약 1700만 명이 두 번째로 흔한 정신건강 문제인 우울증을 앓고 있으며, 이 중 절반에 가까운 수가 불안장애 진단을 받고 있다. 평생 하나 이상의 불안장애로 고통받는 미국인의 수[2]를 살펴보면 놀랍게도 그 수치는 31%로 훌쩍 뛰어오른다. 이는 10대와 어린아이들을 포함한 수로 자그마치 1억 명 이상에 해당하는 수치이기도 하다. 많은 사람이 치료를 받지만, 인지행동치료와 같은 치료를 받을 때조차 지속적인 변화를 보이는 사람은 치료받는 전체 수의 절반도 채 되지 않는다. 또 여성들의 경우 불균형적으로 보일 만큼 남성들보다 더 영향을 많이 받는다. 남성의 거의 두 배나 더 많은 수의 여성이 평생 불안장애로 진단을 받는다고 한다.

미국에서는 외상후 스트레스장애post-traumatic stress disorder, PTSD와 같은 외상 관련 장애와 강박장애obsessive-compulsive disorder, OCD와 같은 강박장애compulsive disorder를 제외한 9가지 불안장애[3]가 진단된다. 공포증과 같은 일부 불안장애는 주로 혈액 또는 출혈에 극단적인 공포를 느끼는 혈액공포증이나 폐쇄된 공간에 공포를 느끼는 폐소공포증처럼 두려운 대상과 상황을 피하는 것을 포함한다. 다른 유형의 불안장애는 갑자기 발생하는 떨림과 땀, 호흡 곤란, 가슴 통증, 그리고 우리 중 많은 사람이 아마 심장 마비와 비슷하다고 생각할, 죽음에 가까워진 듯한 느낌 및 상태처럼 강렬한 몸의 신호를 포함한다. 특별한 이유 없이 막연하게 불안을 느끼는 범불안장애generalized anxiety disorder, GAD와 같은 다른 유형에서는 걱정하느라 시간과 관심을 소모해 평소 즐기던 상황을 피하게 되고 직장에서 일의 집중과 작업의 수행이 어려워진다.

열다섯 살 때 처음으로 극심한 불안의 징후를 보인 카비르의 사례를 살펴보자. 처음 그는 수업 시간에 말하는 것만을 두려워했다. 발표 며칠 전부터 카비르는 끊임없이 걱정했고 잠을 자지 못했으며 식사도 거부했다. 그는 걱정 때문에 병이 났다. 그 결과 시간이 흐를수록 카비르는 점점 학교에 빠지는 날이 많아졌고, 그런 그의 성적은 떨어졌다. 곧 이 극단적이고 지속적인 걱정은 파티에 초대받을 때나 수영 대회에 참가할 때처럼 학교 밖의 상황에서도 나타났다. 몇 달이 지나지 않아 카비르는 파티와 수영 대회에 참가하는 것을 모두 그만두었고, 유지하고 있던 몇 안 되는 우정도 끊어냈다. 그해 말 그는 병적인 심장의 두근거림과 숨이 막히는 듯한 증세를 보이며 완벽히 진행된 상태의 공황 발작을 일으켰다. 카비르는 자신이 심장 마비 증상을 보이고 있다고 확신했다.

진단 기준에 따르면 카비르는 극도의 불안에서 사회적 불안과 범불안장애, 공황장애로 발전했다. 극심한 불안과 걱정이 아닌, 더 이상 학교에 가거나 다른 활동에 참여할 수 없고 친구 관계를 유지할 수 없기 때문에 해당 진단을 받았다. 걱정과 불안에 대처하는 카비르의 방식이 삶을 살아가는 능력에 방해가 된 셈이다.

불안장애 진단을 받은 사람들의 주요 문제는 단지 극심한 불안감을 경험하는 것만이 아니다. 그들이 해당 감정의 수치를 낮추는 수단으로 활용한 방법들이 효과적이지 않다는 게 진짜 문제다. 카비르를 예로 들면 그가 제대로 먹지 않고 잠도 자지 않았으며 또 학교를 떠나 집에 머무르고 운동도 포기하며 친구들로부터 자신을 고립시키는 등의 행위로 불안감에 대처했던 것을 말한다. 그렇게 시도한 해결책들은 그저 불안감을 피하거나 억제하는 역할을 할 뿐, 결국에는 불안을 더 악화시킨다. 다시 말해 불안은 근본적으로 유용한 감정이지만 불안장애의 증상은 쓸모없는 수준을 넘어 아주 좋지 않다. 적극적으로 우리를 방해하기 때문이다.

그러니 우리가 대중적인 건강과 관련한 불안의 위기 한복판에 놓였다는 건 아니다. 정확히 말하자면 우리는 불안에 대처하는 방법의 위기에 처해 있다.

불안을 집에 불이 났다고 알려주는 화재경보기에 빗대어 생각한다고 해보자. 경보기의 소리를 듣고 불이 난 곳을 찾아 불을 끄려고 하는 대신, 경보음을 무시하거나 배터리를 빼버려 경보음이 들리지 않게 하거나, 경보음이 들리지 않는 다른 곳으로 도망가버린다고 하면 어떨까. 이는 어디선가 연기가 나니 불이 났는지 확인해보라는 경보기의 경고를 무시하고 그저 불이 나지 않았다고 상상하는 것과 같다. 경보기의 도움을 받아 불을 끄는 대신에, 집이 불타지 않기를 바라며 기도만 하는 것이다. 물론 그렇다고 화재경보기에 귀를 기울이듯 늘 불안감에 귀를 기울이며 사는 삶이 쉽다는 말은 아니다. 강력하고 지속적인 불안은 어쩌면 불안이 우리에게 제공할 수 있는 유용한 정보를 인지하지 못하도록 우리를 압도할 수도 있기 때문이다. 아니면 반대로 삶에서 일어나는 일을 정상적으로 수행하기 위해서는 정기적으로 상당한 불안을 느낄 수밖에 없다고 믿는다면 불안의 경고가 그리 위험하게 들리지 않을 수도 있다. 하지만 이처럼 불안의 경고를 무시하고 나쁜 일이 일어나지 않을 것이라고 믿어버리는 잘못된 대처를 해왔던 사람이라 할지라도, 불안에 귀를 기울이고 불안에 대해 이해하는 몇몇 방법을 사용한다면, 잘못된 대처 방법으로 형성된 사이클을 깨고 불안의 눈금을 낮출 수도 있다는 걸 알게 될지도 모른다. 그사이 집은 불타고 있겠지만.

물론 단지 불안에 대처하는 어려움만이 불안의 약화를 초래하는 건 아니다. 만성적이고 끊임없는 스트레스와 어려웠던 일의 경험이 큰 역할을 하는 경우가 많다. 때때로 삶은 좀처럼 느슨해질 줄 모르기에 그런 상황에 놓인 사람이라면 누구라도 강렬하고 압도적인 불안감을 느낀다. 그러나 우리가 불안의 대처에 관한 위기의 한가운데에 있다고 말하는 게 그 사실을 부정하는 것은 아니다. 왜냐하면 어떤 원인이 있든 간에 불안에 다른 방법으로 대처할 수 있는 것은 궁극적인 해결책의 일부기 때문이다. 그리고 우리의 불안에 귀를 기울이는 것, 즉 불안이 우리에게 말해주는 것에서 지혜를 찾을 수 있다고 믿는 것은 그 해결책을 찾기 위한 첫 번째 단계다.

불안에 귀를 기울일 가치가 있다고 믿는 것은 생각보다 쉬울 수도 있다. 한 정치 단체의 회장 선거에 출마한다고 상상해보자. 우리의 임무는 선거 연설을 하는 것이다. 3분 동안 연설을 준비할 시간이 주어지고 그 뒤에 3분 동안 연설하게 된다고 가정하자. 우리는 심사위원들 앞에서 연설하게 될 것이고 그 연설은 녹화되어 다른 후보들의 강연 녹화본과 비교 대상에 오를 것이다.

만약 사회적 불안 증상을 진단받는다면 우리는 다른 사람이 자신을 어떻게 평가할지에 대한 두려움 속에서 살아가게 된다. 우리는 이미 자신에게 매우 엄격하다. 자신의 긍정적인 자질을 생각하려 노력하는 것조차 불편하게 여겨질 것이다. 그래서 이 모든 경험은 고문처럼 다가온다.

심사위원들이 우리를 지켜보는 동안 그들은 그저 얼굴을 찌푸리고 팔짱을 낀 채 고개를 흔들며 다른 실망스러운 비언어적인 피드백을 보인다. 영원처럼 느껴지는 시간이 흐른 뒤 마침내 우리의 연설은 끝난다. 분명 우리에게는 휴식이 찾아왔다. 하지만 우리의 재판은 아직 끝나지 않았다.

이제 우리는 같은 심사위원들 앞에서 까다로운 수학 문제를 푼다. 가능한 한 빨리, 또 큰 소리로 1999부터 13까지 거꾸로 세야 한다. 평가자들은 우리가 멈칫할 때마다 이름을 부르며 다음과 같이 말한다. "너무 느리게 세고 있네요. 속도를 좀 내주세요. 아직 시간이 좀 남았습니다. 계속해주세요." 또 실패할 때마다 매번 누군가 말한다. "틀렸어요. 1999부터 다시 시작하시길 바랍니다." 아무리 수학 실력에 자신이 있는 사람이라도 당황할 것이다.

이 작은 고문 같은 세션은 사실 스트레스와 불안을 의도적으로 유발하는 사회적 스트레스 테스트Trier Social Stress Test, TSST[4]라고 불리는 유명한 연구 과제다. 약 40년 전 개발된 이 실험은 거의 모든 사람에게 스트레스와 불안을 야기하지만 만약 그 대상이 사회적 불안과 씨름하고 있는 상태라면 그 사람에게는 특히 더 고통스러운 경험이 될 것이다. 심장이 두근거리고 숨을 몰아쉬게 되고 긴장으로 울렁거리며 말을 더 듣게 될지 모른다. 이런 신호들은 우리가 어려움에 제대로 대처하지 못하고 있음을 암시한다고 가정해도 무방하다.

하지만 TSST를 하기 전 불안으로 인한 반응을 예상하는 법을 배웠고, 실은 이 반응들이 우리가 씩씩하게 눈앞의 도전 과제를 맞닥뜨릴 준비를 하고 있다는 신호라는 걸 알고 있다면 어떨까? 우리는 불안이 먼 옛날 우리 조상들의 근육과 장기, 뇌에 혈액과 산소를 전달해 그들이 최대의 능력을 발휘해 생존하게 만드는 방식으로 진화했다는 사실을 알고 있다. 혹시 납득하지 못할 경우를 대비해 우리는 불안의 수많은 긍정적인 측면을 뒷받침하는 증거가 담긴 몇몇 인상적인 과학적 연구들을 주제로 한 책을 읽기도 한다.

만약 우리가 저 무서운 TSST를 받기 전 이 모든 사실을 알았다면 그것이 정말 우리가 이 테스트를 다루는 방법에 변화를 가져왔을까?

2013년 하버드대학의 연구원들[5]이 이 질문에 답했다. 그들은 연구를 통해 사회적으로 불안함을 느끼는 참가자들이 불안의 장점에 관한 교훈을 얻었을 때 덜 불안해하며 그 대신 더 큰 자신감을 느낀다고 보고했다. 불안감에 대한 생리적 반응의 차이도 더 두드러지게 나타났다. 전형적으로 실험 참가자들이 높은 불안과 스트레스를 경험할 때 그들의 심박수는 증가하고 혈관은 수축했다. 그러나 일단 참가자들이 자신이 느끼는 불안한 신체 반응이 사실은 이로운 것이라 인지하면 그들의 혈관은 보다 안정을 찾았고 심장 박동 수 또한 원래대로 돌아왔다. 하지만 그래도 그들의 심장은 여전히 두근거렸다, 그렇게 TSST는 우리가 사전에 어떤 행동을 하든 압박감을 느끼게 한다. 하지만 참가자들의 심장 박동 패턴은 우리가 집중하고 몰입할 때, 즉 용감하게 어려움에 맞서고 있을 때 나타나는 건강한 심장 박동 패턴과 더 비슷했다.

이 연구는 불안감이 부담스러운 존재가 아니라 우리에게 이롭고, 기존의 사고방식을 바꾸는 것만으로도 우리 몸이 그 생각을 따르고 또 믿는다는 점을 보여준다.

문제와 해결책

유행병과 정치적 양극화, 그리고 재앙과도 같은 기후 변화의 시대에 많은 사람은 미래에 대한 불안에 압박감을 느끼고 있다. 그리고 그에 대처하기 위해 우리는 그 감정을 예방하거나 피하고 어떤 대가를 치르는 한이 있어도 뿌리 뽑고 싶어 하는 다른 질병처럼 생각하는 법을 익혔다.

과학자들이 그 어느 때보다도 불안에 관해 더 많이 의식하게 되었는데 왜 우리를 취약하게 만드는 불안, 즉 불안장애의 예방과 치료가 신체적 질병의 예방을 따라가지 못하는 것일까? 분명 수백 권의 책, 수천 개의 꼼꼼한 과학 연구, 그리고 30여 개의 서로 다른 항불안제들은 우리에게 충분한 도움이 되지 않는다. 왜 정신건강 전문가들은 이처럼 보기 좋게 실패했을까?

실은 애초부터 문제 인식이 잘못되었기 때문이다. 정작 문제는 불안이 아닌, 우리가 불안을 다룰 수 있고 나아가 불안을 유용하게 활용할 수 있음을 믿지 못하는 점이다. 앞서 TSST 실험에 참가한 사람들이 알게 된 것과 같다. 그리고 우리의 믿음이 우리가 느끼는 불안을 더 악화시킬 때, 우리는 자신을 취약하게 만드는 불안과 불안장애로 향하는 길을 따라 여행하게 될 더 큰 위험에 처해 있다.

스콧 파라진스키가 우주의 공허로 걸어 들어갔을 때, 그리고 작업을 하기 위해 레이저의 초점을 맞추고 마음을 단단히 먹었을 때 그 순간 그를 최악의 상황으로 몰아넣은 것은 다름 아닌 불안이었다. 하지만 그 불안 덕분에 그는 임무가 시작되기도 전 일어날지 확실하지 않은 위험한 순간에 대비할 수 있었다. 그는 행복한 결말을 맞이할 수 있는 것처럼 불행한 결과 역시 가능한 상황임을 인지했고, 그렇기에 몇 달에 걸쳐 훈련하고 필요한 기술을 갈고 닦았으며 팀과 굳은 신뢰 관계를 형성했다.

불안은 힘겹거나 파괴적일 수 있으며 때로는 두렵게도 느껴진다. 그런가 하면 불안은 우리의 협력자가 되어 이점으로 작용할 수 있고 창의성의 원천이 되기도 한다. 하지만 기존에 지닌 관점을 바꾸려면 우리는 이 감정과 관련된 우리 자신의 이야기를 파헤치고 다시 만들어야 한다. 여기에는 학회가 열리는 큰 홀에서 세계 곳곳의 극장으로, 중세의 지옥 불과 유황에 관한 설교에서 제재가 가해진 삶으로, 그리고 끝없이 스크롤을 내리는 휴대전화 화면에서 부엌에 놓인 식탁으로 향하는 여러 여정이 함께 할 것이다.

불안이 정말 그렇게 괜찮은 것이라면 왜 우리는 불안할 때 그토록 기분이 좋지 않은 것일까?

2장

불안이
존재하는 이유

내가 탄 차는 신호 때문에 멈춰 있었다. 초록불로 바뀐 순간, 갑자기 왼쪽에 있던 차가 고작 몇 센티미터지만 내 앞길을 막을 만큼 움직였다. 경적을 울렸지만 차는 계속 멈추지 않았다. 나도 지지 않았다. 그 운전자가 나를 가로막을지보다 이러다 차에 페인트칠을 하게 되는 건 아닌가에 더 신경을 쓰게 될 때까지 그랬다. 마침내 그 차가 내 차를 앞지르자 나는 공격적인 표현이 담긴 말을 내뱉은 뒤 신경질적으로 지나가는 차의 운전자를 째려보았다.

그냥 막연히 짜증이 난 게 아니었다. 나는 크게 화가 났다. 그 운전자의 행동이 도덕적으로도 옳지 않다고 생각해 분노한 상태였다. 심장이 두근거렸고 피가 혈관을 타고 흐르는 것이 느껴졌으며 얼굴은 찌푸리고 있었다. 비록 실제로 내가 한 건 화가 섞인 고함을 치는 것뿐이었지만, 내 몸은 분노의 에너지로 들썩거리고 있었고 무언가 다른 행동을 취할 준비가 되어 있었다.

나는 이런 변화들이 느껴지는 방식이 마음에 들지 않았다. 이 방식들 때문에 나는 스트레스를 받았고 또 내가 이 모든 상황을 초연하게 넘길 수 없다는 점이 부끄러웠다. 하지만 나의 분노는 진화에 의해 설계된 딱 그대로 행동하게 만들며 저런 지적인 사색들을 몰아냈다. 나를 사납게 만든 셈이었다.

그 운전자가 내 인생에 큰 변화를 주지 않았다는 점을 주목할 필요가 있다. 단지 내 앞 또는 뒤에 다른 차가 한 대 있다는 것, 그런 문제일 뿐이었다. 하지만 그 상황은 내 본능적인 감정에 매우 중요하게 작용했다. 분노는 만일에 대비해 내가 강력한 행동을 할 수 있도록 준비하게 만들었다. 다행히 우리 인간은 대개 상황에 맞춰 자신의 반응을 완화할 수 있다. 이는 문명화된 사회를 만들거나 반대로 파괴할 수도 있는 능력이다.

정의상으로 보면 불안과 분노를 포함한 대부분의 부정적인 감정을 느낄 때 우리는 기분이 좋지 않다. 그리고 그렇게 느껴지는 게 바람직하다.

150년도 더 전에 영국의 생물학자 찰스 다윈도 같은 결론에 도달했다.

감정의 논리
인류 역사를 통틀어 부정적인 감정은 좋아 봐야 비이성적이고 최악의 경우에는 파괴적이라는 부정적인 평가를 받아왔다. 고대 로마의 시인 호라티우스는 "분노는 짧은 광기다."라고 표현하기도 했다.

하지만 지난 150년 동안 우리는 두려움, 분노, 그리고 불안과 같은 감정들이 단지 위험할 뿐 아니라 이로울 수도 있다는 것을 알게 되었다. 감정은 인간과 다른 동물이 번성하도록 보호하고 보장하기 위해 수십만 년의 진화를 통해 구축되고 정제된 생존을 위한 수단이다. 실제로 진화론의 관점에서 감정은 생존의 논리를 구현한다.

다윈의 초기 연구는 지질학과 거대 포유류의 멸종에 관한 것이었다. 모험적인 청년이었던 그는 영국 군함인 비글호를 타고 남아메리카 연안을 탐사했다. 미지의 남반구 지역을 가로지르는 조사 작업은 다윈을 과학계의 일약 스타로 만들었고 진화에 관한 그의 첫 번째 아이디어를 떠올리게 했다. 그리고 40년 뒤 1872년에 출간된, 진화론을 다룬 3부작 중 마지막 책 《인간과 동물의 감정 표현》[1]에서 그는 감정이라는 인간 마음속 위대한 미개척의 영역에 자신의 통찰을 적용했다.

그는 1859년 《종의 기원》[2]에서 이미 진화의 원리를 설명했고 《인간의 유래와 성선택》[3]에서는 인간과 영장류가 공통 조상을 공유한다고 주장했다. 《인간과 동물의 감정 표현》에서 다윈은 감정을 동물에서 발견되는 발바닥에 달린 물갈퀴의 유무, 꼬리의 모양, 털이나 깃털의 색깔 등과 같이 다른 보편적인 특징으로 보았다. 이것들은 오랜 시간에 걸쳐 환경적으로 가해지는 압박에 유리하게 적응할 수 있도록 진화해 왔다. 만약 이 특징들이 해당 종에 유리한 점을 제공한다면 그 특징들은 보존되어 다음 세대에 전해진다. 적자생존에 이바지하는 셈이다.

감정은 적응에 유리하게 하는 기준들을 충족한다. 예를 들어 먹을거리를 놓고 싸우는 두 동물을 생각해보자. 그들이 말 그대로 혹은 비유적으로 상대와 다툴 준비를 할 때 느끼는 강렬한 감정은 모든 신체적 반응을 촉발한다. 등이 굽고 털이 곤두설 때 동물은 더 크고 강하게 보인다. 이빨을 드러내고 눈을 찌푸리고 사나운 소리를 내거나 뿔을 휘둘렀을 때 이는 상대에게 이토록 강한 적과 싸우는 것은 가치가 없을지 모른다는 신호를 보낸다. 이런 공격성의 표출은 상대 동물이 물러날 가능성을 직접적으로 높여주며 다툼을 방지하고 잠재적인 부상이나 죽음 또한 막아준다. 이와 유사한 전형적인 신호를 보내는 것은 이 메시지를 해석하는 능력과 마찬가지로 종에게 유익하다. 당사자와 상대 모두에게 유리한 셈이다.

다윈은 감정과 연결된 행동이 유용하다면 반복되어 결국 자손에게 물려줄 습관이 될 것이라고 주장했다. 그는 이것을 유용성 관련 습관화의 법칙principle of serviceable associated habits이라 부르며 "습관의 힘이 얼마나 강력한지는 말할 필요도 없다. 가장 복잡하고 어려운 동작도 최소한의 노력이나 의식 없이 제시간 내에 수행할 수 있다."[4]라고 말했다. 감정과 연관된 표정이 처음 진화한 것은 습관의 힘을 통해서다. 예를 들어 분노로 인한 주름진 미간은 지나치게 많은 양의 빛이 눈에 들어오는 것을 막는데, 이는 만일 사람이 몸부림치고 있어 시야를 가릴 여유가 없다면 중요한 적응이라고 할 수 있다. 반면 눈썹을 치켜올리고 눈을 크게 뜨면 시야가 넓어지는데 이는 주변을 걱정하며 유심히 살필 때 바람직하다. 찡그려 주름이 잡힌 코와 일그러진 입은 잠재적으로 썩거나 독성이 있을 수 있는 물질의 섭취를 제한한다. 이런 반응은 유용하고 실용적이기에 특정한 감정이 생길 때마다 일어난다.

다시 말하자면 쾌락으로 이어지거나 고통을 피하는 시행착오를 통해 학습한 행동이 이롭고 개인의 생존에 도움이 되기 때문에 그다음에도 채택되는 셈이다. 이 생각은 효과의 법칙law of effect이라고 불리는, 다윈의 영향을 많이 받은 현대 행동 과학의 기반이기도 하다. 특정 행동이 좋은 결과로 이어질수록 우리는 더 많이 그 행동을 하게 된다.

'공포를 느낀다-눈을 크게 뜬다'나 '싸움을 하게 된다-나의 힘을 드러낸다'와 같은 '감정이 곧 행동' 레퍼토리는 적응성도 있고 유용한 데다 다른 이점도 있다. 바로 우리 신경계에 직접적인 영향을 미친다는 점이다. 예를 들어 다윈은 "공포에서 절망으로 내몰린 사람이나 동물은 그 상황에서 발휘할 수 있는 놀라운 힘을 갖추고 있으며 또 극도로 위험한 상태로도 악명 높다."5라고 말했다.

이런 효과는 매우 빠른 데다 자동으로 발생하며 생존 촉진promoting survival에 귀중한 역할을 한다. 또 이 효과는 시간이나 사전의 숙고, 심지어 많은 에너지가 필요하지 않다. 그냥 일어난다. 이는 순식간에 우리 자신을 보호할 수 있다는 점에서 바람직하다고 볼 수 있다. 예를 들어 위험한 길로 뛰어 들어올 때 반사적으로 눈을 크게 뜨는 동시에 주변에서 어떤 일이 일어나고 있는지 가능한 한 많은 정보를 습득해 우리가 향할 다음 단계를 결정할 수 있기 때문이다.

감정의 또 다른 큰 장점은 같은 종족의 다른 구성원이나 다른 종족 구성원에게 중요한 정보를 전달하는 사회적 신호라는 것이다. 실제로 인간과 동물은 생물학적으로 상대가 자신에게 반응할 때 그 사회적 파트너의 감정에 유의하는 기본적 성향을 지닌다. 예를 들면 우리를 애정과 호감이 느껴지는 시선으로 바라보는 사람과 반대로 분노와 실망을 표정에 담고 쳐다보는 사람의 차이를 생각하면 된다. 심지어 어린아이들도 어른의 얼굴에서 두려움을 볼 때 놀라 얼어버린다. 아이들이 위험을 감지했기 때문이다.

'시각 벼랑 시험visual cliff'이라고 불리는 고전적인 심리학 실험[6]에서 실험에 참가한 아기는 투명한 유리판으로 만들어진 1.2미터 남짓 높이의 다리 한쪽 끝에 앉아 있다. 아기의 눈에 유리판은 보이지 않고 단지 바닥으로 뚝 떨어지는 시야만이 보인다. 보이지 않는 다리 건너편에는 아기 엄마가 앉아 있다. 엄마가 웃으며 아기에게 손짓하면 거의 모든 아기가 다리를 건너려고 기어 온다. 아기 눈에 빈 공간으로 보이는 바로 그곳을 향해 돌진하며 멈추지 않는다. 하지만 만일 엄마가 괴로움이나 두려움의 감정을 표현한다면[7] 아기는 제자리에서 가만히 움직이지 않는다.

왜 불안감은 좋지 않게 느껴질까

다윈은 우리가 삶에서 감정의 역할을 이해하는 방법에 큰 변화를 일으켰다. 이제 감정, 심지어 부정적인 감정조차 비이성적이고 해로운 것으로 묘사하기보다는 적응성이 있고 유용하게 보인다. 비결은 바로 우리가 감정을 자유자재로 다루고 그것을 도구로 사용하는 것이다.

기능적 감정 이론[8]은 이 전제를 출발점으로 삼는다. 이 이론은 감정을 평가와 행동 준비[9]라는 두 가지 역학으로 요약한다. 이 개념은 앞서 다룬 다윈의 '감정이 곧 행동' 레퍼토리와 매우 유사하며, 감정이 장애물을 극복하고 강한 공동체를 형성하며 안전을 찾는 등 모든 종류의 유용한 행동을 할 수 있게 정보를 주고 동기를 부여한다고 가정한다.

첫 번째 요소인 평가는 특정 상황이 바람직한지에 관한 우리의 인식이다. 우리가 원하는 것을 얻게 하는가 아니면 원하지 않는 것을 피할 수 있게 하는가, 또는 둘 다 기분이 좋은가를 다룬다. 이는 이기적이고 쾌락주의적으로 들리지만 진화적 관점에서 보면 기분 좋게 느껴지는 것의 추구는 우리의 행복을 키우고 생존을 이어가는 경향이 있다. 예를 늘어 앞서 내가 운지 중에 터트린 분노는 다른 운전자가 내가 원하는 것, 즉 앞으로 나아가 집으로 향하게 하는 힘을 가로막고 있다는 감정과 관련이 있다. 게다가 나는 그의 행동을 무례하고 부당하다고 인지했기 때문에 그는 배려심 있는 사람들로 이루어진 문명화된 세상에서 살고 싶은 내 욕망까지 방해한 셈이었다.

감정의 진화는 우리 인간이 위험한 중독성 물질과 다른 '기분이 좋지만 분명 나쁜 것들'을 개발하기 훨씬 전에 이미 완료되었을 가능성이 크다는 점을 명심해야 한다. 그런 경우에 쾌락주의는 그리 유용한 기준이라 볼 수 없다.

평가는 우리 행복과의 관련성을 기준으로 상황을 해석하는 것이기에 그것들은 감정의 두 번째 요소인 행동 준비, 즉 우리가 원하는 것을 얻는 방식으로 행동하게끔 만드는 반사적 반응을 직접적으로 알려주는 정보를 제공한다. 그렇기에 다른 운전자에 의해 내 욕망이 좌절된 순간 내 얼굴과 몸, 그리고 마음이 그토록 활성화되었던 것이다. 내 피는 혈관을 통해 더 빨리 퍼져나갔고 내 신경은 극도로 집중되었으며 내 얼굴은 나를 건드리지 말라는 신호를 보냈던 거였다. 만약 그가 내 앞에서 옆으로 빠져나가길 주저했다면, 나는 그를 지나쳐 질주했을 것이다. 또 그가 내게 소리를 지르려고 차에서 내렸다면, 그 순간 나 역시 어림도 없다고 중얼거리며 그와 붙을 수 있다고 생각하면서 차에서 내렸음이 틀림없다. 그것이 정확한 평가인지 현명한 행동인지는 제쳐두고 (아마 그렇지 않았을 것이다) 내 분노는 내게 싸움할 기회를 주었다. 농담이다.

어쨌든 기능적인 관점에서 불안은 두려움과 비슷하게 작동하지만 희망의 자질을 품고 있기에 매력적인 감정이다. 희망과 마찬가지로 불안도 불확실한 미래에 대한 평가를 수반한다. 결과적으로 불안은 미래의 위협 가능성에 대한 불편함과 우려를 촉발하는 보호용 경보다. 그러나 생산적인 신호이기도 해서 현재 우리가 있는 곳과 원하는 곳 사이에 간극이 있으며, 위협을 피해 목표를 달성하려면 노력이 필요하다는 점을 말해준다. 결과적으로 불안은 우리가 원하지만 아직 손에 넣지 못한 것을 얻기 위해 열심히 일해 성취하도록 밀어붙이는 동시에 투쟁 도피 반응을 보일 수 있도록 행동 준비 경향을 활성화한다. 희망과 마찬가지로 불안은 인내를 길러준다.

곤란한 상황에 처했을 때, 피로하거나 압박을 가하는 걸림돌에도 불구하고 우리가 목표에 도달하도록 격려하고 활기를 북돋우며 미래에 대해 그렇게 효과적으로 훈련하게 만드는 감정은 거의 없다.

불안은 그 감정을 느낄 때, 즉 불안할 때 기분이 좋아 효과가 있는 게 아니라 오히려 그 반대로 우리를 매우 기분 나쁘게 만들기에 성공적이다. 초조, 걱정, 긴장. 사실 우리는 이 감정들을 없애버리기 위해서라면 무슨 일이든 한다. 이는 특정 행동의 불쾌한 결과를 제거해 해당 행동을 증강하는 부정적 강화negative reinforcement라 불리며 불안감의 멈춤이 보상으로 주어진다. 불안은 우리를 보호하고 생산적인 목표를 향해 동기를 부여하는 일들을 하게 한다. 그다음 불안한 마음을 줄여 우리의 행동이 성공했다는 신호를 보낸다. 이는 저절로 폭파되는 시스템을 내장한 불안을 최고의 생존 메커니즘 중 하나로 만든다.

만약 우리가 불안과 다른 불쾌한 감정들을 짓누르고 통제해야 하는 대상으로만 생각한다면 불안이 근본적으로 정보라는 사실을 놓치게 된다. 며칠 동안 이유를 알 수 없는 과도한 불안감에 싸여 있다고 상상해보자. 우리는 이 불안을 무시하려고 애써왔다. 계속 침착함을 유지하려 애쓰지만 여전히 감정은 우리를 괴롭힌다. 그래서 우리는 우리의 불안이 무엇을 말하고 있는지에 귀를 기울이기로 결심한다. 정신적으로 문제가 될 만한 일들의 체크리스트를 살펴본다. 무엇 때문에 내가 괴로운 거지? 남편과 다툰 일 때문에? 아니야, 그건 해결되었잖아. 곧 닥칠 업무 마감 때문에? 그것도 아니야. 충분히 감당할 수 있는 일인걸. 역류성 식도염이 심해져 지난 5일간 계속 배가 아파서일까? 아, 그래. 맞아. 그것 때문이야.

일단 불안의 원인을 알아내면 유용한 정보를 얻게 된다. 이제 어떤 조치를 해야 할지 알게 된다는 뜻이다. 병원 방문 일정을 잡으면 우리가 느끼는 불안은 즉시 줄어들기 시작한다. 제대로 되고 있다. 나중에 의사를 만나 문제를 해결할 좋은 계획을 세우면 불안감은 깨끗이 사라질 것이다. 일은 해결되었다. 불안은 제 역할을 다한 셈이다.

하지만 만일 우리가 실제로 건강에 심각한 문제가 있다는 걸 알게 된다면 불안은 다시 스멀스멀 찾아와 그 병을 다루는 데 필요한 추가 조치를 하도록 동기를 부여할 것이다. 불안이 없었다면 우리는 살아남아 성장할 기회를 잃었을지 모른다.

그래서 불안은 반드시 기분이 나빠야 하며 최소한 늘 불쾌한 기미를 지니고 있어야 한다. 그래야 우리가 불안에 주목하게 만들고 또 우리에게 무언가를 알려주며 불안 그 자체에서 벗어나도록 하는 행동에 동기를 부여한다.

하지만 그렇다고 해서 항상 불안이 우리를 바람직하고 도움이 되는 행동으로 이끈다는 건 아니다. 건전하지 않은 강박으로 유도할 수도 있다. 아니면 반대로 우리가 그것을 무시하는 결정을 내릴 수도 있다. 병원 예약을 미루거나 자가 치료를 하는 등 단지 감정을 잠재우기 위해 의도된, 도움이 되지 않는 다른 행동을 하는 것을 말한다. 만일 인간이 진화 과정에서 불안을 억누르는 데 성공했다면 이 중요한 감정의 상실은 비극을 초래했을지 모른다.

아무런 불안감 없이 대개 현재만 생각하며 배가 불룩한 채 몸이 편안한 한 미래를 걱정하거나 꿈꾸지 않는 선사시대 사람들의 모습을 상상해보자. 불안이 없었다면 인류는 오래전 멸종했을지 모른다. 절대 과학적이고 기술적인 진보를 이루거나 우주를 여행하고 또 초월적이 아름다움을 지닌 예술 작품을 창조하는 생물이 되지 못했을 것이다. 왜 괴로워야 하는가? 우리는 아무런 불안이나 흥분, 놀라움, 희망조차 느끼지 못하면서 하루하루를 살아갈 것이다. 이런 맥락에서 불안은 우리를 인류의 정점으로 이끌기 위해 진화의 불 속에서 모습을 드러냈다. 현재를 넘어 미래에 관해 생각하는 사람만이 문명을 건설할 수 있다.

감정적인 뇌

진화론은 대부분의 동물이 공유하는 감정과 인간만의 고유함을 설명하는 감정이 어떤 것들인지를 알려준다. 우리는 쥐에게서 공포로 보이는 감정을 탐지할 수 있고 코끼리나 개, 영장류에서는 상실과 슬픔의 신호를 확인할 수 있으며 또 맹수의 맹렬함에서는 분노를 해석할 수 있다. 다윈은 영국의 시인이자 극작가 윌리엄 셰익스피어의 〈헨리 5세 Henry V〉 글귀를 인용하여 다음과 같이 썼다.

하지만 전장의 폭발음이 귀에 울려 퍼지면
호랑이의 행동을 흉내 내라.
힘줄을 단단히 하고 피를 불러 모은 다음
눈을 소름 끼치게 치켜떠라.
이제 이를 악물고 콧구멍을 크게 넓혀라.[10]

공포와 같은 감정은 아마 포유류 이전의 조상들 사이에서 진화했을 것이다. 또 그들의 뇌는 인간의 공포와 관련한 위협을 감지하고 그에 대응하는 역할을 하는 구조로 되어 있었다. 이는 간뇌의 일부인 시상하부와 같은 영역과 관련된 공격적이고 방어적인 감정 반응에서도 마찬가지다. 시상하부는 투쟁 도피 반응 또는 공감 관련 신경계를 활성화해 신체의 주요 기능을 제어한다.

반면 자손에 대한 사랑 같은 친밀감 관련 감정은 (태어나기도 전에 자손을 남기는 파충류 및 양서류나 날 수만 있게 되면 종종 새끼를 둥지 밖으로 내쫓는 조류와 달리) 의지할 곳 없는 유아기 내내 더 많은 보살핌이 필요한 포유류의 생존을 돕기 위해 진화했을 가능성이 크다. 죄책감과 자부심, 유연성이나 수치심 같은 더 정교한 사회적 감정은 인간과 침팬지, 유인원 같은 사회적 영장류들 사이에서만 진화한 것으로 보인다. 이런 감정은 우리를 같은 종족에게 신세 지게 만들며 나쁜 행동이나 반사회적 행동을 억제하는 데 도움이 된다.

우리는 두려움을 내뇌변연계 또는 '감정적' 뇌의 일부인 편도체와 같은 뇌 구조에 뿌리를 둔 고대적이고 더 원시적인 형태의 불안이라고 생각한다. 실제로 아몬드 모양을 한 편도체amygdala는 그리스어로 '아몬드'를 뜻하는 단어인 *amygdale*에서 유래하기도 했다. 편도체는 두려움의 중심 그 이상이며 우리 뇌의 감각, 운동, 그리고 의사결정 영역을 연결하는 중심 허브다. 편도체는 두렵거나 불안할 때 활성화되지만 어떤 특이함이나 새로움, 그리고 불확실성처럼 우리에게 영향을 미칠 수 있는 색다른 것에 대해서도 경고음을 낸다. 누군가 읽기 힘든 표정으로 우리를 바라보는 상황처럼 전에 없이 새롭고 애매한 상황에 직면할 때 편도체는 활성화된다. 그런가 하면 보상받을 때도 편도체는 폭발한다.

단지 부정적인 것만을 위한 게 아니라 두려움과 욕망의 밀고 당기기를 돕는 뇌의 중심이기 때문이다. 편도체는 뇌의 보상 시스템에서 중추적인 부분으로 여겨지며, 우리가 좋은 것과 나쁜 것에 관해 배우고 기억하는 것뿐 아니라 그에 관해 어떤 행동을 취하기로 했는지와 관련한 사항을 강력하게 형성한다.

보상 시스템과 불안의 기초가 되는 핵심 신경전달물질은 도파민이다. 도파민은 의사결정과 기억, 움직임, 그리고 주의력 같은 것들과 관련한 뇌의 다른 영역과 정보를 주고받는 역할을 한다. 흔히 '기분 좋은 호르몬'으로 표현되는 이유는 도파민이 우리가 음식을 섭취하거나 마약을 하고 또 성관계를 하거나 인스타그램을 하는 등 즐거움을 느끼는 행동을 할 때 분비되기 때문이다. 하지만 이 호르몬의 급증은 단지 어떤 보상을 따르는 수준을 넘어 우리가 그 보상을 추구하도록 동기를 부여하는 뇌 영역을 활성화한다. 이것이 바로 도파민이 엔도르핀 같은 다른 호르몬처럼 실제로 우리에게 즐거움을 느끼게 하지는 않지만 중독과 강하게 연관성이 있는 이유다.

연구원들은 이제 도파민의 방출[11]을 유발하는 것이 단지 중독적이고 즐거운 것만이 아니라는 점을 알아차리고 있다. 불안도 마찬가지다. 이유가 무엇일까? 불안은 우리가 보상이 따르는 좋은 결과를 추구하도록 동기를 부여하는 반면 처벌이 따르는 나쁜 결과를 피하게 한다. 도파민은 가치 있는 결과를 얻었을 때, 그리고 결과적으로 불안이 감소해 안도감을 느낄 때 방출된다. 도파민의 완화는 불안감이 생겼을 때 효과적인 행동을 계속하도록 동기를 부여하면서 불안감과 함께 무엇을 하는 게 좋다고 알려주는 등 이 두 가지 활동에 신호를 보낸다.

불안은 감정을 담당하는 대뇌변연계의 공포와 보상 시스템에 의해 발생하지만, 보다 최근에 진화한 뇌의 바깥층인 대뇌 피질과의 상호작용에 의해 진정한 의미의 불안이 된다. 전두엽의 앞부분을 덮고 있는 대뇌 피질의 한 부분인 전두엽 피질prefrontal cortex은 우리가 행동의 억제나 관심의 제어, 작동 기억working memory 및 의사결정과 같은 실행 기능executive functions을 발동할 때 활동한다. 이런 기능들은 우리 감정 반응의 모든 측면, 즉 평가나 행동 준비 경향, 그리고 감정 관련 면을 지시하고 조절하기 위해 불안을 경험하는 동안 계속 선택되어 활성화된다. 또한 편도체는 우리가 자신이 느끼는 불안감을 이해하기 위해 기억과 생각에 의지하게 해주는 뇌의 영역과 소통하며, 이를 학습과 장기 기억을 지원하는 해마나 의식과 자각에 관여하는 대뇌 겉질 부분 인슐라insula 같은 영역인 우리가 누구이고 무엇을 신경 쓰는지의 맥락에 포함한다.

다시 말해 편도체는 감정적인 뇌의 중심 요소지만 외부와 단절된 상태에서는 존재하지 않는다. 그것은 뇌 영역과 뇌 영역이 지원하는 능력의 망 안에 있는 상호 연결된 허브다. 우리가 신경망neural network이란 뜻으로 말하는 것이기도 하다. 전두엽 피질처럼 최근에 더 진화한 뇌의 영역은 편도체를 포함해 더 오래된 대뇌변연계를 조절한다. 전두엽 피질은 더 느리고 신중하며 편도체는 살아남기 위해 우리가 주목해야 할 것들, 즉 위험과 보상 및 불확실성으로 가득 찬 세상과 협상할 때 더 빠르고 더 자동적이다.

그렇기에 불안과 어울린다. 불안은 단지 자동적이고 반사적인 고대 뇌의 공포 담당 부위에서 생기는 게 아니며, 그렇다고 의도적이며 인지적으로 정교한 뇌에서 찾을 수 있는 것도 아니다. 불안은 이 둘 사이의 교차와 균형에 따라 발생한다.

불안 그리고 위협의 생물학

불안 신경과학의 핵심은 실제 또는 잠재적 위협을 감지하고 위험으로부터 방어하기 위한 우리의 노력을 조정하려 협력하는 영역의 조정된 네트워크에 해당하는 방어적 뇌[12]다. 이것은 편도체와 전두엽 피질처럼 앞에서 논의한 뇌의 영역뿐 아니라 자동적인 투쟁 도피 반응을 제어하는 데 도움이 되는 수도관주위 회색질periaqueductal gray과 같은 구조를 포함한다.

이 방어적인 뇌 네트워크는 위협에 관해 빠르고 쉽게 배우며 또 기억할 수 있게 해준다. 만약 우리가 월요일에 개에게 물린다면 목요일에 그 개나 또 다른 개를 봤을 때 우리 뇌의 방어적인 반응이 더 빨리 활성화될 것이다. 이런 반응은 우리를 긴장시키고 또다시 물릴지 모르는 가능성에 대비하게 만든다. 반응들은 또한 학습의 기초가 된다. 우리는 개 주변에 있을 때 더 조심하고 개가 공격적으로 변할지 모르는 신호를 감지하는 방법을 배운다. 이점은 명백하다.

하지만 이런 방어적 이점은 단순히 좋은 수준을 넘어 과도한 형태로 나타날 수 있다. 개에 대한 두려움이 개공포증cynophobia, 즉 불안장애가 될 때 우리는 모든 개가 위험할지 모른다고 상황을 과대평가하기 시작한다. 만일 으르렁거리는 폐차장 지킴이와 귀엽고 작은 강아지를 구별할 수 없다면 우리의 위협과 안전에 관한 신호는 꼬인 선처럼 마구 뒤엉켜 있는 셈이다. 우리는 잠재적인 위험을 과장하고 끊임없이 경계심을 느끼다가 결국 자신의 환경을 철저히 조사하게 된다. 왜 내면의 경보가 여전히 울리는지 이해하려고 노력한다.

이런 상황에서 심리학자들이 소위 말하는 위협 편향threat bias[13]이 발달할 수 있다. 이는 외부 세계를 부정적인 렌즈를 통해 보는 무의식적인 습관에 해당한다. 끊임없이 위협이나 위험을 경계하고, 만일 그 위협이나 위험을 발견하면 부정적인 정보에 갇혀 자신이 실제로는 안전하고 멀쩡하다는 증거를 무시하게 된다. 다시 말해 위협 편향은 안전보다 부정적인 것을 선호하는 정보 필터와 같다.

지금 100명의 사람 앞에서 연설한다고 상상해보자. 우리는 관중을 주의 깊게 살피다가 갑자기 얼굴을 찡그리거나 잠이 든 사람에게 시선을 고정한다. 곧 우리는 그 사람 말고는 마치 다른 사람들이 존재하지 않는 것처럼 시야를 좁게 만든다. 99명의 다른 사람이 내 말을 주의 깊게 들으며 웃고 있고 또 고개를 끄덕이고 있다는 점을 알아차리지 못한다. 부정적인 청중을 향한 이러한 관심의 집중은 위협 편향이다. 그 결과 다른 부정적인 피드백에 대해 높은 경계 상태를 유지하고 자신이 잘하고 있음을 알려주는 모든 증거를 무시하게 된다. 하지만 이 순간 우리는 깨닫지 못한다. 우리는 긴장 때문에 실패하기 일보 직전이다.

다른 편향, 즉 편견과 마찬가지로 위협 편향은 진화한 발견적heuristic 개념이며, 뇌가 우리 삶에서 무슨 일이 일어나고 있는지 측정하기 위한 빠르고 자동적인 잣대이다. 이는 방어적 뇌의 핵심 임무인 위협을 빠르고 자동으로 감지하는 본능적인 능력에 편승한다. 하지만 위협 편향은 우리가 주목하는 것에 불균형을 초래한다. 긍정적인 것을 희생하면서 부정적인 것을 보는 것을 선호하게 된다. 위협 편향이 습관이 되면 투쟁 도피 반응이 촉발되고 불안감이 급상승한다.

앞서 다룬 군중 속의 한 얼굴에 관한 예는 사람 얼굴에 관한 뇌의 반응이 위협 편향의 중요한 측면이라는 점을 말해준다. 얼굴은 우리 뇌가 마주치는 가장 설득력 있는 대상 중 하나다. 1000분의 1초 이내에 우리는 반사적으로 표정의 가장 미묘한 측면을 식별하고 해독한다. 그렇게 하지 않으려 노력해도 멈출 수 없다. 심지어 우리 뇌에는 이 작업에 특화된 부위인 방추형 얼굴 영역fusiform face area도 존재한다. 다윈은 이미 오래전 살아남아 잘 성장한 사람들은 상대의 표정을 읽어낼 수 있는 사람들이라는 것을 예언했다. 어떤 표정은 유난히 뇌에 강력하게 각인된다. 예를 들어 우리는 화난 표정에 특히 주의를 기울인다. 위험을 나타내기 때문이다. 하지만 만일 만성적으로 불안감을 느낀다면 무엇이 위험한지 아닌지를 판단하는 우리의 능력은 왜곡될지 모른다.

내 연구실과 다른 연구실에서 각각 진행된 연구는 위협 편향의 이해가 건강한 불안이 불안장애로 향하지 않도록 방향을 바꿀 수 있는지를 예측하는 데 도움을 준다는 점을 밝혀냈다. 가장 중요한 것은 우리의 관심이 부정적인 것에 사로잡혀 있느냐가 아니라 우리가 그 정보를 가지고 무엇을 하느냐다. 우리는 고개를 드는 일 없이 연설문이 적힌 노트를 내려다보는가? 아니면 웃는 얼굴을 찾기 위해 관중을 바라보는

가? 다시 말해 우리의 관심과 주목을 보상으로 향하기 위해 불안감을 사용하는가?

컴퓨터 모니터 앞에 앉아 화가 났거나 행복해하거나 혹은 중립적인 감정이 담긴 일련의 얼굴들을 보고 있다고 가정해보자. 아주 간단한 작업이지만 매우 높은 불안도를 보이는 사람들을 투입해 많은 것을 배울 수 있다. 사람의 시선을 따라가는 시선 추적eye tracking과 뇌가 어떻게 얼굴에 반응하는지를 측정하는 뇌파검사electroencephalography, EEG를 활용해 우리는 불안한 사람들의 높은 비율이 위협적인 화난 얼굴에 지나치게 많은 관심을 기울인다는 위협 편향을 찾아냈다.[14] 그리고 그중에서도 더 심각하게 불안한 사람들이 청중 앞에서 연설하는 사람처럼 행복한 얼굴에 지나치게 적은 관심을 기울였다. 우리를 지지해주는 사회적 연결인 긍정과 보상의 가장 풍부한 원천 중 하나에 어떠한 방식으로 어떻게 의지하는지가 우리의 불안감에 엄청난 영향을 미친다.

사회적 뇌와 불안

사랑하는 사람들과 함께 있으면 불안감이 해소된다. 직감적으로 이해가 되는 일이지만 표면 아래에서는 과연 어떤 상황이 펼쳐지고 있는 걸까?

불안은 우리 몸의 화학작용을 변화시킴으로써 우리를 다른 사람에게 향하게 한다. 불안은 스트레스 호르몬인 코르티솔의 수치를 증가시키며 뇌가 사회적 유대 호르몬으로 알려진 옥시토신을 생산하도록 유발한다. 이 화학물질은 우리가 사랑에 빠졌을 때 분비되는 호르몬이다.

그리고 여성이 아기를 가질 때는 출산 과정뿐 아니라 갓 태어난 아기와의 감정적인 유대 관계에도 도움을 준다. 옥시토신은 우리가 관심 두는 사람을 그리워하게 만든다. 그래서 불안은 옥시토신의 방출을 자극해 우리가 다른 사람과 연결되도록 고무시킨다.

게다가 이 옥시토신이 뇌에 직접적인 항불안 작용을 한다는 사실도 밝혀졌다. 연구에 따르면 혈액 속 옥시토신 수치가 높아지면 스트레스 호르몬 수치가 떨어지고 편도체 활동이 줄어든다. 이는 마치 벤조디아제핀 같은 항불안제를 복용할 때와 같다. 옥시토신의 효과는 매우 강력해서 연구원들은 옥시토신의 잠재적인 치료적 사용을 연구하기 시작했다.

이처럼 다른 사람과 연결되고 뇌가 생물학적으로 진정된다면, 사랑하는 사람들과 함께하는 것이 우리 눈에 보이는 방법으로 어떻게 불안을 해소할 수 있을까? 2000년대 초, 간단하지만 예리한 임상 관찰이 이 사실에 관한 몇 가지 새로운 아이디어를 제공했다. 한 심리학자가 외상후 스트레스장애PTSD를 앓고 있는 한 퇴역 군인과 함께 치료를 진행하고 있었다. 몇 년 동안 그 베테랑 군인은 정신과 의사를 만날 필요가 없다며 치료받기를 거부해왔다. 그러나 그날 동행한 그의 아내가 결국 남편이 치료를 시도해보도록 설득하는 데 성공했다. 그 환자는 천천히, 그리고 머뭇거리며 전투에 관한 아픈 기억을 털어놓았다. 기분이 언짢아져서 치료실을 떠나고 싶을 때마다 아내가 남편의 손을 다정하게 잡아주었다. 아내의 손길이 닿을 때마다 그는 하려는 말을 계속 이어갈 수 있었고, 그렇게 자신의 트라우마를 이겨낼 수 있었다. 군인은 결국 치료로 많은 것을 얻었다.

해당 경험은 임상 신경과학자이기도 했던 치료사가 사회적 연결이 불안감에 미치는 영향에 관해 전과 다른 방식으로 생각하도록 영향을 미쳤다. 그로부터 몇 년이 흐른 2006년, 위스콘신 대학 소속이었던 그와 그의 동료들은 그 아이디어를 시험해보았다.[15] 그들은 연구에 참가할 자원봉사자들을 모집한 다음 그들에게 매우 구체적으로 불안해해야 할 거리를 제공했다. 바로 자기공명영상MRI을 통해 시행되는 예측 불가능한 전기 충격이 그것이었다.

전기 충격을 받을 수 있다는 가능성 자체만으로도 충분히 위협적이었지만, 거대한 초전도 자석으로 둘러싸인 큰 관 같은 MRI 기계 안에서 시행된다는 조건은 실험을 더 두렵게 느끼도록 만들었다. 참가자들은 테이블에 누워 차례차례 기계로 옮겨졌다. 그동안 기계는 엄청난 소음을 만들어냈다. 그 소음은 마치 끊임없이 이어지는 빠른 망치질 소리 같았다.

참가자 중 3분의 1은 무섭고 시끄러운 밀실공포증 기계에 혼자 들어갔다. 나머지 3분의 2는 낯선 사람의 손이나 자신과 로맨틱한 관계에 있는 파트너의 손을 잡는 것이 허용되었다. 파트너의 손을 잡은 사람들은 편도체 및 감정 관리와 관련 있는 전두엽 피질, 즉 전두엽의 특정 영역인 측면 후부 전두엽 같은 불안과 관련한 뇌 부위에서 가장 낮은 수준의 활동이 감지되었다. 이 활동은 높은 수준의 친밀감을 가진 관계의 사람과 함께한 참가자들에게는 제대로 일어났다. 반면 낮은 수준의 친밀감을 가진 관계의 사람과 함께한 사람들은 만족스러운 손 관련 스킨

십을 한 사람보다 훨씬 더 활발한 불안 관련 뇌 활동과 더 높은 수준의 스트레스 호르몬 수치를 나타냈다. 낯선 사람과 손을 잡은 사람들은 전대상 피질anterior cingulate cortex과 같은 더 많은 영역에서 불안과 관련한 뇌 활동이 더 높았다. 한편 마지막 실험 참가자 그룹은 잡아주는 손 하나 없이 홀로 전기 충격이 주는 위협과 마주한 사람들이었다. 그들의 결과는 어땠을까? 그들은 모든 영역에서 가장 높은 수준의 뇌 활동을 보였다. 그들의 뇌는 자신이 느끼는 불안을 조절하기 위해 매우 열심히 일하고 있었다.

이 연구는 비록 피상적일지라도 사회적 연결이 어떤 방식으로 불안을 해소할 수 있는지를 보여준다. 다른 사람, 특히 사랑하는 사람의 존재만으로도 우리 뇌는 위협이 주는 스트레스를 다루는 데 도움을 받는다. 이는 사회적 완충 효과social buffering라고도 불린다. 인간은 무리 속에서 진화했기 때문에 일찌감치 서로 의지하는 법을 익혀왔다. 우리는 혼자가 아닌 다른 사람과 함께 어려움에 맞서는 방법으로 감정적 에너지를 덜 소비하고 더 많은 이점을 얻는다. 만일 그런 우리가 사회적으로 고립된다면 맞닥뜨릴 모든 도전 과제는 더 어려워질 것이다.

그 극단적인 사례가 바로 교도소에서의 독방 감금이다. 미국에서 19세기 초 퀘이커 교도관들은 죄수들의 자기 탐구와 고행을 위한 시간 및 공간을 제공하기 위해 이 제도를 도입했다. 하지만 곧 사람들은 오늘날 우리가 볼 수 있는 걱정스러운 붕괴 현상을 목격했다. 독방에 수감된 죄수들이 벽에 머리를 부딪치거나 자해하고 자살을 시도한 것이다. 퀘이커 교도관들은 서둘러 해당 제도의 도입을 중지했다. 사회적 연결의 필요성은 매우 기본적이기에 독방 감금이 고문의 한 형태라는 점이 명백해졌다. 독방 감금은 죄수들을 전보다 더 불안하고 반사회적이며 비인간적이고 또 공격적으로 만들었다.

사회적 고립에 관한 최초의 연구 중 일부는 1950년대에 미국의 심리학자 해리 할로Harry Harlow에 의해 수행되었다. 과학 실험에 흔히 쓰이는 아기 붉은털원숭이들은 태어날 때부터 최대 1년 동안 어둠 속에 격리되었다. 고립 상태에서 벗어난 원숭이들은 지속적인 자기 고립self-isolation과 불안, 억제를 포함한 심각한 심리적 및 사회적 혼란 상태를 보였다. 그들에게 미친 악영향은 돌이킬 수 없었다. 오늘날 기준으로 비윤리적인 것으로 여겨지는 '절망의 구덩이pit of despair'16라는 적절한 이름의 이 실험은 동물 해방 운동을 탄생시키기도 했다.

불안의 짐을 홀로 짊어질 때 우리는 할로의 불쌍한 아기 원숭이들처럼 절망의 구덩이에 갇힐 위험을 감수한다. 불안은 우리의 사회적 진화와 분리될 수 없다. 우리는 DNA 속 깊숙이 숨어 있는 불안에 대처할 가장 좋은 방법 중 하나가 단순히 손을 잡는 행위를 하든, 사회적 지원을 찾고 공급하는 여러 방법을 통해서든 간에 우리의 사회적 네트워크인 여러 뇌에 걸쳐 감정적인 짐을 나누는 것임을 알고 있다.

불안은 투쟁fight, 도피flight, 두려움fear이라는 세 가지 F보다 훨씬 더 큰 개념이다. 불안은 방어적이고 생산적인 동시에 우리를 보상으로 향하게 하며 같은 종족에 묶어주는 다재다능함을 지녔다. 우리는 불안감을 불편하게 생각하고 이 불편함을 인지해 싫어하는 성향을 타고났기 때문에 불안감이 제공하는 정보를 듣고 상황을 더 좋게 바꾸는 데 필요한 조치를 하게 된다. 불안은 아름다우며 대칭성이 있다. 또 우리에게 필요한 모든 것을 제공하도록 진화했다. 불안은 우리에게 상황을 유리하게 바꾸고 불안감 고유의 불쾌감을 조절하도록 이끌며 동기를 부여한다.

우리가 일반적으로 함께 하는 것으로 생각하지 않는 생물학적 측면들, 즉 위협과 보상 및 사회적 유대 시스템을 끌어모음으로써 불안은 세상에 내재된 불확실성을 다루는 데 도움을 준다. 불안은 희망과 마찬가지로 우리에게 앞으로 계속 나아갈 지구력과 원하는 것을 향해 노력할 수 있는 집중력 및 에너지를 준다. 우리가 불안과 희망이 반대가 아니라는 것을 알게 될 때, 그렇게 생각할 때 불안과 희망은 하나의 동전에 존재하는 양면이 된다.

3장

미래 시제
: 나만의 모험을 선택하라

"미래에 대한 불안이 사람들로 하여금 사물의 원인을 탐구하게 한다."[1]

－《리바이어던》, 토머스 홉스(Thomas Hobbes)

거대한 나선형 계단이 빛으로 가득 찬 현관을 감아올렸고 그 옆에는 정교한 티베트 사자 조각상들이 경비를 서고 있다. 공간 곳곳에 만다라 그림과 불상이 우아하게 놓여 있다. 오른쪽에는 루빈 박물관에 어울리지 않는 풍경이 펼쳐져 있는데, 바로 히말라야 문화로만 가득 찬 공간이었다. 한쪽은 푸른색, 다른 한쪽은 붉은색인 거대한 벽은 바닥에서 천장까지 수백 장의 하얀 카드로 덮여 있었다. 가까이 걸어가 보니 각각의 카드에 쓰여 있는 글귀를 알아볼 수 있었다. 마치 눈에 잘 보이는 비밀 메시지처럼 적힌 글귀였다. 나만 이 발견의 목격자가 아니었다. 여섯 살짜리 딸 난디니도 벽으로 달려가 카드를 몇 장 읽더니 주위를 둘러보았다. 아이는 언제나 그렇듯 가장 먼저 무언가를 알아낸다. "저

걸 만든 사람들은 우리가 뭔가 하길 바라고 있어요!"

근처 테이블 위에는 '나는 희망적이다. 왜냐하면…'이라든지 '나는 불안하다. 왜냐하면…'이라고 적힌 카드들이 쌓여 있었다. 난디니는 희망을 적은 카드를 고르더니 카드에 적힌 '나는 희망적이다. 왜냐하면…'이라는 문장을 자신이 철자를 익힌 단어 중 하나인 '사랑'으로 마무리했다. 아이는 자랑스럽게 카드를 푸른색 벽에 붙어 있는 수십 개의 고리 중 하나에 걸어놓았다. 아이 옆에 놓인 카드들은 다음과 같았다. '나는 희망적이다. 왜냐하면…' 다음에 '당신이 아무리 외롭더라도 세상은 그런 당신의 상상력에 힘을 빌려줄 것이다', '성적이 나쁜 사람들이라도 여전히 성공할 수 있다', '그래도 그녀는 좋다고 말했다!'라는 글이 덧붙여져 있었다.

붉은색 벽에는 '나는 불안하다. 왜냐하면…'으로 시작하는 수십 장의 카드가 있었다. 거기에는 '다음에는 어디로 향해야 할지 모르겠다', '인종주의가 우리를 파괴하고 있다', '다시 사랑을 찾을 수 있을지 의문이다', '내 딸이 발버둥을 치고 있다', '허황된 희망을 안겨주는 지혜를 경멸한다' 등의 문장이 이어져 있었다.

아홉 살이 된 아들 카비는 여러 카드로 이루어진 조각보 같은 형태를 계속 연구했다. 그는 '취업 면접이 있기 때문에 불안하다', '취업 면접이 있기 때문에 희망적이다', '정치 때문에 다투는 사람들이 있어 불안하다', '정치 때문에 다투는 사람들이 있어 희망적이다' 등 불안을 담은 카드가 종종 희망을 담은 카드와 동일하다는 흥미로운 패턴을 지적했다.

그는 내게 물었다. "어떻게 같은 것을 가지고 불안해하거나 희망을 품을 수 있는 거예요?"

이곳 '불안과 희망의 건축물'에서 관람객들은 불안과 희망이 얼마나 밀접하게 얽혀 있는지, 또 물결처럼 밀려왔다 가고를 되풀이하는지, 때로는 서로 장난질을 치고 서로 울림을 주거나 모순이 되기도 하며, 그렇게 항상 함께 움직여 우리를 상상하던 미래로 조금씩 나아가게 한다는 사실을 느끼며 경험한다. 이 건축물의 제작자들이 설명했듯 "불안과 희망은 아직 오지 않은 순간에 의해 정의된다".

다시 말하자면 불안과 희망은 우리를 정신적인 시간 여행자로 만들며 곧장 미래로 향하게 한다.

불안은 인류 역사의 흐름을 형성해왔다. 불안이 어떤 방식으로 만들어지는지 이해하기 위해 우리는 우선 우리를 불안하게 만드는 인류의 근본적인 변화를 탐구해야 하며, 우리가 어떻게 잘살고 있는지 또 우리가 느끼는 불안으로 무엇을 성취하는지를 결정하는 다양한 미래 사고를 살펴보아야 한다.

내 미래로 인한 내 마음과 내 마음으로 인한 내 미래

호모 사피엔스가 선조인 호모 하빌리스와 호모 에렉투스에서 한 가지 특정한 방법으로 분리된 것은 불과 2백만 년 전으로, 이는 진화의 역사라는 스크린에 나타난 작은 신호에 해당했다. 그리고 그 방법이라는 것은 우리의 발달한 큰 뇌였다. 얼마나 뇌가 컸을까? 그 전 조상들의 두개골을 채운 것보다 거의 세 배 정도의 크기에 해당했다. 하지만 전체적인 뇌의 크기가 커진 게 아니라 단지 아주 특별한 부분인 전두엽 피질의 크기가 커졌다. 전두엽 피질은 감정과 행동을 조절하는 데 도움을 주는 영역이다. 그 기능만으로도 우리의 더 커진 뇌를 지탱하는 데 필요한 에너지 증가를 정당화할 수 있다. 하지만 전두엽 피질은 인간이 다른 어떤 동물도 할 수 없는 다른 무언가를 할 수 있게 만든다. 바로 일어나지 않는 일을 상상함으로써 생각과 현실 사이의 경계를 찢어버리는 것이다. 즉 전두엽 피질 덕분에 인간의 뇌는 현실을 모의실험 할 수 있는 장치가 된다. 우리는 실제로 시도하기 전 그것을 머릿속에서 경험할 수 있다. 일어나지 않은 사건을 상상할 수 있으며 과거의 순간을 회상하고 또 해당 경험에서 나올 수 있는 가능한 결과를 발생하기 전 시각화할 수 있다.

현실을 모의실험, 즉 시뮬레이션하고 시간의 앞뒤에서 자신을 상상하는 능력은 다른 손가락들과 마주 보고 있어 도구 등의 물체를 움켜쥘 수 있었던 진화적 이점인 엄지손가락과 함께 우리를 동굴 거주자에서 문명 건설자가 되게 한 이유 중 상위 1, 2위를 다툰다. 행동을 예행연습할 수 있을 때 우리는 무엇이 잘못될 수 있는지 상상할 수 있고, 더 나은 결정을 내릴 수 있으며, 원하고 필요한 미래를 향해 나아가기 위해 어떻게 노력해야 하는지 깨달을 수 있다.

우리는 가장 작은 결정부터 가장 높은 수준의 도전 과제에 이르기까지 항상 정신적인 시뮬레이션을 사용한다. 분위기를 띄운답시고 상사에게 회사의 예상 손익을 알리기 전 몇 마디 농담을 던지는 게 좋은 생각일까? 우리는 그게 끔찍한 아이디어라는 것을 깨닫기 위해 굳이 먼저 생각을 실행에 옮길 필요가 없다. 발레단의 수석 무용수에서 올림픽

출전 선수에 이르기까지 엘리트 운동선수들은 훈련 중 필수적인 부분으로 경기 내용과 경쟁을 머릿속에서 시뮬레이션한다. 올림픽 챔피언인 미국의 수영 선수 마이클 펠프스는 모든 다이빙, 스트로크, 플립, 글라이드뿐 아니라 김이 서린 물안경에서부터 실격에 이르기까지 일어날 수 있는 모든 잠재적인 문제에 관해 정확히 무엇을 해야 하는지를 곧 있을 전 경기의 세부 사항과 함께 매일 아침저녁으로 시각화했다. 최상의 시나리오든 최악의 시나리오든 무엇이 이뤄지는지와 상관없이 그는 시각화해 대비했고 무엇이든 할 준비를 갖추었다.

전두엽 피질에 실로 감사하지 않을 수 없다.

미래 사고의 다양성

비록 많은 사람이 행복의 열쇠는 시뮬레이션이 필요하지 않은 지금 여기에 있다고 주장하지만, 전두엽 피질이 제공하는 미래를 상상하는 우리의 놀라운 능력은 엄청난 이점을 제공한다. 앞에 놓인 상황에 관심을 가지도록 동기를 부여하고 활력을 주는 불안은 우리가 무엇이든 준비할 수 있게 도와준다. 그러나 우리가 불안감을 이용하든, 아니면 불안감이 우리를 이용하게 내버려 두든 간에 불안감을 가지고 무엇을 할지 결정하는 것은 미래에 대한 풍부하고 다양한 인간의 사고다.

우리가 미래에 대해 생각하는 방법은 낙관론에서 비관론, 그리고 우리가 통제하고 있다는 믿음부터 자신이 운명의 포로가 되었다는 생각에 이르기까지 다양한 범위의 울퉁한 통로에 빠지는 경향이 있다. 불안은 바로 이 팬 곳을 따라 몇 가지 놀라운 방법을 통해 생겨난다.

우리는 미래가 순조로울 것이며, 목표를 이루지 못할 것이라기보다 성취해 성공할 거라는 가정인 낙관론을 알고 있다. 대부분의 사람은 낙관적인 경향을 지닌다. 수십 개의 연구가 그랬던 것처럼 막 성인이 된 사람들에게 물어보자. "자신과 나이, 성별, 그리고 배경이 비슷한 다른 사람과 비교했을 때 당신은 업적을 인정받아 상을 받고 고액 연봉을 받는 직업을 얻어 평생 가장 사랑한 사람과 결혼해 80세를 넘어서까지 살 가능성이 얼마나 될 것 같나요? 또 술 관련해 문제가 생기거나 직장에서 해고되고 성병에 걸리거나 이혼하고 또 폐암으로 죽을 가능성은 얼마나 된다고 보십니까?" 대부분의 사람은 주어지는 기회들이 단지 우연이라는 사실처럼 통계적으로 옳은 답에도 불구하고, 좋은 결과가 발생할 가능성은 평균보다 상당히 높은 반면 나쁜 결과가 발생할 가능성은 평균보다 낮다고 생각한다.[2]

낙관주의는 우리의 동기를 높이고 목표를 추구하기 위해 우리가 하는 노력을 더 강력하게 만드는 것에서부터 행복감을 높이는 것에 이르기까지 분명한 현실적 이점을 가지고 있다. 하지만 긍정적인 미래를 상상한다고 반드시 더 행복하고 더 잘 적응하는 것은 아니다. 우리는 좋은 것보다 나쁜 것이 더 많은 방법으로 낙관할 수도 있다.

한 가지 예[3]는 바로 원하는 미래를 상상하지만 그것을 지금의 현실과 연결하지 않는 환상의 한 형태인 긍정적인 탐닉positive indulging이다. 이를테면 만족스럽고 보수가 높은 직업을 갖고 싶어 하지만 자신이 그에 걸맞은 학위나 유용한 기술이 없다는 것을 기억하지 못하고 일주일에 20시간만 일하는 것을 선호하는 식이다. 우리는 지금의 위치에서 바라는 그곳까지 어떻게 하면 갈 수 있는지 절대 상상하지 않는다. 이렇듯 몽환적이고 거창한 방식으로 공상할 때는 자신의 미래 목표에 전념할 가능성이 작으며 장애물을 어떻게 극복할지에 관한 계획 역시 많이 세우지 않는다. 우리는 순간적으로 기분이 좋아지기 때문에 이런 종류의 환상에 빠져든다. 연구는 이것이 단기적으로는 긍정적인 기분을 고양하는 경향이 있다는 점을 말해준다. 하지만 장기적으로 볼 때는 결핍을 가져오며 실패에 따라오는 감정적인 고통에 연연할 가능성이 있다.

낙관하는 것은 기분이 좋기 때문에 우리는 종종 비관론이 미래를 생각할 때 건강에 좋지 않은 방법이라고 추측한다. 또 이런 미래 사고의 어두운 면이 우리를 더 불안하고 우울하게 만들며, 세운 목표를 달성하는 데 실패하게 할 거라 믿는다. 하지만 진실은 이런 믿음보다 더 복잡하다.

비관주의는 좋은 결과뿐 아니라 나쁜 결과도 초래할 수 있다. 비관주의의 부정적인 측면은 우리가 비관주의의 극단성을 생각해볼 때 꽤 명확하다. 비관주의는 종종 다음과 같은 불안장애를 동반한다.

- 파국화: "완전히 모두가 전멸할 재앙이 될 거예요."

- 불안에 대한 불안, 걱정에 관한 걱정: "만일 너무 불안해하거나 걱정하면 내게 해롭거나 나쁜 일이 일어날 수도 있을 거야."

- 불확실성에 대한 무관용: "내 미래를 알 수 없고 예측할 수 없다는 건 끔찍하게 느껴지는 데다 받아들일 수 없어요. 부정적인 사건들은 언제든 일어날 수 있겠죠."

이런 비관적인 패턴은 다양한 불안장애에 걸쳐 나타난다.[4] 예를 들어 파국화 사고[5]는 정신적 외상, 트라우마를 지닌 생존자들 사이에서 흔하다. 그들은 종종 과거의 경험을 참고해 미래를 상상하는 고통스러운 순환에 빠지거나 ("내일 아침 거울을 볼 때 폭행 때문에 생긴 상처가 보이겠지.") 또는 대부분의 사람이 그런 것처럼 비참한 방식으로 ("내일 새 직장 면접을 볼 때 난 완전히 무너져서 경비원의 부축을 받으며 면접장을 빠져나오게 될 거야.") 말한다. 범불안장애GAD로 진단받은 사람들처럼 불안에 대한 불안으로 고통받는 사람들도 있다. 해결책을 찾기 위해 위협이 되는 것들과 문제점을 예상할 수 있길 바라며 만성적으로 고민하지만 "걱정하면 정신을 잃을지 몰라.", "걱정하다가 몸이 상하면 어쩌지.", "걱정 때문에 심장마비가 올 수도 있어." 등의 생각도 한다.

습관이 된 비관주의는 정말로 파괴적인 비관적 확실성[6]으로 이어질 수 있는데, 여기서 우리는 나쁜 일이 일어날 뿐 아니라 자신에게 그 상황에 대처할 힘이 없을 거라 가정한다. 비관적 확실성은 높은 수준의 불안감을 악화할 수 있으며, 좋은 일은 일어나지 않을 거라는 다른 측면의 확신으로 확장될 때는 우울증[7]을 유발하고 자살을 떠올리도록[8] 한다. 더 이상 나아질 가능성을 찾을 수 없을 때 우리는 살아갈 의미가 없다고 느끼게 될지 모른다.

하지만 미래의 부정적인 것들에 관해 생각하는 것도 도움이 될 수 있다. 노화와 질병에 관한 연구는 미래에 있어 가장 부정적인 것 중 하나인 죽음에 집중하는 것이 현재를 즐기는 데 도움이 된다는 점[9]을 밝혀냈다. 늙거나 아프거나 어떤 방식으로든 우리 삶에 제한이 있다는 점을 인지하는 것은 친구나 가족과 강한 감정적 관계를 맺거나 기분이 좋아지는 활동을 즐기는 것 같은 건강한 목표를 우선시하게 만든다. 미래에 다가올 피할 수 없는 죽음을 생각할 때 우리는 현재에서 기쁨을 추구하게 된다.

낙관론에서 비관론에 이르는 이 스펙트럼에서 불안은 어디쯤에 위치할까? 놀랍게도 불안은 정중앙에 있다. 단지 긍정적이거나 부정적인 미래에 관한 것이 아닌, 우리에게 불확실성을 다루도록 강요하기 때문이다.

누군가 우리에게 2주 동안 매일 다음과 같은 일을 하길 요구한다고 상상해보자. "내일 일어날 수 있는 부정적인 사건 네 가지를 가장 명확한 형태로 상상해보세요. 매일 일어나는 귀찮은 일에서부터 매우 심각한 사건에 이르기까지 모든 걸 상상해도 됩니다. 예를 들어 '급하게 줄리의 결혼식에 가야 하는데 미용사가 내 머리를 망친다'든가 '아침에 샤워하는데 물이 갑자기 차가워진다'든가 '방금 내 담당의로부터 내 시력 문제가 종양 때문이라는 내용이 담긴 검사 결과지를 받았다' 등이 있을 수 있겠네요."

하지만 만일 다음과 같은 지시를 받는다면 어떨까. "양치질이나 샤워, 신발 끈 묶기, 버스 타기, 컴퓨터 전원 켜기처럼 내일 일어날 수 있는 중립적이고 일상적인 사건 네 가지를 상상해보세요."

한 연구[10]가 약 100명의 사람을 대상으로 이 작업을 수행했다. 참가자들이 2주간 부정적인 사건들을 상상하도록 요청받았을 때 그들의 기분에는 별다른 큰 변화가 일어나지 않았다. 그들이 느끼는 불안감은 높아지지도 않았고 그렇다고 행복한 기분이 줄어들지도 않았다. 하지만 중립적이고 무미건조하며 일상적인 일들을 상상하도록 요청받았을 때 그들의 불안감은 줄어들었다.

이 예상치 못한 발견은 우리에게 비관론이나 낙관론보다 불확실성이 불안감을 불쾌하게 만든다는 점을 알려준다. 이는 불안과 불확실성이 매우 밀접하게 연관되어 있어 심지어 이를 닦는 것 같은 간단한 일처럼 정말 평범하고 별로 특별하지 않지만 예측 가능한 미래 사건에 관해 생각하거나 계획하는 것이 우리의 불안한 감정을 관리해주기 때문이다. 열성적으로 리스트를 작성하는 사람들은 이미 이런 사실을 알고 있다.

만약 불안의 진화적 기능이 불확실한 미래에 우리를 집중하게 만들고 우리가 그 미래에 관해 무언가 행동하도록 동기를 부여하는 거라면 우리는 또한 미래 사고의 또 다른 유용한 측면을 가지고 있다고 볼 수 있다. 바로 미래를 형성할 힘, 통제력이 그것이다.

미래에 관해 생각할 때 우리는 자신이 내 이야기의 서술자라고 믿을까, 아니면 운명의 무력한 희생자라고 믿을까. 이 가정들은 우리 모두가 안고 있는 통제적 신념이란 스펙트럼의 양극단에 위치한 것들이다. 우리가 어떤 순간이든 그 범위 안에 속한다면 이는 우리의 감정적 행복에 큰 영향을 미칠 것이다. 운명을 통제할 힘에 관한 믿음을 잃었을 때의 우리는 현실적으로 보일 수 있지만 한편 더 우울해진다. 심리학에서는 이를 우울한 현실주의depressive realism라고 부른다. 더 슬프지만 분명 더 현명하다. 슬픔이라는 비싼 대가를 치르지만 말이다.

다행히, 그리고 그 반대를 증명하는 증거에도 불구하고 우리 대부분은 자신이 미래를 통제할 수 있다고 믿는 편이다. 심지어 통제 불가능하다는 사실을 이성적으로 인지하고 있을 때조차 그렇다. 이를 마법 같은 사고방식이라 부르는 것이 비판적으로 보일 수 있겠지만 틀린 말이 아니다. 통제 불가능한 것들을 통제할 수 있다고 여기는 우리 사고에 관한 다양한 방법을 다룬 수십 개의 연구는 대부분의 사람이 특정한 방식으로 돌림판을 돌리거나 주사위에 숨을 불어넣는다면 행운이 자신을 승리로 이끌 것이라 믿는다는 점을 보여준다. 이 분야에서 초기에 이루어진 연구 중 하나[11]는 대다수의 사람 중 압도적으로 많은 사람이 마음속 깊이 로또 복권을 무작위로 받을 때보다 자기 손으로 뽑을 때 당첨될 가능성이 더 크다고 믿는다는 것을 증명했다. 통제에 대한 똑같은 환상은 단지 우연에 의존하지 않는 상황에도 적용된다. 우리는 순수한 의지의 힘을 통해 재앙을 피하면서 꿈을 현실로 바꿀 수 있다고 확신한다.

이는 우리가 성공에 대한 공을 인정받고 실패를 외부 요인 탓으로 돌리는 것이 당연하다고 생각하기 때문이다. 심리학자들이 내적-안정적-전반적 귀인 양식internal-stable-global attributional style[12]이라 부르는, 사건을 해석하는 이 습관은 우리가 우리 삶에서 긍정적인 사건들을 통제한다고 가정한다. 우리가 다른 사람의 노력보다는 우리 자신의 노력(외부적 노력보다 내부적 노력)에 좋은 사건의 공을 돌리기 때문에 내적-안정적-전반적이라고 부른다. 이는 거의 대부분의 (안정적이지 않은 것보다 안정적인) 경우에 그러하고 우리 삶의 모든 상황(구체적 상황보다 전반적 상황)에서 같을 거라 확신한다. 이런 귀인, 즉 관찰된 결과나 책임에 대한 원인을 찾는 것은 미래로 확장된다. 이는 우리가 내일, 또 그 뒤에 이어질 많은 미래에 기대할 수 있는 것이다. 불확실성을 조절한다고 생각하자. 계속해서 연구는 사고의 본질적인 오류가 건강한 감정적 삶과 함께 간다는 점을 보여준다.

반대로 긍정적인 사건들의 통제에 관한 이런 환상을 거부하면 우리는 우울해질 가능성이 더 크다. 우울증은 심지어 이 건강한 귀인 양식을 뒤집어 우울할 때 우리는 긍정적인 사건들이 외부적이고 불안정하며 특정한 원인에 기인한다고 믿는다. 이는 곧 좋은 일들이 우연히, 우리의 통제 밖, 그리고 가끔씩 일어난다는 것을 의미한다. 그런 미래를 기대하기는 어렵다.

불안은 우울과 극명한 대조를 이루며 내적-안정적-전반적 귀인 양식을 포용하고 활용한다. 불안하거나 심지어 극도로 불안할 때조차 우리는 여전히 삶에서 좋은 일이 일어날 수 있다고 믿는다. 그리고 불안감이 이를 현실로 구현하도록 돕는 가장 일반적인 정신적 행동은 우리가 잘 알고 있는 그것, 바로 걱정이다.

걱정은 우리가 미래를 통제할 수 있다는 믿음

나를 포함해 대부분의 사람은 일상생활에서 걱정과 불안이라는 단어를 번갈아 사용한다. 하지만 심리학에서 이 둘은 분명 다른 것으로 여긴다. 불안은 신체적 감각과 행동, 생각이 뒤섞인 것이다. 초조하거나 목이 조여 오는 듯한 느낌, 또 활기가 생기거나 동요되는 느낌 등은 우리 몸 안에서 일어난다. 이런 행동은 위협 대응이 작동할 때(싸우거나 도망치거나 멈추기) 수행된다.

한편 우리의 생각은 왜 우리가 불안해하는지, 또 그 불안함에 대해 어떻게 해야 하는지 알아내려 노력한다. 그런 생각을 하는 것을 바로 걱정이라 부른다. 걱정은 불안감이 항상 가지고 있지는 않은 '지향성 aboutness'을 지니고 있다. 불안은 뚜렷한 목적이나 초점 없이 걷잡을 수 없는 면이 있다. 불안하지만 무엇 때문에 그런지는 잘 모른다. 그래서 심호흡하거나 조금 덜 현명한 방법일지 몰라도 와인 한 잔을 마시며 스스로를 달래려 노력한다. 이와는 대조적으로 걱정은 예리하며 직접적이다. 집세를 낼 수 없어 걱정하고 할아버지와 같은 병으로 죽을까 봐 걱정한다. 이렇듯 걱정이 될 때 와인 한 잔이 도움이 되길 바라면서 잔에 손을 뻗을 수 있지만, 또 다음과 같은 질문을 던지며 진짜 유용한 행동을 할 준비도 되어 있다. "난 이제 어떻게 하면 좋을까?"

걱정하면서 우리는 불안감을 유발하는 상황에 어떻게 대처해야 할지 깨닫기 시작한다. 집세를 낼 수 있도록 더 많은 돈을 벌 방법을 찾아야 한다고 생각하거나 병원에 가서 검사를 받아봐야 내가 병에 걸렸는지 아닌지를 알 수 있다고 생각한다. 걱정은 현재 상황의 변화를 강력히 요구하고 지속적이며 끈질기다. 걱정의 목표이자 유일한 목적은 바로 우리가 위협에 대처하는 방법을 찾아내 결국 그 일이 잘 해결되도록 돕는 것이기 때문이다.

불안한 감정이 장황하고 막연해 확신하기 어려울 때 걱정 없이 불안해할 수 있지만 불안해하지 않고는 걱정을 할 수 없다. 걱정에 관해 연구하기 위해[13] 연구원들은 실제로 사람들에게 어떻게 걱정해야 할지 지시하고 그들이 특정한 생각이나 아이디어를 이끌어내도록 요구한다. 불안의 감정은 다음과 같은 경향을 지닌다.

- 잠시 시간을 내어 우리 몸이 어떻게 느끼고 있는지에 집중해보자. 호흡과 심박수, 근육(어깨와 얼굴 근육에 주의를 기울이자), 앉거나 서 있을 때의 방식(긴장 또는 이완)에 집중하면 된다. 다음으로 집중할 목표는 우리의 생각이다. 지금 어떤 생각을 하고 있는가?

- 이제 나를 불안하게 만드는 세 가지를 나열하고 그중 가장 강력한 것을 골라보자. 그리고 1분 동안 그것에 관해서만 생각하자. 정말 그 한 가지에만 집중하자. 할 수 있다면 그에 관해 가능한 한 생생하게 떠올리자. 이미지와 구체적인 형태, 일어날 수 있는 최악의 상황, 그리고 그에 관해 내가 무엇을 할 수 있는지를 떠올리자.

- 1분이 지난 뒤 우리 몸에 다시 귀를 기울여라. 심장이 더 빨리 뛰는가? 몸이 취약해졌거나 열이 나는 것 같은가? 온몸이 뻣뻣해지거나 목이 마르

는가? 호흡이 빠르고 거친가? 긴장되고 초조한 느낌이 드는가?

분명 걱정은 그렇게 크게 느껴지지 않는다. 걱정은 쉽게 불안을 악화시킬 뿐 아니라 문제와 불확실성에 우리 마음을 향하게 하며 투쟁 도피 반응 또한 유발할 수 있다. 걱정하면 기분이 좋지 않은데 왜 우리는 계속해서 걱정하는 걸까? 우리가 극히 긍정적으로 느끼는 측면이 한 가지 있기 때문이다. 걱정은 우리가 무언가를 하는 것처럼 느끼게 한다. 우리가 불안감을 느낄 때 걱정은 종종 미래에 관한 정신적인 시뮬레이션을 빠르게 수행할 수 있도록 작동하며 다음에 무엇을 해야 할지 계획하도록 우리를 재촉한다. 자신이 미래를 통제한다고 믿는 것은 기분이 좋으므로 우리는 계속해서 걱정한다.

나는 내 인생에서 가장 크게 불안감을 유발했던 특정한 경험 덕분에 걱정의 계획 및 통제에 관한 본질을 직접적으로 이해했다. 그 경험은 바로 내 아들의 선천적인 심장 상태에 관한 것이었다.

내가 첫 아이 카비를 임신하고 있을 때 우리는 카비가 태어나고 몇 달 안에 심장 절개 수술을 받아야 하는 심각한 상태라는 것을 알게 되었다. 이 걱정이 앞서 다룬 방정식에 어느 정도 들어맞는지는 명백해 보일 수 있다. 덜 분명한 것은 내 걱정은 아이가 생후 6개월이 되기도 전에 거쳐야 했던 진단부터 수술과 회복에 이르기까지 1년 동안 비록 제일 진을 빼게 만들긴 했지만 그러면서도 가장 친한 친구가 되어주었다는 사실이다. 내가 느낀 공포는 딱히 도움이 되지 않았다. 반면 이유를 알 수 없는 과도한 불안은 내가 앞으로 나아갈 수 있도록 활력을 불어넣어준 점에서 조금 더 유용했다. 아이가 필요한 의학적 조치를 받지 못할 수도 있다는, 내가 직면한 그 위험보다 한발 앞설 수 있게 한 건 내 불안 중 걱정이라는 부분이었다. 걱정은 내가 성공적인 수술의 가능성을 극대화해 생각하고 상상할 수 있는 최악의 결과의 확률을 최소화하는 방법을 알아내도록 강요했다.

걱정이 태산이었다. 임신 기간 동안 나는 아이의 예후와 아이가 태어나 얼마나 아파할지를 걱정했다. 아픈 아기를 돌보는 상황이 어떨지 상상하려 계속해서 노력했다. 나는 모성애적인 면에서 마치 올림픽에 나가는 수영선수처럼 되고 싶었다. 내 아들이 맞이할 응급상황이 될지 모르는 모든 경기 장면을 상상했다. 마음은 정보 수집 모드로 전환됐다. 카비의 상태를 다루는 모든 논문을 찾아내 읽었고 선천적인 심장병 관련 커뮤니티와 블로그 사이트를 샅샅이 뒤졌다. 또 초음파 검사와 초음파 심장 진단을 통해 카비의 병 진행 상황을 추적하는 매주 실시되는 임산부 검진에서 의사와 간호사들에게 수백 가지 질문을 던졌다.

걱정은 계획을 세우는 데 도움이 되었다. 태어난 지 얼마 되지 않을 때 수술을 받는 편이 아이 심장에 더 크고 강하게 자랄 시간을 주기에 우리는 집에서 카비를 돌볼 시간을 늘리려는 목적으로 간호사를 고용했다. 또 최고의 외과의를 찾기 위해 걱정했다. 우리는 몇몇 뛰어난 의사를 찾아냈고 그들 중 한 명을 선택해야 했다. 환자를 대하는 태도가 더 좋은 사람과 함께해야 할까 아니면 옆방에서 폭탄이 터지더라도 레이저 초점을 고정하고 침착하게 수술을 집도할 거라고 모두가 말하는 사람과 함께해야 할까? (우리는 침착한 손을 가졌다는 사람과 함께하기로 했다.) 매주 나는 최상의 시나리오와 함께 최악의 시나리오를 상상했다. 일어날 가능성이 있는 모든 우발 상황에 관해 전문가들과 이야기를 나눴고 아이의 치료에 관한 모든 세부 사항에 관해 가능한 한 계획을 세우려 노력했다. 그리고 물론 걱정도 했다. 대체 어떻게 하면 이 상황을 이겨낼 수 있을까?

결국 이 위기를 헤쳐 나갈 수 있게 해준 건 걱정이었다. 걱정은 내가 매우 효과적인 수준에서 준비하게 해주었을 뿐 아니라 내가 감정적으로 살아남을 수 있게 도와주었다. 나는 내가 계획을 세워 행동하고 또 충분히 생각한다면 아이가 살아 잘 자라나리라는 믿음을 굽히지 않았다. 비록 미래에 대한 완전한 통제가 환상이라는 걸 알고 있었지만 그렇게 했다. 내 걱정은 얼마 전까지만 해도 사형선고를 받았던 병 앞에서 아들의 생존을 위해 싸울 수 있다는 믿음이었다.

나를 오해하지 않길 바란다. 걱정이 항상 도움이 되지는 않는다. 걱정이 만성적이고 극단적일 때는 원하는 미래를 만들어내는 우리의 힘을 돕기보다는 방해한다. 예를 들어 불안은 가장 흔한 불안장애의 핵심 요소다. 지난 수 세기 동안 특별한 이유 없이 막연하게 불안을 느끼는 범불안장애는 범공포증pantophobia, 즉 세상 모든 것에 대한 두려움으로 불렸다. 일리 있는 말이다. 왜냐하면 범불안장애를 진단받은 사람들이 세계에서 일어나는 사건들이나 재정, 건강, 외모, 가족, 친구, 학교, 일 등에 관해 무분별한 걱정을 이어갔기 때문이다. 이런 행동은 걱정을 극도의 시간 소모적인 것으로 만든다. 일반화된 걱정 또한 고통스럽다. 왜냐하면 이는 우리 마음속에 놓인 영구 기관(perpetual motion machine,

외부로부터 에너지를 공급받지 않아도 외부에 대해 영원히 일을 계속하는 가상의 기관-옮긴이 주)처럼 통제할 수 없고 계속 느껴지기 때문이다. 이런 통제할 수 없는 거대한 힘은 마치 정신적 또는 신체적 붕괴를 초래할 수 있는 것처럼 두렵게 느껴진다.

펜실베이니아주의 연구원들은 2004년 진행한 한 연구에서 이 위험을 설명했다.[14] 그들은 범불안장애 진단을 받은 사람들에게 완전히 상반된 두 가지 일을 하도록 요구했다. 첫 번째는 자신을 정말로 괴롭히는 것에 관해 걱정하는 것, 두 번째는 긴장을 풀기 위해 모든 집중력을 차분히 호흡에 쏟는 것이었다. 연구원들은 호흡 운동을 하는 동안 참가자들이 아직도 마음속에 남아 있는 걱정 때문에 집중하지 못하고 산만한 모습을 보이는지 기록했다. 그 시간 동안 참가자들은 과도한 걱정과 집중력 상실, 또 불안감 및 긴장과 피로감에 시달렸다는 사실이 밝혀졌다. 즉 그들은 걱정을 멈출 수 없었다. 가장 극단적인 형태에서 걱정은 너무나 자동으로 일어나 우리는 안전하고 쉬고 있는 시간에도 걱정하는 마음을 멈추지 못한다.

나만의 모험을 선택하라

도움이 될 수도 있고 방해가 될 수도 있는 것이 미래 사고다. 한편 아직 도래하지 않은 그 순간보다 우리 마음을 앞서게 하는 미래 사고는 항상 특정한 감정적 자질을 지니고 있다. 아마 우리는 불확실성 때문에 생기는 전율과 고조된 집중력, 그리고 빠른 심장 박동과 미지의 것에 대비하려고 가진 자원을 결집할 때 약간의 아드레날린 폭발을 느낄 것이다. 우리 마음은 불확실성과 불안, 희망이 모두 함께하는 미래 시제로 접어든다.

이 시뮬레이션은 그 자체만으로도 우리에게 활력을 준다. 과거와 현재 시제는 우리에게 이런 날카로움이나 절박함을 줄 수 없다. 불안은 우리에게 미래가 일어나길 기다리는 게 나쁠 수 있으니 스스로 원하는 결과를 만들어내는 게 좋을 거라고 말해준다. 이는 《나만의 모험을 선택하라Choose Your Own Adventure》(미국의 아동 도서 시리즈 제목으로 독자의 선택에 따라 이야기의 전개가 달라지는 구성으로 되어 있다-옮긴이 주)는 책의 내용과 다르지 않다.

카비의 수술 날짜가 잡히자 내 머리가 일하기 시작하며 계획을 세웠다. 차를 빌려 아침 6시에 병원으로 출발해야지. 그렇게 하면 충분히 제시간에 도착할 수 있을 거야. 이걸로 운전에 대해 걱정하지 않아도 되겠군. 수속을 밟고 나면 간호사를 만날 테니 마지막으로 물어볼 게 있으면 뭐든 물어봐야겠어. 그리고 병원에 도착했을 때 머릿속이 하얘질 수 있으니 병원 가기 전날 밤에 궁금한 것들을 적어봐야지. 간호사와 면담을 끝내면 마취과 의사가 수술 과정을 설명하고 카비에게 잠들 수 있는 진정제를 투여할 거야. 다행이다. 아이가 무서움을 느끼지 않을까 걱정하지 않아도 되니. 내가 카비를 직접 수술실로 데리고 가야 하는지 모르겠네. 수술할 아이의 엄마가 아이를 직접 수술실에 데려다주는 게 더 나을까, 아니면 그러지 않는 편이 좋을까.

내가 아이를 데리고 가게 된다면 20쪽으로 가기, 만약 남편이 아이를 데리고 가게 된다면 53쪽으로 넘어가기.

아마 블랙 유머는 이 상황에 어울리지 않을 것이다. 하지만 다음에 무슨 일이 일어날지 상상하고 가능한 방법 중 하나를 선택하는 건 내 아들의 수술을 미래 시제로 보는 것이다. 걱정과 계획이 내 마음속 중요한 위치에 들어선다. 내 생각은 빠르게 움직인다. 비록 정신적인 시뮬레이션일 뿐이지만 마치 그 사건을 준비하는 것처럼 심장이 더 빨리 뛴다. 불확실한 미래를 마주할수록 불안과 희망, 두려움, 혼란 등 고통을 느끼지만 집중력도 높아진다. 현재의 순간으로 돌아갈 때쯤 나는 자신에게 휴식을 주어 걱정의 토끼굴로 너무 깊숙이 들어가지 않도록 한다. 나는 우리가 맞닥뜨리게 될 위험을 잊지 않았지만 좋은 결과를 얻기 위해 할 수 있는 모든 것을 할 준비가 되어 있다고 느낀다.

나는 과거와 현재 시제 관점에서 수술을 매우 다르게 경험한다. 현재 시제에서는 끊임없이 밀려드는 생각과 인식, 느낌, 그리고 아이디어들의 물결을 탔다. 어떤 것은 수술에 관한 것이었고 어떤 것은 다른 것에 관한 거였다. 아, 수술실에 우리 아기를 넘겨주는 건 너무 끔찍해. 아이를 보내줄 수 있을지 모르겠어. 그리고 이 크고 눈부신 방에는 반짝이는 금속 기구들이 가득해. 기절하거나 토할 것 같아. 의사한테 토하지 않도록 해야겠지! 좋아, 우리 아들한테 최악의 상황은 피했어. 수술실에 있잖아. 이제 괜찮을 거라는 사실만 기억하면 돼. 우리 의사 선생님이 최고야. 이런 수술 따위 선생님께 식은 죽 먹기겠지. 이제 대기실로 가야겠다. 좋아, 여기가 대기실이야. 여긴 정말 조용하네. 사람들이 구석에서 속닥거리고 있어. 남편은 어디에 있지? 아, 저기에 있네. 친구들과 가족들이 함께 있어 줘서 정말 고맙다. 아, 이 커피는 너무 맛이 없네. 구역질이 날 것 같아. 왜 난 커피를 끊을 수가 없는 걸까? 시간이 얼마나 지났지? 한 시간은 지났나? 세 시간이 지난 거야? 외과 의사가 문을 열고 있는 건가? 수술이 끝난 거야? 아니네. 저 사람이 우리 선생님인가? 아니네. 지금 나온 사람은? 아니야. 언제 수술이 끝나는 거지? 여기 누가 이렇게 진한 향수를 뿌린 거야? 머릿속이 미친 듯 돌아간다.

하지만 과거 시제에서는 수술에 관한 이야기를 나 자신에게 말하고 다시 말할수록 시간이 느려지고 확장된다. 이야기의 한 버전에서 나는 내 감정들의 행렬에 초점을 맞춘다. 기다리는 동안 느낀 차가운 두려움, 의사가 카비의 가슴을 절개하고 갈비뼈를 열어 수술을 진행하기 위해 아이의 작은 심장을 잠시 멈추는 고통스러운 상상, 시간이 지나며 점점 더 지쳐가는 내 모습, 그리고 감사하게도 마침내 수술이 완벽히 잘 끝났다고 의사가 말해줄 때의 안도감 등등. 과거의 또 다른 버전에서는 경험을 정의하는 독특한 세부 사항들과 이미지들이 존재한다. 소독된 대기실의 모습, 기다리는 동안 배가 고파도 길모퉁이에 있는 큰 샌드위치 가게에 가지 않는 게 좋다고 조언해주는 마취과 의사, 또 우리의 바람처럼 아이의 담당 의사는 아니더라도 분명 우리의 소중한 이웃 중 한 명이었기에 마음에 위로가 찾아오게 해준 수술실 문을 열고 등장한 어떤 사람, 그리고 수술 뒤 카비가 병원에서 회복하며 아주 잘 지내고 있어 아이가 앞으로는 괜찮고 또 잘 자랄 거라는 확신이 드는 순간. 과거의 긍정적인 내용에 공을 들여 다시 말해보고 같은 순간들을 거듭 살피며 세세한 세부 상황과 해석을 이곳저곳에 더할수록 기분이 더 좋아진다. 나는 따뜻한 물로 가득 찬 욕조에 앉아 노곤하게 있는 것처럼 과거의 이야기에 걸터앉아 몰입하는 것을 좋아한다.

과거 시제는 느리고 서술적이기에 우리에게 편안한 이야기를 만들어낼 능력을 부여한다. 현재 시제는 경험의 순환적 흐름이며 두서없고 정처 없이 흘러간다. 하지만 미래 시제는 역동적이며 탄력으로 가득 차 아직 일어나지 않았지만 우리가 이루고자 하는 결말을 향해 질주하고 있다.

잃어버린 낙원

불안의 필수 요소는 미래 시제다. 우리가 불안할 때 "이다음에 무슨 일이 일어날까?"라는 질문에는 긍정과 위험이 모두 담겨 있다. 마치 미래가 약한 무선 신호인 것만 같다. 맞는 설정을 찾기 위해 조절 다이얼을 돌리면 불안은 원하는 미래를 나타내는 채널에 우리를 조금씩 밀어낸다. 실제로 우리가 지닌 놀라운 인간의 뇌, 즉 우리의 현실 시뮬레이터는 미래에 비틀거리지 않고 미래를 창조할 수 있게끔 상상하도록 진화했다.

그렇기에 느긋하게 긴장을 풀고 쉬고 싶다면 미래 시제는 아마 최선의 선택이 아닐 것이다. 10장에서 다루겠지만 그것이 현재 시제가 지배하고 있는 부분이다. 하지만 우리가 중요한 일들을 하고, 계획을 세우길 원한다면 미래보다 나은 선택을 할 수 없다. 비록 그것이 적절한 양일지라도. 이는 불안을 보호적이고 생산적이면서 인간의 성취와 독창성을 이끄는 주요 원동력으로 만든다. 이 장의 첫머리에서 소개했던 내 아들 카비의 질문을 떠올려본다. "어떻게 같은 것을 가지고 불안해하거나 희망을 품을 수 있어요?" 내가 아이에게 해준 대답은 다음과 같았다. "우리는 관심을 가질 때만 불안해한단다. 그리고 우리가 관심을 가질 게 너무 많지."

아이러니하게도 우리가 2부에서 보게 될 것처럼 언어와 철학, 종교, 그리고 과학 같은 인류의 가장 위대한 업적 중 일부는 관심사를 추구하기 위해 불안을 사용하는 우리의 힘을 꾸준히 무너뜨렸다. 불안감에 대한 현재 우리의 믿음은 불안을 장점에서 단점으로 바꾸는 데 거의 성공했다. 그렇다, 거의.

FUTURE TENSE

○

2부

우리는 어떻게 불안을 오해했는가

4장

질병으로서 불안 이야기

앞서 살펴보았듯 불안은 단지 우리의 감정 스크린에 잠깐 나타나는 것이 아니다. 인간은 불안해하도록 만들어졌다. 불안은 고대부터 전해 내려온 우리의 방어적인 생명 활동에 내재되어 있으며, 본질적으로는 인간관계에 관한 뿌리 깊은 필요성에 연결되어 있다. 불안은 인간을 다른 동물과 차별화되게 만든다. 불안이 없었다면 인류는 절대 문명 건설자가 되지 못했을 것이며, 심지어 하나의 종족으로서 살아남지도 못했을지 모른다.

하지만 이런 불안과의 관계를 우리 인간은 잘못 이어온 것 같다. 21세기를 사는 오늘날의 우리가 자신을 바라볼 때 가장 가벼운 불안감조차도 원치 않는 부담으로 대하는 모습을 발견한다. 사람들은 너무 두려워한 나머지 불안을 회피하거나 억제하기 위해 할 수 있는 일이라면 무엇이든 할 것이다.

우리는 불안을 병처럼 취급한다.

불안감이 우리에게 유용한 감정에서 원치 않는 질병으로 바뀐 것은 하루아침에 일어난 일이 아니다. 이 진화적 승리가 인류를 광기와 공포로 가는 일그러진 길로 인도하는 병이라 믿도록 우리 자신을 속여 오는 데 천 년이 걸렸다. 이 이야기를 하기 위해서는 일단 중세 암흑기의 현대 의학, 그 뿌리에서부터 출발해야 한다.

불안을 안고 중세로 향하다

초기 중세 시대에 서유럽의 로마 제국은 붕괴로 향하는 마지막 단계에 있었으며 가톨릭교회는 사람들의 삶에서 중심이 되었다. 예배를 드리는 방법과 먹을거리, 그리고 사람들이 일하는 시간에서부터 삶과 죽음, 그리고 사후 세계에 관한 생각까지 모든 것에 영향을 미쳤다.

당시 불안이라는 단어에는 오늘날과 같은 어떤 의미도 포함되어 있지 않았다. 대신 사람들은 불안을 해당 단어의 어원상 뿌리에 의해 요약된 '신체적 감각'으로 생각했다. 라틴어 *angeres*는 '질식시키다'라는 의미를 지니고 있었고, 더 오래된 인도 게르만 공통 조어(Proto-Indo-European, 모든 인도 유럽어의 근원으로 여겨지는 고대어-옮긴이 주) *angh*는 '고통스러울 정도로 조이다'라는 뜻을 지니고 있었다. 또 우리가 고통이나 걱정의 감정을 묘사하기 위해 해당 단어를 자유롭게 사용하는 오늘날과 달리 불안을 다루는 중세 용어들은 일반적인 대화에서 거의 쓰이지 않았다. 라틴어의 *anxietas*, 영어의 *anguish*, 프랑스어의 *anguisse*, 그리고 게르만어와 스칸디나비아어의 *angst*가 그러했다.

그러나 교회는 불안을 영적인 삶의 핵심 요소로 만듦으로써 그 모든 것을 변화시켰다. 불안은 죄에 사로잡혀 구원을 갈망하고 지옥의 영원한 고문을 두려워하는 영혼의 끔찍한 고통을 묘사하는 가장 중요한 단어가 되었고, 이는 14세기에 이탈리아의 시인이자 철학자였던 단테의 서사시 《신곡》[1]에서 절묘하게 묘사되었다.

실제로 《신곡》의 〈지옥편〉의 서두는 주인공인 순례자 단테가 어두운 숲에서 길을 잃으면서 지옥과 연옥의 9개 층을 지나 천국으로 향하는 무서운 여행의 시작으로 막이 오른다.

> 우리 인생길의 중간에서
> 올바른 길을 잃어버린 나는
> 어두운 숲속을 헤매고 있네
> 아아, 이 말을 하기가 어찌나 어려운지
> 이 야만적이고 거칠고 엄중한 숲은 무엇이었을까
> 바로 그 생각이 두려움을 새롭게 하네
> -〈지옥편〉, 칸토 I, 1-6

지옥의 각 층은 마치 계획된 도시 공간처럼 특정한 고문을 중심으로 구성된 도시이며, 단테가 길을 나아갈수록 불타는 모래와 불의 호수에 서부터 분노와 증오에 침수되어 아직 닫히지 않은 무덤에서 신음하고

십자가에 못 박히는 것까지 점점 더 나쁜 죄인들을 수용한다. 이탈리아
어로 쓰였으며 놀라운 이미지로 묘사된 〈지옥편〉은 죄인들이 사후세
계에서 겪을 영원한 고통을 일상의 언어로 묘사한다. 그렇게 지옥의 공
포와 영벌의 위협이 중세 시대 사람들의 마음을 지배하면서 불안은 친
숙한 동반자적 존재가 되었다. 불안은 희망과 믿음, 양심, 순결, 구원처
럼 주일 설교에 등장하는 다른 추상적 개념들의 중심이 되어 그 대열에
합류했다.

불안의 의미가 더 영적으로 변하면서 그 치료법도 달라졌다. 이제 영
혼의 치유자가 된 가톨릭 성직자들은 고해나 참회, 기도의 개입을 처방
하고 시행했다. 성 아우구스티누스는 다음과 같이 가르쳤다. "불안에
사로잡힌 당신이 하느님께 매달릴 때만 그분이 그 고통을 덜어주실 수
있을 겁니다."

신의 구원이 필요한 정신적 조건으로서 불안의 개념은 오늘날 유럽
전역과 아시아 및 북아프리카는 물론 북쪽으로는 스코틀랜드까지
48개국에 이르는 신성로마제국 전체에 걸쳐 보편화되었다. 그러나 곧
또 다른 패러다임의 전환은 불안감을 그 여정에서 더 나아가게 한다.

깨달았든 아니든 내가 왔다

17세기에 자유와 개인주의에 대한 관념은 사람들에게 낡은 방식과
오래된 권위에 의문을 품게 했다. '용기를 내어 알고자 애써라Safere
aude'라는 라틴어 문구는 계몽주의의 모토였다. 사상가와 과학자는 교
회의 압박에 저항했고 종종 그 때문에 화형에 처하기도 했다. 그들은

자연계의 신비를 설명하고 새로운 기술적 위업을 이루기 위해 경험론과 과학적 관찰, 그리고 수학적 도구를 사용했다.

당시 가장 중요한 책 중 하나는 1621년 영국의 목사이자 작가였던 로버트 버턴Robert Burton이 쓴 《우울증의 해부Anatomy of Melancholy》[2]였다. 비록 그는 이 논문을 의학 교재로 제시했지만 감정의 병리학에 관한 백과사전식 개요에는 과학과 철학, 그리고 문학이 동등한 지분을 차지하고 있었다. 히포크라테스나 갈레노스와 같은 고대 의학 권위자들의 인용구로 구성된 이 글은 또한 경험적 관찰과 사례 연구, 그리고 감정적 고통에 대한 동정적인 묘사로 가득 차 있었다. 우울증은 우울에 국한된 것이 아니라 불안과 다양한 신체 통증이나 환각, 망상을 포함한다. 버턴은 심지어 종교적 우울증, 즉 '무신론자, 미식가, 이교도'가 경험하는 종교적 감정의 결함을 목록에 포함했다.

버턴의 목표는 우선 원인과 증상의 측면에서 우울증을 분해하고 해부하는 것이었다. 그의 관찰은 '고약한 공포의 악마'[3]가 '안색을 붉거나 창백하게 만들고 떨게 하며 땀을 내고 또 갑자기 냉기나 열이 몸을 뒤덮어 심장이 두근거리게 하며 실신 등을 일으켜' 사람들을 걱정에 시달리게 하고 불안과 흥분에 병들게 만드는 근대의 불안장애와 크게 다르지 않았다. 그는 사람들이 '두려움에 매우 놀라고 있다'라고 묘사했다.

버턴은 고인이 된 프랑스 태생 미국인 역사학자 자크 바전Jacques Barzun이 말한 것처럼 '최초의 체계적인 정신과 의사' 후보일 가능성은 작았다. 옥스퍼드에서 그의 교육은 우울증 때문인지 유난히 길었다. 버턴의 장기적이고 광범위한 연구는 심리학과 생리학, 천문학, 신학, 악마 연구에 이르기까지 그가 살던 시대의 거의 모든 과학을 포함했고, 또 그 모든 것들이 '해부학'에 영향을 미쳤다.

버턴이 살아 있는 동안 다섯 번 이상 재출간된 이 책은 벤저민 프랭클린Benjamin Franklin, 존 키츠John Keats (그는 이 책을 자신이 가장 좋아하는 책으로 꼽기도 했다), 새뮤얼 테일러 콜리지Samuel Taylor Coleridge, O. 헨리 O. Henry, 사이 톰블리Cy Twombly, 호르헤 루이스 보르헤스Jorge Luis Borges 를 포함해 수 세기에 걸쳐 여러 유명 인사가 애독했다. 또 새뮤얼 베케트Samuel Beckett와 닉 케이브Nick Cave는 둘 다 모두 감탄하며 책을 언급하기도 했다.

《우울증의 해부》는 불안을 질병으로 바꾸는 데 있어 중요한 작품이다. 그러나 17세기와 18세기의 철학적 격변은 한걸음 더 나아가 버턴의 지옥 같은 '고약한 공포의 악마'를 영혼이 아닌 마음속에 위치시키고 비합리적인 감정은 이성적인 사고에 의해서만 통제될 수 있다고 주장했다. 결국은 교회의 설명에 대한 믿음이 시들해진 '이성의 시대'를 뜻했다.

그러나 생각하고 미래를 상상하고 또 현실을 구성할 수 있는 새로운 계몽주의 정신 또한 중세 신앙의 확실성을 빼앗긴 취약한 정신이었다. 불안은 자유의지가 무작위적 운명과 예측할 수 없는 정열의 변화와 충돌하는 단층선에서 나타났다. 후대 사람들은 이를 실존적 불안이라고 불렀다.

사실 이 패러다임의 변화를 통해 살아가는 사람들은 종종 불안이라는 금전으로 대가를 치렀다. 18세기 영국은 세계에서 가장 자유롭고 진보적이며 현대적인 사회였다. 그러나 이는 불안과 정신건강 관련 문제가 어디에나 있을 수 있다는 뜻으로 보이기도 했다. 그 기간 영국의 자살률이 치솟았기 때문에 자살이 '영국의 질병'이라 불리기도 했다. 이는 마치 18세기 말 프랑스의 작가 프랑수아 르네드 샤토브리앙 Francois-Rene de Chateaubriand이 말한 것처럼 자유롭고 얽매이지 않은 사회가 '불안과 우유부단함'으로 성장해온 듯했다.

서양의 많은 사람에게 정신이 자유롭지만 천상의 영혼으로부터 분리되어 있다는 점은 부인할 수 없는 동시에 견딜 수 없는 사실이었다. 이제 영혼의 새롭고 현대적인 치유자가 필요하게 된 셈이었다. 초기 심리학자와 정신과 의사, 의학자와 유심론자라고도 불렸던 그들은 이 요청을 받아들였다. 그들은 불안에 관한 이야기를 질병을 다루는 이야기처럼 굳히고 피할 수 없는 이야기로 만들었다.

불안의 의학화: 골상학에서 '쥐 인간'으로

19세기가 밝아오자 의학계는 당시 정신질환으로 이해되었던 질병의 치료에 크게 관심을 보였다. 감정적 및 성격적 특성을 예측하기 위해 두개골의 돌기 분석을 사용하는 골상학 같은 유사 과학 이론은 신체의 세포에 기인하는 '체인성somatogenic' 대 정신 작용에 의한 '심인성psychogenic' 논쟁을 촉발했다. 전자는 정신질환이 다른 질병과 마찬가지로 뇌와 신체에서 발생한다고 주장했다. 반면 후자는 정신질환이 정신적 상태나 트라우마와 같은 경험에서 비롯된다고 반박했다. 19세기

후반 오스트리아의 심리학자이자 의사였던 지크문트 프로이트는 심인성 이론가 중 가장 잘 알려졌고 또 가장 영향력 있는 인물이었다. 그는 불안과 정신질환이 순전히 생물학적인 현상이라 믿으며 체인성 캠프에서 활동을 시작했다.

심리적이든 생물학적이든 불안은 표준화된 치료법과 약물로 정신질환을 치료하려는 움직임의 주 집중 대상이었다. 이는 발전된 모습으로, 그전에는 불안의 발작을 '증기' 때문인 것으로 여겨 의식을 잃은 사람의 코밑에 가져다 대 정신을 들게 하던 후자극제smelling salt나 심지어는 악령을 쫓는 의식으로 치료하기도 했다.

히스테리는 19세기에 가장 흔했던 불안 진단 중 하나였다. 히스테리는 그리스어로 자궁을 뜻하는 단어 *uterus*에서 유래한 것으로 '방황하는 자궁wandering uterus'이 몸 주인의 의사와 상관없이 온몸을 돌아다니며 '기분'의 건강한 순환을 막는 데서 비롯되는 여성 관련 문제로 여겨졌다. 지나치게 감정적이고 비이성적으로 화가 난 히스테리 환자는 호흡 곤란이나 실신, 마비, 통증, 청각 장애, 환각 등 다양한 증상을 경험했다. 돌아다니는 자궁과 관련해 믿기 어려운 부분에 관한 의학 지식이 늘어났음에도 불구하고 프로이트와 그를 따르는 사람들은 종종 히스테리를 치료했다. 단 그들은 히스테리를 일으킨다고 믿었던 억압된 기억과 욕망을 목표로 하기 위해 대화 요법을 사용하는, 비교적 과학적인 엄격함으로 치료를 진행했다.

히스테리와 다른 형태의 불안에 관한 임상적 치료가 점점 더 보편화되고 사람들에게 받아들여지고 있었지만, 심리학 및 정신의학을 다룬 영어 교재는 1930년대까지 이 단어를 사용하지 않았고 1936년 프로이트가 1926년에 쓴 책《불안과 억압Hemmung, Sensum und Angst》이 영어로 번역되어《불안의 문제The Problem of Anxiety》[4]로 출간된 뒤에야 비로소 해당 단어가 사용되었다. 흥미롭게도 프로이트는 독일어를 사용하는 동포들처럼 자신이 어린 시절부터 알았던 단어인 불안Angst이라는 용어를 사용했다. 그러나 불안이라는 단어는 영어권의 의식 속으로 흘러 들어갔다. 1947년 두 차례의 세계 대전에서 비롯된 참혹한 손실과 공포 이후 영국의 시인 오든은 서사시 〈불안의 시대The age of Anxiety〉[5]에서 자신이 사는 시대의 고통에 이름을 붙였다.

프로이트와 후에 그를 따른 많은 치료사는 불안이 흔하고 대개 건강한 감정이라 믿었다. 그러나 프로이트의 정신질환 이론들은 불안감을 촉발했던 정신적 충격, 억압, 신경증의 역할에 점점 더 많이 의존하게 되면서 정신의학적 시도의 중심이 되었다. 정신질환은 불안을 빼놓고는 거의 생각조차 할 수 없었다.

프로이트의 가장 유명한 사례 연구 중 하나인 '리틀 한스Little Hans'를 예로 들어보자. 본명이 허버트인 이 환자는 당시 유명한 음악 비평가였던 프로이트의 친구 맥스 그라프의 아들이었다. 허버트는 어린 소년이었을 때 무거운 짐을 실은 수레를 끌던 말이 거리에서 쓰러져 죽는 것을 목격했다. 이 충격적인 사건을 본 뒤 다섯 살 아이는 말에 대한 두려움을 갖게 되었고 말을 보는 게 두려워 집 밖으로 나가는 것을 거부했다. 그는 말이 누워 죽게 내버려둔 벌로 말이 집 안으로 들어와 자신을 물 것이라는 생각에 괴로워했다.

1909년 쓴 논문 《5세 소년의 공포증 분석Analysis of a Phobia in a Five-Year-Old Boy》에 실린 이 사건을 다룬 보고서[6]에서 프로이트는 소년의 말 공포증이 길가에서 말이 쓰러지는 모습을 목격한 게 원인이 되어 직접적으로 생겨난 건 아니라고 주장했다. 프로이트의 말에 따르면 말이 착용한 눈가리개 가죽이 말을 아버지처럼 안경 쓴 남자를 닮아 보이게 했기 때문에 소년이 지니고 있던 아버지에 대한 두려움이 말로 옮겨 간 것이었다. 그 소년은 무의식적으로 아버지가 사라지거나 죽기를 바랐는데, 이유는 아버지를 어머니와의 사이에 둔 사랑의 경쟁자, 이른바 '오이디푸스 콤플렉스' 속 경쟁자로 여겼기 때문이었다. 그로 인해 허버트는 아버지에게 자신이 거세당할 거라는 불안감을 느꼈고 이는 오직 방어기제의 이동을 통해서만 해결될 수 있었다. 사랑하는 아버지를 향한 소년의 적개심이 내버려둘 수 없는 수준이었기에 치료는 압력 밸브를 푸는 것처럼 소년이 불안함을 해방하기 위해 자신을 표현할 수 있도록 도와주는 식으로 진행되었다. 허버트가 자신의 환상을 묘사할 수 있게 되자 말에 대한 두려움이 사라졌고, 이는 곧 소년이 느꼈던 거세에 관한 불안의 해결과 어머니를 향한 사랑의 수용으로 이어졌다.

'쥐 인간Rat Man'이라 불리는 사례에서 소개된 또 다른 유명한 프로이트의 환자[7]의 강박 관념은 1909년 프로이트의 논문 《강박신경증 사례에 관한 노트Notes upon a Case of Obsessional Neurosis》에서 묘사되었다. 이 환자는 특정한 강박 행동을 하지 않으면 불행이 친척이나 가까운 친구에게 찾아올 거라는 강박적인 걱정으로 수년간 고통받았다. 자기 아버지가 죽은 뒤에도 그는 자신에게 해로운 일이 닥칠 거라는 걱정에 계속 시달렸다. 이른바 쥐 인간이라 불린 해당 환자의 증상은 오늘날 우리가 강박장애obsessive-compulsive disorder라 부르는 것과 매우 유사하다.

프로이트는 강박적인 걱정을 야기한다고 믿은 그의 억압된 기억을 찾아내기 위해 자유 연상과 같은 기술을 사용했다. 중요한 기억은 그의 군 복무 시절에서 발견되었다. 당시 쥐 인간은 살아 있는 쥐가 가득 찬 용기에 사람을 집어넣는 고문 방법에 관한 끔찍한 세부 사항을 알게 되었다. 그 생물들은 탈출하기 위해 희생자를 물어뜯을 것이 분명했다. 그 이미지가 불쌍한 쥐 인간에게 남아 있었고, 그것이 바로 친척이나 친구들에게 닥칠까 두려워하는 고문이었다. 그는 자신이 우체국에서 소포를 수령하려는 누군가를 위해 돈을 지불할 수 있다면 그 행동이 어떻게든 저 끔찍한 운명을 막아주리라 믿었다. 그는 누군가 마법처럼 자신의 효과적인 의식을 완성하도록 도와줄 때까지 점점 더 불안해했다.

프로이트는 이런 쥐 인간의 강박증에 관해 어떻게 생각했을까? 그는 이 행동이 완전히 다른 억압된 불안감에서 비롯되었다고 믿었다. 바로 자신이 어린 시절 가정교사와 처음으로 성 경험을 한 사실을 아버지가 알게 되면 엄한 벌을 받을지 모른다는, 쥐 인간의 억압된 어린 시절에 느낀 두려움이었다. 이런 처벌에 대한 두려움이 억제되자 아버지에 대한 적개심도 잠재의식으로 사라졌다. 쥐 인간은 억압된 불안과 적대감을 가지고 무엇을 했을까? 그는 그것을 그의 아버지, 그리고 나중에는 그가 사랑하는 모든 사람을 죽일 기괴한 불행에 대한 두려움으로 대체했다. 프로이트가 잠재의식의 어둠에서 오는 모든 불안감을 의식의 빛으로 이끌어내는 데 11개월이 걸렸지만, 일단 그 과정을 거친 뒤 쥐 인간은 자신을 괴롭히던 강박증을 치료했다고 전해진다.

이렇듯 고전적이고 특이한 프로이트의 사례 연구는 불안감이 속한 분야에서 발전 초기 수십 년 동안 심리학과 정신의학을 지배한 정신분석 이론의 기초였다는 점을 분명하게 보여준다. 불안은 정신질환의 핵심이었다. 위험하기 짝이 없었다. 그러나 불안감이 질병으로 변질되는 마지막 절정에 도달하기 전 불안은 의학화될 필요성이 있었다.

그리고 이는 미국정신의학회가 작성한 정신질환의 진단기준인 《정신질환 진단 및 통계편람Diagnostic and Statistical Manual of Mental Disorders, DSM》[8]을 통해 이루어졌다.

DSM은 정신건강과 질병의 모든 요소를 정의한다. 다양한 유형의 불안장애를 구분하고 주요 우울장애와 정신병 등 다른 정신질환과 구분하는 카테고리를 이용해 정신질환을 진단하는 시스템이기도 하다. 최초의 DSM은 1950년대 초 출판되었다. 수십 년 동안 광범위한 개정을 거쳤고 현재 나와 있는 5판에 이르기까지 수천 가지 방식에 변화가 있었다. 가장 중요한 추세는 우리가 어떻게 불안의 질병을 인지하는지를 결정해왔다. 1980년 DSM은 각각의 진단 기준을 점검하는 체크리스트를 사용해 불안 관련 질병의 고유 유형을 분류하고 정의하기 위해 불안과 관련한 모든 문제를 불안신경증anxiety neurosis이라 부르며 불안의 이론적 차원에 초점을 맞추었다. 예를 들면 다음과 같다.

다음 다섯 가지 상황 중 두 가지(또는 그 이상)에 관해 뚜렷한 두려움이나 불안을 느낀 적이 있는가?

1. 자동차나 버스, 기차, 선박 또는 비행기 등 대중교통을 이용할 때

2. 주차장이나 시장 또는 다리와 같은 개방된 공간에 있을 때

3. 상점이나 극장 또는 영화관 같은 밀폐된 장소에 있을 때

4. 줄을 서거나 군중 속에 있을 때

5. 집 밖에서 혼자 있을 때

만약 그렇다면, 이런 상황들을 피하거나 지나치게 두려워한다면 DSM에 따라 공공장소에 대한 공포증인 광장공포증agoraphobia을 지닌 게 된다. 이 진단명에 해당한다는 사실에 의문의 여지가 없다. 이는 의학적으로 확실한 사실이며 특정 치료법과 약물로 치료되어야 한다.

주로 미국에서 사용되는 DSM은 임상의나 연구자, 관리 기관, 제약 회사, 법률 전문가, 보험 회사 등에서 널리 채택되어왔다. 어디에서나 그렇다. 지금 DSM이 나쁘거나 우리에게 도움 되지 않는다고 말하는 건 아니다. 인간을 괴롭히는 고통의 근원이자 큰 혼란을 야기하는 문제를 진단하는 것은 해결책 개발에 효과적인 방법이기도 하다. DSM은 불안을 질병 이야기로서 매우 완전하고 체계적으로 만드는 데 성공했으며 오늘날 우리가 안고 있는 불안의 개념을 지배한다. 이렇게 불안을 의학화하는 방법으로 우리는 불안을 이해할 수 있고 다루기 쉽게 만들었다고 생각한다. 우리는 불안이 항상 질병에 해당하는 게 아니라는 점을 잊었다.

안전한 공간의 위험

질병 이야기로 다룬 불안의 또 다른 결과가 탄생시킨 것이 바로 '안전한 공간'이라는 개념이다.

안전한 공간은 사람들이 편견이나 갈등, 비판 또는 위협의 영향을 받지 않고 모일 수 있는, 문자 그대로 또 은유적으로 의미하는 장소를 뜻한다. 초기에 다뤄진 안전한 공간들 중 일부를 설명하려면 1960년대의 페미니스트와 동성애자 권익 보호 운동가들로 거슬러 올라가야 한다. 당시 소외되었던 집단이 편견 섞인 시선이나 조롱받을 두려움 없이 함께 모일 수 있는 공간이 바로 이 '안전한 공간'이었다.

오늘날 안전한 공간은 종종 대학 캠퍼스에서 발견되지만 최초의 안전한 공간[9]은 제2차 세계 대전 이후 미국에서 등장했고 사회심리학의 아버지 중 한 명으로 불리는 독일의 심리학자 쿠르트 레빈Kurt Lewin에 의해 만들어졌다. 1940년대 MIT의 집단 역학을 다루는 연구 센터의 책임자였던 레빈은 소규모 그룹 관련 상호작용의 전문가로 잘 알려져 있다. 레빈 덕분에 우리는 사회 진화 및 발전 등과 관련한 여러 요인과 법칙을 추구하는 사회학인 사회동역학social dynamics이라는 용어를 사용하고 동료들에게 '피드백'을 주었다. 또 그는 사회 정의를 추구하기 위해 이론이 실행으로 옮겨지는 '행동 연구action research'의 초기 옹호자이기도 했다. 1946년 그는 종교적, 인종적 편견과 맞서 싸울 효과적 방법을 찾고 있던 코네티컷주의 인종 문제 관련 위원회의 책임자로부터 연락을 받았다. 이와 관련해 기업 임원을 위한 리더십 교육 프로그램으로 실시된 그의 첫 번째 워크숍은 오늘날 소위 말하는 감수성 훈련

*sensitivity training*의 토대를 마련했다.

심리치료로부터 영감을 받은 감수성 훈련에서 핵심이 되는 가정은 바로 직장과 같은 사회적 집단의 변화는 사람들이 작은 집단에서 서로에게 정직하게 도전하면서 자신의 생각으로 서로를 판단하지 않아야만 일어날 수 있다는 것이었다. 이런 심리적으로 안전한 공간을 만들기 위해 감수성 훈련에 참가한 사람들은 정직하게 말하고 비밀을 유지하며 자신의 판단을 보류하는 데 동의해야 했다. 그래야 상대에게 가지는 암묵적인 편견과 도움이 되지 않는 행동에 관해 토론하고 리더십 능력을 손상하거나 다른 사람들에게 해를 끼치고 조직을 파괴하는 방법을 지적할 수 있었다.

감수성 훈련의 주제는 무엇이든 가능했지만 훈련 자체가 종교적 및 인종적 편견에 관한 우려에서 비롯된 것을 고려해 해당 편견들이 종종 토론의 초점이 되었다. 안전한 공간의 핵심은 사람들이 변화를 바라고 있다는 점을 이해하면서도 비난에 대한 두려움 없이 서로의 진실한 생각과 감정을 공유할 수 있도록 하는 거였다. 그래서 백인 여성 임원이 흑인 남성 직원에게 그의 인종적인 면 때문에 겁이 난다고 인정하거나 흑인 남성 임원이 자신은 그러지 못했는데 다른 아시아계 미국인 여성 동료가 연줄 때문에 이익을 얻고 있다고 생각해 분노를 느낀다고 시인할 때도 그들은 자신이 인종차별주의자로 매도당하지 않을 거라 믿고 이런 생각들을 공유한다. 목표는 변화를 위해 정직하고 때로는 어려운 피드백을 주고받는 것이다.

안전한 공간에 관한 개념은 21세기에 들어서면서 그 자체가 급진적으로 바뀌었다. 이제 안전한 공간은 인종 차별이나 성차별, 편견, 혐오 발언뿐 아니라 일부 사람들이 괴롭게 여기는 의견이나 토론, 갈등으로부터 그들의 감정을 보호하기 위해 만들어지기 때문에 날것의 감정이 금지되었다.

2015년 《뉴욕타임스》에 실린 한 글은 몇몇 사람들에게는 안전한 공간에 관해 의견을 들을 수 있었던 첫 번째 장소였을지 모른다. 이 글에서 미국의 기자 주디스 슐레비츠Judith Shulevitz는 브라운대학에서 열린 페미니스트 작가 웬디 맥엘로이Wendy McElroy와 제시카 발렌티Jessica Valenti 사이의 강간 문화rape culture의 개념에 관한 논쟁 등을 묘사했다.[10] 이 토론에서 발렌티는 미국의 지배적인 사회적 태도가 성폭행과 학대를 정상화하고 사소하게 만든다는 생각을 지지하는 반면 맥엘로이는 이에 동의하지 않았다. 일부 브라운대학 학생들은 자신이 토론회에 참석했는지와 관계없이 맥엘로이의 관점은 학생들, 특히 성폭력에서 살아남았거나 그녀가 문제를 바라보는 관점 때문에 동요되는 학생들에게 감정적으로 해로운 영향을 끼치기 때문에 그녀를 연설자로 불러서는 안 된다고 주장하기도 했다.

비록 토론에서 맥엘로이의 참석을 저지하려던 노력은 실패했지만 브라운대학의 크리스티나 팍슨 총장은 토론이 배제된 강간 문화 관련 강연을 추가적으로 마련해 앞선 학생들의 우려에 대응했고, 그 주제 때문에 동요된 것 같다고 느끼는 학생들이 휴식을 취하고 상태를 회복할 수 있는 안전한 공간을 만들었다. 학생들과 스태프들이 잔잔한 음악이나 쿠키, 베개, 담요를 비롯해 당사자들을 정서적으로 지원할 수 있는 환경을 준비했다. 안전한 공간으로 이동한 일부 학생들은 개인적인 트라우마로 인한 기억 때문에 힘겨워하기도 했고 또 다른 학생들은 토론자들의 논쟁으로 인해 고통스러워했다. 안전한 공간으로 몸을 피한 한 학생은《뉴욕타임스》기자에게 "내가 정말 소중하게 생각하고 굳게 믿은 신념에 어긋나는 많은 관점 때문에 마치 폭격이라도 당하는 듯한 기분이었다."라고 말했다.

반대 의견을 감정적인 해로움과 동일시하는 것은 안전한 공간의 본래 취지에 어긋난다는 점에 주목할 필요가 있다. 감수성 훈련에서 보았을 때 안전한 공간에는 자제력과 판단의 보류, 정직성, 피드백 등을 통해 촉진되는 어려운 대화가 포함된다. 편견과 선입견을 회피하기보다는 지적한다. 특히 사람들이 서로에게 정직하다면 그 대화는 어려울 수 있다. 이와는 대조적으로 오늘날의 안전한 공간은 대화에서 생기는 어려움을 위험하다고 여기고, 바로 그것이 고통과 불안을 야기하기 때문에 배제되는 장소가 되었다.

안전한 공간에 대한 논쟁에는 두 가지 주요 논점이 존재한다. 한편으로는 대학 캠퍼스에 안전한 공간을 요구하는 것과 상반된 의견을 감정적으로 해롭다고 특징짓는 방법이 학생들을 유아화하고 언론의 자유를 약화하는 게 아닌가 하는 문제다. 어떤 사람들은 안전한 공간이 같은 생각을 하는 사람들로 둘러싸인 우리가 자기 생각에 도전하거나 모순되는 생각으로부터 격리되어 있어 특정한 정보에 갇혀 새 정보를 받아들이지 못하게 되는 현상에 기여한다고 주장한다.

다른 한편으로는 감정적으로 고통스러운 특정 생각들이 정말 심리적으로 해를 끼치는지에 관한 문제도 있다. '트리거 경고Trigger warning'를 하는 관행이 여기에 해당한다. 트리거 경고는 특히 성폭력과 정신질환의 맥락에서 일부 사람들에게 고통을 줄 수 있는 글이나 이미지, 또 아이디어를 포함하는 내용에 대한 경고를 뜻한다. 이 경고는 자신의 트라우마를 상기시키는 어떤 것도 피하고 싶어 하는, 주로 외상후 스트레스장애를 가진 사람들을 위해 수년간 인터넷 커뮤니티의 일부분이 되어왔다.

그러나 최근 교실에서 이런 경고들이 사용되면서 논쟁이 촉발되었다. 일부 학자들은 트리거 경고가 학생들에게 불편한 생각을 피하도록 가르치는 바람에 학생들이 어렵다고 느끼는 생각이나 주장, 견해에 이성적으로 개입하는 능력을 해친다고 우려한다. 그러나 많은 교수가 트리거 경고의 충실한 지지자들인 것도 같은 이유에서다. 그들은 트리거 경고가 학생들이 자신의 반응을 관리하고 학습을 계속할 수 있도록 트라우마나 잠재적으로 고통스러운 주제를 생생하게 상기시킬 준비를 할 기회를 제공한다고 믿는다. 다시 말해 그들은 학생이 강한 감정, 즉 트라우마로 인한 생생한 회상이나 공황 발작에 사로잡혀 있을 때는 무언가를 학습하는 것은 고사하고 그들이 제대로 사고하기를 기대할 수 없다고 느낀다.

그러나 지금까지의 증거는 트리거 경고가 고통을 견디는 데 도움이 되지 않으며 심지어 해로운 영향을 끼칠 수 있다는 점을 시사한다. 2021년 실시된 한 연구[11]는 대학생과 인터넷 사용자 그룹에게 부정적인 자료를 보기 전 트리거 경고를 하고 이들을 경고를 받지 않은 다른 그룹과 비교했다. 두 그룹의 참가자들은 트리거 경고를 받았는지와 자신의 트라우마 이력을 알렸는지와 관계없이 비슷한 수준의 부정적인 감정과 침해, 회피 증상을 나타냈다. 2018년 연구[12]에서는 수백 명의 참가자가 잠재적으로 불안감을 줄 수 있는 내용의 다양한 문학 구절을 읽기 전 트리거 경고를 받거나 받지 않도록 무작위로 배정되었다. 트리거 경고를 받은 그룹의 참가자들은 특히 그 문장들이 자신에게 해를 끼칠 수 있다고 믿을 때 불안감이 더 크게 증가한 것으로 드러났다. 이는 트리거 경고가 의도치 않게 감정적인 회복력을 떨어뜨리고 일부 사람들에게 훨씬 더 큰 고통을 줄 수 있음을 시사한다.

트리거 경고를 실행하고 특정 아이디어와 그것이 야기하는 불안감으로부터 우리 자신을 안전하게 하는 것은 별 도움이 되지 않아 보이며 오히려 상황을 더 악화시킬 수도 있다. 그리고 만약 미리 경고받는 것이 그에 대한 무장을 의미하는 게 아니라면 강한 감정의 위험에 대해 경고하는 것은 힘든 감정이 우리에게 해를 끼친다는 믿음을 지속하는 데 도움이 될지 모른다.

불안의 시대

중세 교회부터 이성의 시대, 의학적 이야기에 이르기까지 지금껏 우리는 해당 내용이 적힌 책의 장과 구절을 기억할 정도로 질병 이야기로서의 불안을 철저히 익혀왔다.

각 시대는 불안이 우리가 느끼는 정상적인 감정이라는 생각을 희생해가며 불안이라는 질병 이야기를 발전시켰다. 우리는 모든 면에서 불안과 고통이 밀접하게 연관된다고 가차 없이 확신해왔다. 불안은 버턴의 '고약한 공포의 악마'로 남아 있는 셈이다.

만약 이런 사실이 의심된다면 과학 및 의료 관련 전문가들이 치료든 약이든 명상이든 간에 일종의 가내 수공업으로 어떻게 불안을 통제하고 근절시켰는지 관찰해보자. 우리는 불안을 낱낱이 분석하는 수천 건의 엄격한 실험 연구를 수행했으며, 감정을 무디게 하는 치료법과 약물들을 개발했고, 또 불안의 극복을 다루는 수백 권의 자기계발서를 출간했다. 그러나 이런 해결책들은 문제가 많았고 우리를 쇠약하게 만드는 고통의 비율에 영향을 미치지 못했다. 불안은 증가하고 있으며, 특히 우리 아이들이 불안이 야기하는 위험에 처할지도 모른다. 좋은 소식은 일부 사람들이 불안에 관해 들어온 이야기에 의문을 품고 있다는 점이다. 그들은 무언가 이상하다는 것을 깨달았다.

나는 이것을 맨해튼의 어느 날씨 좋은 겨울날 한 무리의 중학생을 만나면서 직접적으로 깨닫게 되었다. 매년 공립학교 운영자들은 긍정적 영향을 미칠 가능성이 큰 가치를 파악하고 추구하는 목적의 학생회를 선출한다. 당시 나는 학교의 정신건강 관련 서비스 개선을 내세우는 2구역 학생회와의 상담에 초대받았다.

나는 곧 열두 살에서 열네 살 사이의 그 아이들이 유난히 야심이 많다는 걸 알게 되었다. 그들은 각각 구체적 목표를 내건 세 개의 그룹으로 자신들을 나누었다. 한 그룹은 국회의원들을 설득해 개인 대 개인으로 이루어지는 상담 서비스에 기금을 대도록 하는 일에 집중했고, 다른 그룹은 학교에서 일할 더 많은 상담사의 고용을 위해 시의회로부터 자금을 조달하는 일에 열심이었다. 세 번째 그룹은 주 대표들이 주 전역에 있는 학교를 위해 더 많은 정신건강 관련 기금을 요청하는 법을 제안하게 하는 거였다.

왜 아이들은 그렇게 야심 찬 목표를 선택했을까? 아이들이 내게 말했듯 자신보다 겨우 몇 살 더 많은 고등학생을 살펴보고 그들이 얼마나 많은 어려움을 겪고 있는지 알았기 때문이었다. 그들 대부분은 불안감을 느꼈을뿐더러 그중에서도 많은 학생이 우울증과 중독, 그리고 자해 현상마저 보이고 있었다. 그런 학생들을 위한 서비스 구축이 아이들의 가장 큰 관심사 중 하나였지만, 실제로 문제가 가속화되기 전 중학교에서 어른들과 전문가들의 지원을 받는 것 또한 주요 관심사였다.

그러나 어른들은 아이들이 바라던 방식으로 도움을 주지 않았다. 아이들은 이미 그런 어른들로부터 많은 거절에 맞닥뜨렸다. "아니, 우린 그걸 할 예산이 없어.", "아냐, 너희들 너무 급하게 군다.", "안 되겠어, 그건 불가능하구나."가 그들의 답이었다. 더 복잡한 것은 심지어 가장 선의를 많이 드러낸 어른들조차 이 문제에 관한 해결책이 없는 것 같다는 점이었다. 그리고 어른들은 아이들이 불안과 씨름하는 모습을 보고 어쩔 줄 몰라 했다. 그들은 그저 고통의 신호를 완전히 없애버리고 썩은 이를 뽑아내듯 불안을 도려낼 것처럼 굴었다. 도움이 되지 않는 행동이었다.

한 학생은 딜레마를 꼬집으며 다음과 같이 말했다. "실제로 우릴 도우려는 어른들은 무엇을 해야 할지 몰라요. 그들은 우리 걱정을 덜어줄 수 있는 것처럼 행동합니다. 하지만 불안은 저희의 일부분이잖아요. 그들이 그걸 덜어줄 수 있을까요? 그래야 할까요?"

이 두 가지 질문에 모두 아니라고 대답할 수 있을 때까지 우리는 자신에게 불안에 관한 잘못된 이야기를 하고 또 끊임없이 불안을 없애려 노력하는 끔찍한 실수를 저지르게 될 것이다.

5장

편안한
무감각

"우리는 불안의 한가운데에 살고 있고 그 불안은 미래를 흐리게 합니다. 사람들은 각자 신문을 읽으며 새로운 재앙을 예상하죠."

세계적인 유행병, 바이러스에 관한 오보, 정치적 격변, 경제적 불평 등, 돌이킬 수 없는 환경 파괴로 인한 위협의 시대인 21세기의 초기 수십 년 동안 우리가 어떤 기분인지에 관해 이보다 더 잘 묘사한 문장이 있을까?

이 문장은 미국 역사상 또 하나의 말썽 많고 파괴적인 시기였던 남북 전쟁 몇 년 전에 언급된 에이브러햄 링컨의 말이다.

불안은 그때도 지금처럼 우리가 느끼는 두려움과 분화신성이 고통을 설명하는 단어였다. 심지어 불안은 우리가 사는 시대에 그 이름을 빌려주기도 했다. 수백만 명에 달하는 사람이 두 차례의 세계 대전으로 비롯된 정신적 충격으로 비틀대던 1947년 발표된 영국의 시인 오든의 서사시 〈불안의 시대The age of Anxiety〉[1]가 그 예였다.

아마도 그것은 많은 사람이 더 이상 불안을 조절하기 위해 전통적으로 확실한 방어벽인 신뢰가 주는 힘이나 공동체와의 유대, 또는 기관의 지원을 활용할 수 없기 때문일 것이다. 하지만 불안은 반드시 조절해야 한다. 그래서 우리는 여전히 믿을 만한 권위자들, 즉 현대 세계의 대제사장 격인 과학자와 의사로 눈을 돌렸다. 그들은 대부분 가장 칭찬할 만한 목표인 고통을 덜어주는 역할을 수행하지만 불안감에 관한 한 우리를 실망하게 했다. 그것도 아주 놀랄 정도로. 모두가 그렇듯 의료 전문가들도 불안을 질병처럼 믿게 되었고, 우리의 걱정과 불안을 일시적으로 없앨 완벽한 방법을 고안하며 다음 단계로 나아갔다.

이런 '성취'는 말 그대로 불안한 감정의 속삭임마저 억누르는 현대 약학의 기적이 큰 몫을 하고 있다. 약은 우리를 달래고 진정시킨다. 지난 60년이 넘는 세월 동안 약은 우리와 불안과의 관계에서 중심축이 되었다. 논쟁과 토론 속에서도 어디에나 있는 약의 순전한 편재성은 사회 전체의 사고방식을 만들어냈다. 감정적인 고통이 찾아왔을 때 사람들은 그 고통을 무디게 하기 위해 약을 복용했다. 우리는 불안에 대처하는 가장 좋은 접근법이 편안하게 무감각해지는 거라 확신했다.

화학적 평온의 간략한 역사

20세기 전반에는 바르비투르barbiturates, 즉 진정제와 신경안정제가 불안을 억제하는 데 가장 많이 쓰이는 약이었다. 그러나 바르비투르는 다량으로 투여하면 사람을 기절시키거나 호흡과 생명을 유지하는 다른 기능들을 억제한다. 또 이 약은 심각할 정도로 습관성이 강하다. 그 결과 오늘날에는 주로 외과 수술에서 전신 마취제로 사용하게 되었다. 그러나 1950년과 1960년대 의사들은 불안이나 감정적 고통, 수면 관련 문제를 치료할 목적으로 환자들에게 바르비투르를 투여했다. 바르비투르의 처방이 늘면서 우발적이거나 자살 충동을 느끼게 하는 과다복용도 늘었다. 미국의 배우 마릴린 먼로와 주디 갈랜드는 바르비투르 과다복용이 원인이 되어 사망했다. 불행히도 환자들의 감정적 고통을 덜고 싶어 하던 의사들에게 그들의 목표를 이뤄줄 안전한 수단은 거의 존재하지 않았다.

　폴란드의 화학자 레오 스턴바흐Leo Sternbach가 이 모든 상황을 바꾸었다.[2] 1950년대에 그는 덜 치명적인 신경안정제를 찾으려는 목적 아래 제약회사 호프만 라로슈Hoffmann-La Roche의 연구팀을 이끌었다. 하지만 연구팀이 몇 년 동안이나 성공하지 못하자 회사는 그들에게 개발을 중단하라고 했다. 스턴바흐는 자신의 연구실이 정리되는 것을 거부했고 2년 동안 그곳은 누구의 손길도 닿지 않는 공간으로 남았다. 스턴바흐가 엉망진창인 상황에서 그의 동료는 '멋진 크리스털' 같은 화합물을 발견했다. 이 화합물은 클로르다이아제폭사이드chlordiazepoxide로 밝혀졌는데, 검사 결과 호흡을 억제하지 않고도 진정 효과가 강한 것으로 드러났다. 1960년 호프만 라로슈는 이를 리브리엄Librium이라는 이름으로 판매하기 시작했으며, 몇 년 뒤에는 개선 과정을 거쳐 바륨

(Valium, 디아제팜)을 개발해 1963년 출시했다.

두 약 모두 1970년까지는 기존의 신경안정제와 진정제를 대체하는 등 엄청난 성공을 거두었다. 의료 전문가들은 흥분했다. 벤조디아제핀 benzodiazepin은 바르비투르보다 덜 위험할 뿐 아니라 중독성도 더 낮았다. 이 약물은 위험과 부작용 없이 환자의 고통을 무디게 할 수 있었다.

1970년대 중후반까지 벤조디아제핀은 전 세계적으로 연간 400억 회가량 복용되며 '가장 자주 처방되는' 약 리스트에서 1위를 차지했다.[3] 바륨은 매우 인기가 많았고 의사들은 바륨을 'V'라고 부르기도 했다. 벤조디아제핀 처방은 1978년과 1979년에 정점을 찍었고 미국인들은 ㄱ 해에 각각 23억 개나 되는 바륨 정제[4]를 소비했다. 바륨은 어휘로 등록되어 불안에 화학적으로 대처하는 전체적인 문화를 이끌기도 했다. 영국의 록밴드 롤링스톤스가 "엄마의 바쁜 하루를 헤쳐 나가기 위해" 노래 〈엄마의 작은 조력자Mother's little helper〉를 불멸의 존재로 만든 한편, 기업의 제트족들은 이 약을 '경영의 엑세드린(Execedrin, 편두통 약의 일종-옮긴이 주)'이라 불렀다. 벤조디아제핀이 표준 시간대를 넘나드는 빈번한 출장의 스트레스를 완화해주었기 때문이다. 다른 제약회사들도 자신들만의 벤조디아제핀을 개발하고 특허를 내 뒤를 따랐다. 그 수는 꾸준히 증가해 오늘날에는 거의 35개에 달하는 서로 다른 버전의 벤조디아제핀이 미국 내외에서 사용되도록 승인되었다.

벤조디아제핀을 내놓는 회사들은 연구원들이 벤조디아제핀이 우리 몸에 어떻게 작용하는지 제대로 이해하기도 전에 15년 동안이나 시장에 넘쳐났다(이들은 뇌의 주요 억제 신경전달물질인 감마아미노뷰티르산

gamma-aminobutyric acid, GABA을 변형시키는 것으로 밝혀졌다). 지식이 축적됨에 따라 1980년대와 1990년대에 약물의 의존성, 과다복용, 남용 가능성에 관한 더 많은 사례가 목격되었고 임상의들의 열정은 주의로 대체되었다. 예를 들어 호프만 라로슈는 매우 효과적인 수면제 로히프놀Rohypnol이 의식을 잃게 만들어 데이트 강간 약물로 사용되는 '루피스roofies'로 더 잘 알려져 있다는 사실을 알게 되었다. 회사는 잠재적 피해자가 주의할 수 있도록 쉽게 용해되지 않으며 약을 넣었을 때 액체가 파란색으로 변하도록 약의 제형을 바꿔야 했다.

의료 전문가들은 바륨이나 아티반Ativan, 자낙스Xanax 같은 약물이 바르비투르보다 안전했을지 몰라도 그것들이 무해와는 거리가 멀다는 사실을 깨닫고 있었다. 그 약물들의 위험은 몇 가지 요인에 의한 것이었다. 예를 들어 벤조디아제핀은 신경계 억제제였다. 비록 바르비투르처럼 쉽게 호흡을 멈추거나 정신을 잃게 만들지는 않지만 그것은 이런 기능들을 상당히 느리게 하는 동시에 더 높은 수준의 의사 결정과 운동 제어를 억제했다. 게다가 해당 약물의 사용이 증가함에 따라 감정적인 의존과 신체적 중독이 시작되었다. 사람들은 같은 효과를 얻기 위해 점점 더 많은 약을 먹게 되었고, 발음이 불분명하게 흐려지거나 기억을 잃고 혼란스러워했고, 또 운전 중에 갑자기 잠들게 될지 몰랐다. 더 나쁜 것은 오피오이드opioids나 알코올 같은 다른 약물과 결합했을 때 위험한 상승 효과가 심장의 응급 상태나 혼수, 나아가 사망으로도 이어질 수 있다는 점이었다. 두 번째 위험은 심리적 중독의 가능성이었다. 약물의 영향으로 사람들은 평온함을 느꼈고 감정적 고통도 완화되었다.

이것만큼 본질적으로 만족감을 느끼게 해준 경험이 거의 없기 때문에 사람들은 더 많은 약을 먹고 훨씬 더 큰 감정적 안도감을 찾으려는 경향이 강했다.

한때 생명을 구하고 고통을 덜어주는 기적의 약으로 여겨졌던 벤조디아제핀은 그 뒤로 현대 정신약학의 효자 노릇을 그만두었다. 그럼에도 불구하고 이 약물은 사라지지 않았다.

벤조디아제핀 과다복용 사망자는 2002년과 2015년 사이에 네 배로 증가했다. 이는 해당 처방전이 67%나 증가[5]한 데 힘입은 현상이었다. 자낙스 같은 약물은 오늘날 수십억 달러를 벌어들이는 산업으로 2020년 미국에서만 38억 달러 매출을 달성하기도 했다. 불안장애를 조절하기 위해 벤조디아제핀을 잠시 복용하는 것은 현대에서 빈번하게 행해지는 치료법이다. 하지만 대부분 이 치료법대로 되지 않는 게 현실이다. 65세 이상의 미국 성인 중 30% 이상이 벤조디아제핀을 처방받은 시간보다 더 오래 복용했고, 젊은 성인의 20% 정도에 해당하는 사람들도 마찬가지였다. 벤조디아제핀의 진정 효과는 1회 복용량만으로도 느낄 수 있기 때문에 약효를 느끼기 위해 한 달 이상 꾸준히 복용해야 하는 항우울제 등 다른 약과는 달리 '강도를 완화하기 위해' 해당 약의 복용이 생활 습관처럼 되었다. 벤조디아제핀을 오래 복용할수록 우리는 해당 약물에 감정적으로나 신체적으로 더 많이 의존하게 될 가능성이 있고 약물에서 헤어나기가 더 어렵다. 사람들이 복용을 중단할 때 흔히 신체적인 금단 현상과 불안 및 초조함의 재발을 보인다. 그리고 이는 복용을 중단한 사람 중 많은 수가 다시 약을 먹도록 만든다.

이런 약이 습관성이 되고 잠재적으로 위험할 수 있다는 인식이 증가해도 사람들은 중독의 위험 신호와 경고 신호를 쉽게 무시한다. 우리는 처방전이 있을 때나 '필요에 의해' 약을 먹을 때 우리 자신을 중독자로 보지 않는다.

벤조디아제핀의 잠재적 위험성을 이해하기 위해서는 또 다른 종류의 진통제인 오피오이드의 급증에 관해 짚고 넘어가야 한다. 벤조디아제핀과 오피오이드는 종종 함께 복용된다. 전자는 감정적 고통을 줄이기 위한 것이고 후자는 그 밖에 나머지 전부를 위한 것이다. 의사들은 두 약물을 함께 처방하지 않았다. 그들은 과다복용했을 시 사망 위험을 높이는 위험한 동반 효과 때문에 환자들에게 둘을 동시에 복용하지 말라고 적극적으로 경고한다. 2019년 미국국립약물남용연구소The National Institute of Drug Abuse는 과다복용 사망과 관련해 처방된 약물 3위가 벤조디아제핀이며 1위와 2위는 각각 오피오이드 옥시코돈opioids oxycodone과 하이드로코돈hydrocodone이라고 보고했다.[6]

어쩌다가 약물 과다복용으로 인한 사망의 가장 큰 원인이 통증 완화를 위해서라는 사태까지 이르게 된 것일까?

고통을 가라앉히는 사업

만약 신체적, 감정적, 그리고 심리적으로 모든 고통을 뿌리 뽑으려는 우리 사회의 욕망에 관한 더 많은 증거가 필요하다면 오피오이드 위기 말고는 더 이상의 것들을 감안할 필요가 없다. 통증 완화를 추구하던 수백만 명의 사람은 우리가 상상한 것보다 더 많은 고통을 겪게 되었다.

오피오이드는 세포의 수용체에 달라붙어 고통에 대한 인지를 효과적으로 막고 쾌락을 증진하는 신호를 방출하는 식으로 작용한다. 이 약물은 급성 통증 및 암 통증을 치료하기 위해 20세기 초부터 미국식품의약국Food and Drug Administration, FDA에 의해 규제되어왔다. 그러나 해당약품은 쉽게 인정된 남용과 중독 가능성을 고려할 때 주의 대상에서 21세기에는 치명적인 유행으로 바뀌었다.

진통제 처방 붐이 일어나기 직전 1990년대 후반 당시에 유통되던 오피오이드 알약의 양은 미국 인구의 절반이 복용할 수 있을 만큼의 양이자, 공중위생관리국에서 정상치라고 여기는 양의 두 배였다.[7] 이를 잘살펴보면 세계 인구의 약 5%를 차지하는 미국은 전 세계에 처방된 오피오이드의 80%를 소비했다. 1999년부터 2019년까지 미국에서는약 247,000명이 오피오이드 처방에 따른 과다복용으로 사망했다. 2019년에만 14,000명 이상, 하루 평균 38명이 사망했으며 이 중 절반이상이 10대였다.

전에 본 적이 없는 규모였다. 오피오이드 처방과 관련한 사망자 수만 1999년부터 2019년 사이에 네 배 이상 증가했다.[8] 희생자들은 약물과다복용으로 사망한 '유형'에 관한 우리의 공통된 이미지와 맞지 않는 것 같았다. 오피오이드 같은 약물은 우리 부모와 형제자매, 또 아이들을 죽이고 있었다. 약물이 죽음으로 몰아간 것은 유명 인사들도 예외가 아니었다. 2008년 배우 히스 레저, 2009년 가수 마이클 잭슨, 그리고 2016년 가수 프린스의 죽음이 그러했다. 2017년 미국 보건복지부는 처방 진통제와 헤로인을 함께 묶은 오피오이드 남용이 곧 공중보건의 비상사태라고 선언했다.

무엇이 바뀌었을까? 간단하게는 제약 산업을 들 수 있다. 가장 흔하게 처방되는 오피오이드 관련 약을 제조하는 미국의 제약회사 퍼듀 파마Purdue Pharma는 거의 단독으로 오피오이드 위기를 만들어냈다. 이 회사는 의사들에게 약을 처방하게 만들려고 뇌물을 주거나 무료 여행 및 유료로 진행되는 연설 행사를 내걸며 구걸했을 뿐 아니라 과학적 증거가 반대 의견을 뒷받침한다는 사실에도 불구하고 오피오이드의 '효과가 늦게 퍼지는' 제형은 남용 가능성이 작다는 잘못된 주장을 펼쳤다. 의사들은 모른 척 계속 처방전을 발행했다. 《뉴욕타임스》의 기자 배리 마이어Barry Meier에 따르면 퍼듀 파마는 오피오이드 계열 진통제 옥시콘틴OxyContin이 "으깨져 코로 흡입되고 있으며 약국에서 도난당하고 또 일부 의사들이 해당 약의 처방전을 판매한 혐의로 기소되었다는 보고"[9]를 포함해 자주 남용되고 있다는 사실을 제대로 인지하고 있었다. 그러나 퍼듀 파마는 자신들이 해오던 관행을 멈추지 않았고 심지어 가속화하기까지 했다. 법적 소송으로 퍼듀 파마와 회사를 소유하고 통제하던 새클러Sackler 일가의 약탈 행위를 멈출 수 있었다. 그러나 수십억 달러의 벌금이 그들이 저지른 피해까지 말끔히 지우지는 못했다.

벤조디아제핀의 확산 및 위험성과 마찬가지로 오피오이드로 촉발된 위기는 감정적·신체적 고통으로 인한 약물 복용이 얼마나 끈질기게 우리에게 강요되고 있는지, 또 그 약물들이 제공하는 해결책들을 우리가 어느 정도 수용할 수 있는지를 직접적으로 반영한다. 오피오이드 위기는 여러 면에서 고통스러운 온갖 경험을 거부하기 위해 수십 년간 계속된 행동의 절정에 해당했다. 하지만 벤조디아제핀이 폭발적으로 확산되고 중독에 의해 사망하는 과정에서 꼭 악질적인 제약회사만 열쇠를 쥔 것은 아니었다. 벤조디아제핀은 오피오이드처럼 불안을 화학적으로 진정하기 위해 사용되기 시작했던 것이다. 의사들은 환자의 고통을 덜어주려 했지만 불안 자체가 반드시 뿌리뽑아야 할 불편함의 종류가 아니라는 점을 잊었거나 전혀 알지 못했다. 불안이 안전하게 완화되고 유용하게 사용되려면, 바로 이 점을 반드시 살펴보아야 한다.

"슈퍼맨이 된 기분이에요"

수 세기 동안의 역사는 우리에게 불안은 질병이라며 확신시켰다. 수십 년간 우리의 건강 관리 시스템은 우리가 감정적이거나 신체적인 고통에 빠졌을 때 알약을 복용해야 한다고 설득했다. 이것이 미래에 무엇을 의미하는지 이해하기 위해서는 앞으로 다가올 시간을 이끌 10대들에게 눈을 돌려야 한다.

어느 해든 약 18%가량의 청소년이 자신을 쇠약하게 만드는 불안감에 시달릴 것이다.[10] 미국에서는 현재 약 4천만 명의 아이들에 해당하는 수치다. 2019년 2월에 발표된 미국의 여론조사 기관 퓨리서치센터 Pew Research Center의 보고서는 조사 대상 청소년의 96%가 불안과 우울증이 또래 사이에서 중요한 문제라고 생각했고, 70%는 그것이 주요 문제라고 여긴다고 말했다.[11] 열여덟 번째 생일을 맞이하기 전 불안장애를 진단받은 수천만 명의 사람들은 성년이 되면 지속적인 불안이나 우울증, 중독, 의학적 문제로 고통받을 가능성이 훨씬 더 크다. 10대들의 불안은 우리 사회의 현재와 미래 사회의 건강(좋든 나쁘든 간에)으로 이르는 길이다.

분명 무언가가 바뀌었고, 많은 사람은 우리가 10대의 부모든 아니든 간에 그 신호들을 더 이상 무시할 수 없다고 믿고 있다. 그러는 동시에 사람들은 이 아이들에 관한 좌절스러운 이야기, 즉 밀레니얼 세대와 함께 Z세대의 구성원들이 감정적으로 심각한 손상을 입으며 응석받이에다가 게으른 성향의 스크린 중독자가 된다고 말하며 문제를 더 악화시킨다. 그러나 그들을 비방하는 것은 우리의 두려움을 묻어버리는 한 가지 방법일 뿐이다. 우리는 미래의 시민들과 지도자들이 헌법적으로 우리가 건넬 세계에 대처할 능력이 없을까 봐 두려워한다. 또 많은 사람이 미국의 성과주의, 즉 열심히 일하고 성공하는 열정적인 꿈이 죽음의 고통 안에 존재하고 있는 점점 더 경쟁이 치열해지는 세상에서 아이들의 불안감이 그들의 성공을 가로막지 않을까 두려워한다. 미국 뉴욕 맨해튼에 있는 영재고의 한 재학생은 이렇게 말했다. "어른들은 우리가 성적이 떨어지거나 시험 치르는 것에 긴장하기 시작하면 상담실로 가게 해요. 우리가 불안해하면 그 상황이 그들을 불안하게 만드는 것 같아요. 어른들은 우리가 엉망이 되지 않을까 두려워해요."

아이들이 이런 메시지를 들은 것이다. '내가 느끼는 불안을 비밀로 하면 이득을 얻는다.' 이러니 어디 화학적인 조절보다 더 좋은 선택지가 있을까?

사실 스트레스에 지친 평범한 주부가 하루를 버티기 위해 바륨을 몰래 복용하는 상투적인 모습은 똑같이 스트레스에 지친 10대들이 학교

사물함 근처에서 아티반과 자낙스를 꿀꺽 삼키는 모습으로 대체되었다. 시험 때문에 스트레스를 받는다? 그럼 자니(자낙스를 달리 말하는 단어)를 먹으면 되잖아. 알약으로 우리의 감정을 무디게 하려는 성급함이 특히 젊은이들에게 세상을 더 위험한 곳으로 만들었다.

이런 경향의 증거는 예상 밖의 곳에서 찾을 수 있다. 2019년 웹사이트 콤플렉스Complex는 벤조디아제핀 위기의 희생자들에 관한 가정들을 '술집들: 자낙스와 힙합의 중독적인 관계'[12]라고 이름 지었다. 업로드된 영상에는 자신의 불안감을 없애기 위해 자낙스와 다른 벤조디아제핀 계열의 약물에 의존하게 된 음악가 및 그들의 친구를 다룬 이야기가 담겨 있었다. 한 남자가 이렇게 말했다. "슈퍼맨이 된 기분이었습니다. 평소에는 불안감을 느꼈지만 약을 먹으면 누구도 나를 말릴 수 없을 것 같았죠." 2010년 중반에는 래퍼가 무대에서 활동하는 예명을 자신이 먹는 약에서 따왔을 정도로 마약이 보편화되었다.

주스 월드Juice WRLD라는 이름으로 활동했던 18세의 재러드 앤서니 히긴스Jarad Anthony Higgins는 갱스터(갱단이나 범죄, 마약을 다루는 힙합 장르-옮긴이 주) 래퍼가 아니었다. 주스 월드는 그의 노래 〈Righteous〉에서 단 몇 초 안에 하얀 구찌 양복을 입은 자신이 "행성만 한 크기의 내 불안감"을 다루기 위해 "오른손에는 대여섯 알, 침대 옆 탁자에는 코데인(진통제의 일종)이 넘치지"라는 가사처럼 자가 치료하는 과정에서 얼마나 강력함을 느끼는지 묘사한다. 하지만 그 해결책은 제대로 작동하지 않는다. 그가 또 다른 노래에서 "나쁜 에너지", "이 감정을 설명하기가 어렵군 / 이기고 있는데도 / 지는 것처럼 느껴져"라는 가사로 감정적인 고통을 덜어내는 모습을 묘사한 것만 보아도 알 수 있다.

끔찍한 비극은 그가 졌다는 것이다. 2019년 말 주스 월드와 릴 핍Lil Peep을 포함한 몇몇 유명 이모(emo, 하드코어 펑크에서 파생된 록 음악의 한 장르-옮긴이 주) 래퍼들이 벤조디아제핀과 진통제 과다복용으로 스물한 살의 나이에 사망했다.

영국 런던의 라이시엄 극장Lyceum Theatre에서 조명이 어두워지고 막이 오르자 불안감 때문에 서툴러 하고 불안해하는 10대 제러미 히어 역을 연기한 미국의 배우 윌 롤런드Will Roland는 〈살아남는 것 그 이상으로More than Survive〉라는 노래를 불렀다. 고등학교 시절 우울했던 날들의 연속을 불안하게 바라보는 노래의 모든 가사를 알고 있던 절반에 해당하는 수의 관객이 그와 함께 노래했다. 노래 속 가사는 다음과 같았다. "만일 내가 기분이 이상하거나 묘하지 않다면 / 내 삶은 정말이지 혼란스러울 거야 / 왜냐하면 미칠 만한 상황이니까" 2019년 뮤지컬 〈더 멋져질래Be More Chill〉의 오프닝 노래였다.

뮤지컬의 내용은 불안과 초조에 시달리며 사회적 부적응자이자 괴짜였던 주인공 제러미가 최첨단 기술로 만들어진 '알약'을 제공받으면서 시작된다. '스큅'이라고 불리는 이 약은 제러미의 뇌를 '더 멋지게' 재구성해 인기 있는 아이들과 어울리도록 해준다. 스큅을 복용하는 것이 자낙스 복용의 디지털 버전인 점을 쉽게 눈치챌 수 있다.

스큅은 제러미가 친구를 사귀고 사람들에게 영향력을 행사하기 위해 어떻게 행동해야 하는지 정확히 지시함으로써 그의 불안감을 '도와준다'. 이는 제러미만이 볼 수 있는 형태로 진행된다. (극 중 제러미가 보는 이상적인 멋진 남자는 영화 〈매트릭스The Matrix〉의 키아누 리브스가 맡은 캐릭터다.) 극은 이어진다. 더 멋져지기 위해 스큅을 복용하는 사람들의 수는 기하급수적으로 증가하고 결국 그들은 모두 좀비가 된다. 이는 외계 식물의 씨가 복제인간을 만들어낸다는 내용의 1978년 개봉된 미국 영화 〈외계의 침입자Invasion of the Body Snatchers〉 속 상황보다 더 안 좋은 상황으로 그려진다. 그러다 사람들은 혼수상태에 빠진다. 제러미는 사람들이 불안을 없애기 위해서라면 그게 목숨을 거는 일일지라도 마다하지 않으리라는 걸 알게 된다.

이 특이한 내용의 뮤지컬은 어떻게 그렇게 많은 팬의 사랑을 받았을까? 나는 이 뮤지컬이 젊은이들의 삶에 독특하고 정직한 거울을 보여주어 그들에게 앞으로 나아갈 방법에 관한 선택지를 주었기 때문이라고 생각한다. 우리는 불안감을 없애주는 스큅을 받게 될 것이다. 하지만 그 약을 먹을 필요는 없다. 이상한 기분이 들 수도 있고 당황스러울 수도 있다. 그래도 여전히 괜찮다.

왜 사람들은 아이들에게 이것과 똑같은 메시지를 보낼 수 없는 걸까? 불안감을 지우고 편안하게 무감각해지는 게 최선의 해결책이며 아마 유일한 선택지라는 이야기를 받아들였기 때문일 것이다. 그리고 이런 흐름과 방향은 단지 약물을 통해서만 흘러가지 않았다. 우리와 아이들은 불안하고 불편한 감정을 피하고 벗어나기 위해 만들어진 가장 강력한 도구 중 하나를 소비해왔다. 그것은 바로 우리 손끝, 그리고 우리 손바닥에 있다.

6장

기계
탓이라고?

불안과 디지털 기술은 떼려야 뗄 수 없이 연결된 것처럼 보인다. 비록 우리는 종종 너무 많은 스크린 타임과 소셜 미디어가 불안을 야기한다고 가정하지만 현대 생활의 어디에나 있는 이런 양상들 사이의 연관성은 그 가정보다 더 복잡하다.

한편 기계 장치들은 단 몇 초 만에 걱정과 불안에서 벗어날 수 있게 해준다. 우리는 기계 장치들을 통해 정신을 산만하게 만드는 게임을 하거나 아빠에게 연락하고, 또 새로운 정원 호스를 사거나 좋아하는 TV 프로그램을 실시간으로 시청하며 다른 일도 처리할 수 있는 선택의 세계로 피신할 수 있다. 그러는 한편 스크린에 열중하게 되면 종종 스크린을 쳐다보기 전 그랬던 것보다 더 불안하고 고립된 느낌이 들며 진이 빠져버린다. 특히 소셜 미디어의 피드를 확인하라는 각종 알람을 무시할 수 없다는 강압적인 느낌을 받을 때나 흡연자가 습관적으로 담배를 피우듯 잠에서 깨자마자 바로 침대 옆 휴대전화를 잡을 때처럼 조용하거나 지루하거나 또 고통이 따르는 정말 짧은 순간에도 우리는 정보가 담긴 스크린의 스크롤을 끝도 없이 내리고 싶은 충동을 느낀다.

이것이 바로 휴대전화를 중독성이 있다고 생각하게 된 이유다. 그러나 약물과 달리 기계 장치는 같은 효과를 얻기 위해 무언가를 더 많이 사용해야 하는 내성이나 사용을 중단했을 때 발생하는 고통스러운 신체적 증상인 금단 증세처럼 중독에 따라오는 특징들을 반드시 유발하지는 않는다. 그러나 중독에 대한 비유가 정확한지 아닌지는 차치하고서라도 디지털 기술은 벤조디아제핀과 크게 다르지 않다. 우리는 디지털 기술을 현재 겪는 고통에서 벗어나기 위해 사용하지만 만약 중독에 빠진다면 결국 우리의 상태는 더 나빠진다. 그리고 화학적 진정 상태를 만들어내는 약처럼 기계 장치는 우리의 불안감을 조절할 유익한 방법을 찾는 것을 막을 수 있다. 기계 장치가 불안을 대하는 방법은 다음과 같다. 먼저 적어도 일시적으로나마 불안에서 벗어날 수 있는 매혹적인 탈출구를 만들어주고 세심한 설계를 통해 그 탈출구가 더 이상 효과가 없을 때도 더 많은 것을 얻으러 돌아오게끔 만들기 위해 우리를 부추긴다.

궁극의 탈출 기계

우리는 불안할 때 그 불쾌한 감정을 무디게 하는 경험들에 끌린다. 모바일 기계 장치보다 더 즉각적으로, 더 손쉽게 이 목표에 도움이 되는 게 또 있을까? 우리는 우리 주머니와 가방에 둥지를 틀고 우리가 어디에 가든 무수히 많은 경로를 통해 손에 쥐어지는 이 작은 탈출 기계를 사용한다. 이 기계들은 현재 경험하고 있는 것들에서 벗어나 다른 곳으로 가게끔 인도한다. 이 현상이 모두 나쁜 것은 아니다. 하지만 불안한 감정을 습관적으로 피하게 되면 회피의 역설이 시작되고 우리의 불안은 증가할 수 있다.

그러나 모든 디지털 시간이 동등하게 생성되지는 않는다. 디지털 기술이 우리의 불안을 증가시키는지는 우리가 그것들을 어떻게 사용하느냐에 달려 있다.

디지털 생활에서 가장 잘 연구된 것 중 하나인 소셜 미디어를 예로 들어보자. 소셜 미디어를 사용하는 방법은 크게 능동적 사용과 수동적 사용으로 나뉜다. 능동적 사용은 '콘텐츠'의 목적성 있는 공유다. 트위터를 통해 친구와 재미있는 내용을 공유하거나 최대의 적과 언쟁을 벌이고 또 가족과 함께 사진을 보거나 본인 계정의 팔로워 63명이 볼 수 있도록 우쿨렐레를 끝내주게 연주하는 내 모습을 담은 최신 영상을 게시하는 것이 모두 이에 해당한다. 반면 수동적 사용은 앞의 모든 창조성과 당당함이 빠져 있다. 수동적 사용에서 우리는 자신의 개성이나 재능을 공유할 필요가 없고 생각과 감정의 표현도, 또 신념을 다할 필요조차 없다. 그저 아무 생각 없이 웹페이지를 검색하거나 소셜 미디어 피드를 스크롤하고 다른 사람이 올린 콘텐츠를 다시 게시한다. 이런 행동은 그다지 해로워 보이지 않는다. 최악의 경우 시간 낭비일 뿐이다. 아니면 아무 생각 없이 힘들이지 않고 감자칩을 우적우적 씹는 것과 같을지도 모르지만, 우리는 어느새 한 봉지를 다 먹어 치우고 그것 때문에 배가 아플 수도 있다.

그렇다면 소셜 미디어를 어떻게 사용하는지가 차이점을 만드는 것일까? 10년간의 연구 끝에 이에 관한 몇 가지 답이 나왔다. 문제는 그렇게 간단하지 않다.

10,000명 이상의 아이슬란드 청소년을 대상으로 한 대규모 조사[1]는 의미 있는 결과를 보여주었다. 연구진은 실험 참가자들에게 일주일 동안 소셜 미디어를 이용한 능동적 또는 수동적 방법과 자신의 불안장애, 우울증 증세를 모두 기록해 말해달라고 요청했다. 수동적 사용법을 통한 소셜 미디어로 더 많은 시간을 보낼 때 그들은 더 불안하고 우울해했다. 심지어 그들이 다른 사람들로부터 사회적 지지를 받으며 강한 자존감을 가지고 있다고 느낄 때조차 그러했다. 반대로 능동적 사용법을 통한 소셜 미디어로 더 많은 시간을 보낼 때는 덜 불안해하고 우울해했다. 그들이 얼마나 오랫동안 소셜 미디어 피드에 몰두했는지는 중요하지 않았다. 중요한 것은 그들이 소셜 미디어를 통해 무엇을 하는지였다.

이 연구는 인상적일 만큼 많은 사람이 실험 참가자로 참여했고, 기본 연구 결과가 적어도 열두 번 이상 검증된 사실에도 불구하고 연관성을 유지하고 있다. 다시 말하지만 우리는 소셜 미디어 사용이 불안이나 우울증을 유발하는지 여전히 알지 못한다. 그것은 쉽게 반대가 될 수 있다. 더 불안하거나 더 우울한 사람들은 소셜 미디어 사용이 힘들지 않은 일이거나 긴장을 푸는 수단이기 때문에 수동적으로 소셜 미디어를 소비할 가능성이 더 클 수 있다. 또 연구원들이 측정하지 않은 다른 요인들, 이를테면 트라우마나 가족 환경, 유전 관련한 것들이 고통을 높일 수도 있다. 원인을 향하는 화살표가 어느 쪽을 가리키는지 알 수 있을까?

2010년 미국 미주리대학과 컬럼비아대학의 연구원들[2]은 이 질문의 답을 위해 첫걸음을 내딛고 싶었다. 실험 참가자인 대학생들은 연구실에 와 페이스북에 접속한 다음 평상시처럼 사용하는 익숙한 행동을 하도록 요구받았다. 시간이 흐른 다음에야 참가자들은 연구원들이 자신이 정보를 적극적으로 검색하거나 친구들과 소통하는 것에 비해 얼마나 많은 시간을 수동적으로 인터넷을 돌아다니며 보냈는지에 관한 모든 중요 포인트를 표로 작성했다는 사실을 알았다. 또한 연구원들은 참가자들의 긍정적인 감정 및 부정적인 감정을 추적했다. 하지만 참가자들에게 어떤 감정을 느끼는지 물어보는 대신 얼굴 근전도 검사법, 또 미소 짓거나 인상을 찌푸리는 것과 관련한 근육의 전기 활동 강도 같은 편향적인 입증 방식을 사용했다.

수동적 사용이나 능동적 사용 모두 찌푸리는 표정이 증가하지 않았다. 이는 아마 부정적인 감정을 나타낼 것이다. 하지만 수동적 사용의 경우 미소 짓는 표정이 감소했는데, 이는 수동적 사용이 우리를 더 행복하게 만들지는 않는다는 점을 암시한다. 물론 미소를 덜 짓는다고 해서 그것이 자동으로 더 많은 불안이나 우울증을 의미하는 것은 아니지만, 이 과학의 단계에서 해당 연구는 소셜 미디어의 각기 다른 사용법이 실제로 우리에게 특정 반응을 불러일으킨다는 점을 알려주는 몇 안 되는 증거 중 하나다. 이는 우리가 얼마나 많은 것을 알지 못하는지 느끼게 해준다.

하지만 잠시 이 연구가 옳다고 가정해보자. 만약 수동적인 방법으로 기술을 사용하는 것이 실제로 긍정적인 감정을 감소시킨다면 왜 우리는 더 많은 것을 얻기 위해서라며 계속 디지털 탈출로 돌아가는 걸까?

슬롯머신

종종 디지털 기술은 너무 완벽하고 너무 쉽게 느껴져서 우리는 그 설계를 피할 수 없다고 생각한다. 하지만 설계의 영리함은 우리가 이런 기술의 소비 방식에 관해 어떤 것도 피할 수 없다는 점을 잊게 만든다.

기계 장치, 웹사이트, 그리고 소셜 미디어 플랫폼은 우리가 스크린을 계속 보게 하고 다른 앱을 열도록 만들기 위해 의도적이고 끈질기게 설계되었다. 그렇다면 어떻게 설계되었다는 것일까? 바로 슬롯머신으로 가득 찬 카지노처럼이다.

무한 스크롤이 완벽한 예다. 스크롤을 아래로 내리면 정보가 계속 표시되므로 다음 페이지가 로딩될 때까지 멈추거나 클릭하거나 기다릴 필요가 없다. 이런 일시 중지의 제거는 우리에게 '지금 당장 내가 하고 싶은 일이 이건가?'라고 생각해볼 기회를 더 적게 만든다. 우리는 자동 조종 장치처럼 그 순간 기분 좋은 일을 한다. 실제로 연구는 반복적으로 스크롤을 아래로 내리는 간단한 행동이 일시적으로 우리를 진정시키고 차분하게 만들며 기분을 좋게 하고, 심지어 피부 표면 아래 혈류의 미묘한 변화를 통해 측정되듯 생물학적 스트레스를 일시적으로 감소시킬 수도 있다는 점을 보여준다.[3]

카지노의 설계는 이와 같은 자동성의 원리에 따라 움직인다. 예를 들어 카지노의 통로는 직각이 없고 완만하고 구불구불한 곡선으로 되어 있어 한 게임에서 다른 게임으로 더 쉽게 돌아다닐 수 있게 만들고 게임을 해 이기고 싶은 충동이 사람들을 움직이게 한다. 일시 중지는 필요하지 않다. 카지노 통로처럼 무한 스크롤은 우리가 의도된 목표물인 게임을 할 가능성에 도달할 때까지 활기차게 움직이며 우리가 계속 움직이도록 부추긴다.

기계 장치들과 그 기계 장치들로 우리가 하는 많은 것은 작은 슬롯머신처럼 설계되어 있다. 슬롯머신이나 다른 모든 종류의 도박처럼 기계 장치 역시 간헐적이고 예측할 수 없는 보상을 제공한다. 이런 종류의 보상은 기계 장치 앞으로 우리를 이끄는 어떤 행동도 격려하고 강화하는 중요한 역할을 한다. 사람들은 슬롯머신에 푹 빠진다. 슬롯머신이 언제 대박을 터뜨릴지 모르기 때문이다. 그래서 그들은 계속해서 슬롯머신의 손잡이를 잡아당긴다. 마찬가지로 사람들이 클릭하고 스크롤하고 구매와 게시물 게시를 위해 기계 장치를 손에서 놓지 않게 만들기 위해 예측 불가능하고 간헐적인 '좋아요'와 새로운 소식, 극적인 사건, 그리고 흥분이 보상으로 제공된다.

스마트폰은 우리가 언제 대박을 터뜨릴지, 또 그것이 친구로부터 전송된 메시지일지, 우리가 기다려온 소식일지, 아니면 재미있는 고양이 관련 최신 유행 게시물일지 알 수 없기 때문에 우리를 더 많이 스크린으로 돌아오게 한다.

반대로 둠스크롤링doomscrolling, 즉 나쁜 뉴스만을 강박적으로 확인하는 개념은 무한 스크롤과 슬롯머신의 강화라는 카지노의 완벽한 결합이라 볼 수 있다. 둠스크롤은 아마 모두가 나쁜 소식을 들으며 강박적으로 불안에 차 스크린을 스크롤할 때, 심지어 그것이 우리를 괴롭게 만들 때조차 해왔던 행동일 것이다. 코로나19가 유행하기 이전에도 분명 존재했지만 특히 코로나19로 인한 격리 기간 동안 이 용어의 사용이 급증했다. 미국의 대표적인 영어 사전 메리엄 웹스터Merriam- Webster 온라인은 '주목할 만한 단어words we're watching' 리스트에 해당 용어를 추가하기도 했다. 바이러스나 편향적인 정치 견해, 부당한 인종 관련 문제, 실업률에 관한 것처럼 부정적이고 괴로운 모든 뉴스를 소비하려 스크린에 딱 달라붙어 보냈던 모든 시간을 떠올리기는 어렵지 않다. 우리는 그 모든 뉴스를 둠스크롤했다.

하지만 그 과정에서 둠스크롤을 하는 동안 우리는 몇 가지 보상을 받을지도 모른다. 이를테면 친구로부터 전송된 좋은 내용이 담긴 문자 메시지 하나, 현재 상황을 담은 뉴스의 잔해 속에 숨겨진 행복한 내용의 뉴스 하나가 바로 그것이다. 이는 우리가 더 나은 기분을 추구하게 만들기에 충분하다.

그러나 둠스크롤링은 사실 우리의 불안을 조절하기 위한 시도다. 더 많은 정보를 수집함으로써, 혹 수집한 정보가 나쁜 정보에 해당하더라도 우리는 자신이 느끼는 불확실성을 줄이고 싶어 한다. 이는 정상적인 상황에서는 좋은 전략이지만 불행히도 디지털 세계는 그렇게 '정상적'이지 않다. 디지털 세계에서는 긍정적인 정보보다 부정적인 정보를 우선시하며 우리를 정보의 거품 속에서 양극화되게 만들고 사실보다 선정적인 것으로 보상한다. 트위터는 친절함과 잔잔함을 넘나든다.

둠스크롤링은 우리가 불안에서 벗어나기 위해 기술을 사용하는, 아무 생각 없이 시도하는 유일한 방법과는 거리가 멀다. 쿠키의 애니메이션 이미지를 반복적으로 클릭하는 것과 색이 칠해진 장애물 사이로 색이 칠해진 공을 안내하는 것에는 어떤 공통점이 있을까? 이는 널리 사랑받는 하이퍼캐주얼 게임(hypercasual game, 몇 번의 탭으로도 게임이 가능하며 게임 시간도 짧고 언제든 중단하고 다시 시작할 수 있는 게임-옮긴이 주)인 쿠키 클리커Cookie Clicker와 컬러 스위치Color Switch다. 하이퍼캐주얼 게임은 정의상 재미있고 단순하며 반복적이고 몰입도가 높다. 그중 난이도가 꽤 높은 게임도 있지만 대부분의 하이퍼캐주얼 게임은 사람들이 TV 시청이나 식사처럼 다른 일을 하는 동안 할 수 있을 만큼 거의 주의가 필요하지 않은 간단한 메커니즘을 사용한다. 하이퍼캐주얼 게임을 즐기는 사람들과 이야기해보면 그들은 스트레스와 불안을 해소하거나 긴 하루를 보낸 뒤 긴장을 풀고 또 걱정거리로부터 주의를 다른 곳으로 돌리기 위해 게임을 한다고 말할 것이다. 또 많은 사람이 해당 게임을 잠들기 위해 하기도 한다.

소수의 과학자들[4]은 불안을 해소하기 위한 일종의 개입으로서 하이퍼캐주얼 게임을 연구하기도 했다. 그들은 이 작은 게임이 각각 유동적이고 여유가 생길 만큼 관대한 편이며 반복 동작으로 흐름이 진행된다는 느낌을 주는 방법으로 사람들을 달래준다고 가정했다. 무한 스크롤처럼 하이퍼캐주얼 게임은 우리를 더 차분하게 만들고 자동 조종 장치의 상황으로 만들어 진정시키는 것처럼 보인다. 과학적 심사위원은 이

게임이 장기적으로 도움이 되는지 아직 결론을 내리지 못했다. 만약 우리가 고통스러운 감정과 마주치는 것을 피하기 위해 스크롤을 한다면 아마 그렇지 못하다는 결론을 내릴 것이다. 그러나 소셜 미디어 피드를 단순히 스크롤하는 것만으로[5] 생물학적 스트레스를 일시적으로 감소시킨다는 점을 시사하는 이전 연구 결과를 통해 하이퍼캐주얼 게임이 유용한 방법이 될 수 있다는 주장도 있다. 2021년, 하이퍼캐주얼 게임은 한 번에 몇 시간씩 게임을 이어 나가는 수백만 명의 사용자들에 힘입어 큰 사업으로 성장했다.

분명 우리는 오랫동안 오락 기술을 사용해 긴장을 풀었다. TV와 라디오는 시선을 끄는 등의 방법으로 우리를 빨아들여 걱정거리에서 다른 곳으로 주의를 돌리게 만들었다. TV가 괜히 '바보상자'라 불린 게 아니었다. 하지만 새로운 사실은 지구상에서 가장 강력한 기술 관련 회사들이 이제 우리가 항상 기계 장치에 관심을 기울이길 원한다는 점이다. 그렇게 그들은 세계에서 가장 가치 있는 디지털 상품을 대량으로 수집하고 싶어 한다. 그 디지털 상품은 바로 우리가 믿고 원하는 것, 또 가는 장소와 하는 일 등에 관한 정보가 담긴 '개인 데이터'를 의미한다. 스마트 비즈니스smart business가 바로 그것이다.

우리의 관심사를 상품화하려는 목적의 이런 급진적이고도 전례 없는 시도는 불안과 관련이 있다. 왜냐하면 그것들은 우리의 눈이 스크린에 갇혀 있을 때만 작동하기 때문이다. 그리고 눈과 마음이 스크린에 갇혀 있을 때 우리는 불안을 조절할 수 있는 최고의 도구 중 하나인 실제 사회적 연결에서 도움을 받을 기회를 잃을지 모른다.

스크린 세계 속 사회적 뇌

매니시 준자^{Maneesh Juneja}는[6] 인도의 디지털 건강 미래예측 전문가다. 그는 새로운 기술이 어떻게 세상을 더 행복하고 건강한 곳으로 만들 수 있는지를 상상한다. 그 일은 좋은 직업처럼 들릴지도 모르겠다. 하지만 2012년 사랑하는 누나가 갑작스럽게 세상을 떠나는 끔찍한 일이 일어난 뒤 그는 놀라운 현실을 깨달았다. 그의 슬픔을 극복하는 데 도움을 준 것이 대면을 통한 인간관계라는 점이었다. 사실 이전에 그의 삶은 디지털 기술을 중심으로 돌아갔기 때문에 대면성을 띤 인간관계는 자신의 상실에 대처하기 위한 마지막 의지나 다름없었다. 가상현실에서 이뤄지는 뒤뜰에서의 바비큐 파티는 그에게 전보다 더 단절되고 좋지 않은 기분을 안겨주는 반면, 동네 식료품점에서 훨씬 더 속도가 빠른 셀프 계산대보다 계산원에게 발길을 돌리는 것이 단순히 그의 기운을 더 북돋아주었다. 줌^{Zoom}이 우리 삶에 침투하기 훨씬 전 준자는 비록 기술적인 연결 수단이 엄청난 가치를 지녔더라도 접촉이나 눈맞춤, 그리고 목소리처럼 인간이라는 존재에서 비롯되는 무언가가 독특한 치유의 수단이 된다는 점을 깨달았다.

이 사실은 아마 우리 시대 가장 잘못된 명칭 중 하나일 '소셜 미디어'가 종종 우리가 불안과 고통을 덜기 위해 소셜 미디어에 접속함으로써 인간의 존재와 연결되지 못하게 한다는 점을 더 아이러니하게 만든다. 우리는 이미 강력한 사회적 지원을 받는 게 우리의 건강 상태를 강하게 만들고 외로움과 고립이 기대수명을 몇 년이나 단축시킬 수 있다는 점을 알고 있다. 어떻게 작용하는 것일까? 한 가지 방법은 바로 스트레스를 받을 때 우리를 지지해주고 사랑해주는 사람의 존재가 인간의 생물적인 활동을 변화시킨다는 것이다. 2장에서 살펴본 손을 잡은 상태에서의 신경 촬영법 관련 연구[7]는 사랑하는 사람들의 존재가 말 그대로 특정 위협에 대처할 수 있는 더 많은 지적 능력을 부여해준다는 사실을 보여주었다. 그렇다면 만일 우리가 손을 잡을 수 없는 상황이라면 기술을 통해 이 이점이 전달될 수 없을까? 2012년 미국 위스콘신대학 메디슨 캠퍼스의 연구진들[8]도 이를 궁금해했다.

우리가 직접 사회적 지원으로부터 이익을 얻을 때 스트레스 호르몬인 코르티솔의 강도는 낮아지는 반면 사회적 유대 호르몬인 옥시토신의 생산은 증가한다. 하지만 과연 이런 강력한 생물학적 효과가 기술을 통해 사회적 지원이 제공될 때도 나타날 수 있을까? 엄마와 10대 딸 사이의 관계를 한번 살펴보자. 한 연구에서 실험에 참가한 소녀들은 일단 불안감을 유발하는 사회적 스트레스 테스트를 견뎌야 했다. 긴장감을 불러일으키는 사람들 앞에서 연설하고 심사위원들 앞에서 어려운 수학 문제를 푼 뒤 10대들은 당연하게도 신경이 한껏 곤두섰다. 그들은 직접 만나기, 통화하기, 문자메시지 보내기라는 세 가지 방법 중 하나를 선택해 엄마와 접촉할 수 있었다. 그중 마지막 실험 그룹은 혼자 남아 어떠한 지원도 받지 못했다.

한편 실험 참가자들의 엄마는 가능한 한 자녀를 감정적으로 지지해주도록 요청받았다. 엄마들이 직접 아이를 만나거나 전화로 아이에게 지지를 보였을 때 딸들의 스트레스 호르몬 수치는 떨어졌고 사회적 유대 호르몬의 수치는 상승했다. 이는 엄마들의 지원이 효과를 발휘했다는 신호였다. 그러나 10대들이 문자메시지를 통해 엄마로부터 위로를 받았을 때는 아무것도 변하지 않았다. 그들의 몸에서는 옥시토신의 방출이 거의 또는 전혀 나타나지 않았고, 코르티솔 수치의 경우에는 위로받지 못한 소녀들만큼이나 높게 나타났다. 디지털 기기를 통한 연결은 엄마의 편안한 목소리나 물리적인 실체와 같지 않았다. 이는 진화적 불일치를 시사한다. 우리 인간은 가공되지 않은 인간의 존재를 인지할 때 사회적 지원으로부터 가장 많은 이익을 얻는다.

사회적 연결이 불안감에 마법을 거는 두 번째 방법은 또 다른 감각적인 경험, 눈맞춤을 통해서다. 거의 모든 다른 동물과 달리, 심지어 인류와 가장 가깝다는 영장류도 그러지 못하는 데 비해 오직 우리 인간만이 시선을 고정함으로써 의미와 의도를 상대에게 전하는 능력을 지니고 있다. 다시 말해 우리는 서로 눈을 마주침으로써 의사소통한다. 우리는 또 이를 통해 위안을 얻기도 한다. 어떤 두 사람이 조용히 함께 앉아 있다고 상상해보자. 그들은 고개를 들어 서로의 눈을 바라보며 말없이 상대를 이해한다. 우리의 어린 시절인 아이들도 똑같이 할 수 있다. 아기들은 편안함을 찾거나 놀이의 상호작용을 익히고 자기감정과 행동이 다른 사람들에게 어떤 영향을 미치는지 관찰하기 위해 자신을 돌봐주는 사람의 눈을 바라본다. 성장함에 따라 우리는 결국 사회적 의사소통의 미묘한 뉘앙스를 잘 파악할 수 있는 전문가가 되기 위해 이런 기술을 기반으로 활용한다.

인간의 눈이 어떻게 진화했는지를 살펴보면 인간의 시선이 얼마나 중요한지 알 수 있다. 인간의 흰자는 영장류나 다른 동물들보다 훨씬 크다. 이는 우리가 정교한 정확도로 다른 사람들의 시선 방향을 추적하고 조정할 수 있게 해준다. 안구의 홍채가 흰색으로 둘러싸여 있을 때 우리의 동공이 어느 쪽을 가리키는지 더 쉽게 알 수 있다. 우리가 상대의 시선을 따라갈 수 있을 때 상대가 무엇을 하고 있는지, 또 우리가 무엇을 하길 원하고 바라는지를 더 잘 이해할 수 있다. 일부 과학자들은 겉보기에 단순해 보이는 이 특성이 우리가 효과적으로 상대와 협력하고 자기 목표와 의도를 조정할 수 있게 해준다는 점에서 하나의 종으로서 호모 사피엔스가 진화적 발전을 이뤄낼 때 근본적으로 작용했다고 주장한다.[9]

만약 만성적으로 스크린 속으로 사라지면, 그렇게 우리의 머리와 눈이 자취를 감추면 인간이 가진 중요한 의사소통 채널이 약화될 위험이 있을까?

2017년 우리는 부모와 어린 자녀 사이라는 중요한 관계의 맥락에서 이 질문을 탐구했다.[10] 실험 참가자들은 집에서처럼 함께 놀며 실험을 시작했다. 부모와 아이들이 즐거운 분위기에 익숙해지자 부모들은 모바일 기기를 꺼내고 인정사정없이 놀이를 중단하라는 지시를 받았다. 그들이 아이들을 무시하고 스크린에서 눈을 떼지 않도록 우리는 그들에게 스크린에 나타난 짧은 설문지를 작성하라고도 요구했다. 몇 분 뒤 부모들은 자신의 관심을 아이들에게 다시 향하게 하고 멈췄던 놀이를 다시 시작하라는 지시를 받았다.

휴대전화에 빠져 상대를 무시하는 일은 많은 가정에서 흔히 있을 수 있는 일이다. 이는 심지어 폰phone과 무시하다라는 뜻의 스너빙snubbing

의 합성어인 퍼빙phubbing이라는 용어로도 알려져 있다. 당연하게도 해당 실험에 참가한 아이들은 고통스러워했고 부모가 휴대전화를 보느라 정신이 없자 그들의 관심을 끌기 위해 열심히 노력했다. 아이들이 느낀 부정적인 감정은 부모와 다시 놀게 될 때까지 남아 있는 경향을 보였고 비록 많은 아이가 그 감정에서 벗어나 부모들과 행복하게 다시 놀이를 시작했지만 여전히 불안해하며 앞선 상황에 사로잡혀 있는 아이들도 있었다. 그 아이들은 부모가 자신을 내버려두고 다시 휴대전화 속으로 사라질지 모른다고 걱정하는 듯했다.

휴대전화 때문에 부모에게 무시당했던 아이들은 더 나아지지 않았다. 실제로 가족 앞에서 스크린 사용을 했다고 보고한 부모들의 아이들은 부모가 다시 아이들과 함께하는 동안 감정적으로 다시 회복되는 힘이 떨어지는 경우가 더 많았다. 해당 아이들은 덜 긍정적인 감정과 더 부정적인 감정을 드러냈고, 심지어 부모가 자신에게 모든 관심을 다시 되돌려주었을 때조차 신나는 놀이를 다시 시작하는 데 더 오랜 시간이 걸렸다.

우리는 2019년 TV에서 방영된 특별 보도 프로그램 〈스크린 타임: 다이앤 소여의 보도ScreenTime: Diane Sawyer Reporting〉를 위해 이 연구를 재현해 아이들이 부모의 시선을 상실하는 것을 어떻게 인지하는지 더 깊이 연구해볼 기회를 가졌다. 한 소년은 즉시 반응했다. 그는 점점 더 큰 목소리로 일곱 번이나 다음과 같은 말을 반복했다. "엄마, 우리는 다른 할 일이 있잖아요. 엄마, 그만해요. 이제 나랑 놀아요." 조금 전까지만 해도 엄마와 즐겁게 놀던 한 소녀는 스크린이 등장하자 조용히 의자를 끌어당기고 엄마를 마주 본 채 앉아 있었다. 그 어린 소녀는 혼자 노는데 바쁘거나 엄마를 다시 놀이에 참여시키려고 애쓰는 대신 엄마가 언제 다시 자신에게 돌아올지 확신하지 못한 상태로 그저 기다리고만 있었다.

이 연구의 메시지는 아이들과 가족 앞에서 기기를 사용하는 게 그들을 해친다는 것이 아니었다. 연구 결과는 우리가 사랑하는 사람들과 함께 있을 때 계속해서 스크린 너머로 사라진다면 우리는 모두에게 이익을 가져다주는 방식으로 서로 연결될 기회를 잃을 수도 있다는 점을 암시했다.

이어 두 번째 연구에서[11] 퍼빙이 성인에게 미치는 영향을 실험했다. 우리는 어려운 퍼즐을 함께 풀도록 실험 참가자 두 명을 배정했다. 참가자로 가장한 연구 보조원 중 한 명은 계속해서 눈맞춤을 피하고 문자를 보내거나 전화하면서 작업을 방해했다. 또 다른 비교 그룹에서의 실험 참가자 두 명은 방해나 중단 없이 퍼즐을 풀기 위해 함께 협력했다.

부모와 자녀가 함께 참여했던 연구처럼 눈을 마주치는 연결과 상호 관계를 깨는 효과 역시 사소하지 않았다. 어른들은 함께 어려움을 해결하고 있는 파트너로부터의 퍼빙, 즉 휴대전화 때문에 상대에게 무시당하는 무례한 상황을 알아차렸을 뿐 아니라 더 많은 불안감을 드러냈다.

아이들은 괜찮을까?

만약 디지털 기술에 관한 헤드라인을 믿으려면 다음과 같은 두 가지 진영 중 하나를 선택해야 한다. 스마트폰이 수명을 단축하고 10대들의 불안에서 자살에 이르기까지 모든 것을 야기한다고 말하는 파멸론자, 아니면 모든 공황 상태는 불필요하며 디지털 기술에 관한 우리의 히스테리는 TV를 너무 많이 보는 것에 관한 지난 세대들의 걱정처럼 사라질 거라 말하는 반대론자 중 한쪽의 손을 들어줘야 할 것이다.

아니면 이들의 중간이 있을까?

이를 알아내기 위해 우리는 디지털 네이티브, 어릴 때부터 디지털 환경에서 성장한 세대들과 대화를 나눌 필요가 있다. 2018년 미국 공영 라디오 방송 NPR의 보도[12] 〈폰과 소셜 미디어에 관해 솔직해진 10대 소녀와 엄마들Teen Girls and their Moms Get Candid About Phones and Social Media〉을 보면 소셜 미디어가 종종 자신을 불안하고 우울하게 만들 수 있다는 점을 인지하는 것과 폰 없이는 살 수 없다고 느낄 만큼 감정적인 안도감을 제공받는 것 사이에서 아이들이 괴로워하고 있다는 점이 분명히 드러난다.

"어른들은 휴대전화가 10대들에게 얼마나 중요한지 몰라요."라고 한 청소년은 말했다. "우리가 소셜 미디어를 사용하고 폰을 가지고 있을 때 더 사교적으로 된다고 생각해요. 반에서 제 옆자리에 앉는 애 얘기를 해볼게요. 걔는 폰을 가지고 있지 않아요. 학교에 있는 동안 말을 전혀 하지 않을걸요. 반사회적으로 되는 거죠."

"저는 꼭 폰이나 소셜 미디어를 가지고 노는 걸 좋아하지는 않아요." 또 다른 아이가 말했다. "전 그렇지 않아요. 폰과 소셜 미디어를 사용하는 게 즐겁지만 동시에 그것들이 제게 어떤 영향을 미치는지도 알거든요. 실제로 그것들 때문에 제가 아주 불안해지기도 한다는 걸 잘 알아요. 그래도 다시 말씀드리지만 폰이랑 소셜 미디어는 쓰기가 참 쉬워요. 소파에 앉아서 몸을 전혀 움직이지 않고도 손에 무언가를 든 상태로 많은 걸 할 수 있죠. 아무것도 하지 않아도 다른 세상에서 존재할 수 있는 거예요."

모두가 이 말에 공감할 수 있을 것이다. 특히 코로나19의 대유행 이후 스크린은 우리의 생명선뿐 아니라 줌이 주는 피로함과 무한 스크롤이라는 불행의 씨앗이 되었다. 때때로 우리는 스크린과 특히 소셜 미디어에 중독되었다고 느낀다. 그러나 중독의 비유는 지나치게 단순하다. 뇌의 보상중추reward center는 우리가 신체적으로 벤조디아제핀에 중독되었을 때뿐 아니라 인스타그램에 중독되었다고 느낄 때도 활동적일 수 있지만 짭짤한 과자에 지나친 애정이 발동해 또 다른 과자를 집어들지 않고는 못 배길 때도 활동한다. 게다가 복잡한 사회적 동기나 정보 수집, 그리고 직업적인 목표와 같은 보상과 관련이 적더라도 소셜 미디어 사용에 빠져드는 사람도 많다.

일부 연구자들은 디지털 기술과 우리가 맺는 관계의 미묘한 뉘앙스를 계속 무시한다. 그들은 증거가 없는 상황에서 스마트폰이 중독성이 있고 심리적으로 한 세대를 파괴했으며 미국에서는 10대들의 불안과 자살이란 전염병을 부채질하고 있다는, 사람들의 관심을 끌 만한 헤드라인을 알리기로 결정했다.

그러나 기기가 실제로 심각한 정신건강 문제를 일으키거나 소셜 미디어를 사용하는 것이 우리를 불안하게 한다는 직접적인 증거는 거의 없다. 수십만 명의 10대들을 대상으로 한 조사 데이터가 기반이 된 한 연구[13]는 2011년 청소년들 사이에서 불안과 우울증이 급증한 것은 비슷한 시기에 광범위하게 이루어진 스마트폰의 보급 때문일 가능성이 크다고 결론지었다. 그러나 같은 데이터를 사용한 옥스퍼드대학의 다른 연구 그룹[14]은 평균보다 더 많은 감자를 먹는 게 불안의 증가와 강하게 연관되어 있다는 점을 보여주었다. 이는 우리에게 연관성이 인과관계와 절대 같지 않다는 점을 상기시킨다.

소셜 미디어 사용 및 감정적 조절에 관한 몇 안 되는 종단 연구(longitudinal studies, 사람의 발달 및 변화나 특정 조직 내에서 시간에 따른 변화의 관찰에 사용되는 연구의 한 종류-옮긴이 주) 중 하나[15]로서 연구원들이 먼저 소셜 미디어 사용을 측정한 뒤 시간이 지남에 따라 행복이 예측되는지를 추적한 사례가 있었다. 브리검영대학의 사라 코인과 그녀의 동료들은 소셜 미디어를 사용한 시간과 초기 청소년기에서 막 성인이 되는 시기까지 약 8년 동안 지속된 불안 및 우울함 사이의 연관성을 발견하지 못했다.

하지만 이 연구 결과들조차 확실성과는 거리가 멀다. 우리의 연구 노력을 어려운 문제에 집중하기 전까지는 아무것도 분명히 알 수 없다. 어떤 유형의 소셜 미디어가 도움을 주고 또 어떤 유형의 소셜 미디어가 해를 끼칠까? 만약 실제로 영향을 받는다면 우리의 생명 활동이 왜 영향을 받는지 이해하는 데 도움을 줄 수 있을까? 우리 중 누가 회복력이 있고 또 누가 취약할까? 또 디지털 기술의 영향은 시간이 지남에 따라 우리 자신이 변하듯 변화할까?

레슬리 셸처와 그녀의 동료들이 사회적 지위을 연구하기 위해 10대

소녀들과 그들의 엄마들을 실험실로 데려온 지 거의 10년이 지난 뒤[16] 우리는 10대들과 그들의 가장 친한 친구들을 실험실로 초대해 세 그룹으로 나누었다. 그룹 중 두 그룹은 자신을 괴롭히는 것들에 관해 토론한 다음 다른 그룹에 감정적인 지지를 보내도록 요구했다. 한 그룹은 줌을, 또 한 그룹은 문자메시지라는 수단을 활용했다. 세 번째 그룹은 자신을 괴롭히는 것이 무엇인지 생각하며 혼자 자리를 지켰다. 대화가 끝나고 스트레스 호르몬과 사회적 유대 호르몬을 측정하는 대신 우리는 10대들이 병원에 있는 매우 위중한 환자나 격렬한 논쟁을 벌이고 있는 군인처럼 감정적으로 강렬하게 느껴지는 사진을 보는 동안 뇌파 검사를 사용해 그들의 뇌를 측정했다. 우리의 이론은 가장 사회적으로 지지받고 있다고 느끼는 10대들이 사진에 대한 자신의 감정적 반응을 더 잘 조절할 수 있으리라는 거였다. 우리는 서로의 얼굴을 보고, 상대의 목소리를 듣고, 또 실시간으로 그 사람의 기분을 맞출 수 있는 수단인 줌이 친구를 지지하는 가장 효과적인 방법이라고 생각했다.

하지만 결과는 예상과 달랐다. 줌이 아니라 서로 문자메시지를 주고받은 그룹의 참가자들이 가장 침착한 뇌 상태를 보였다. 더 흥미로운 점은 줌을 사용한 10대 참가자들의 뇌는 혼자 남겨져 아무런 지지를 받지 못한 10대 참가자 그룹의 뇌와 같은 상태를 보였다는 거였다.

우리는 당황스러움을 감출 수 없었다. 단지 기대했던 결과가 나오지 않아서 뿐만 아니라 문자메시지를 통한 지원의 혜택을 전혀 보이지 않았던 2010년 엄마와 그들의 10대 딸들에 관한 연구와 모순되는 것 같았기 때문이다. 우리는 10대들과 이야기했다. 당시는 2019년이었다.

그렇기에 그들 중 대부분은 문자메시지를 주고받으며 자랐고 문자메시지를 다른 형태의 의사소통보다 선호했다. 문자메시지 등에서 쓰이는 약어나 이모티콘, 움직이는 사진gif은 그것들을 절반도 알아들을 수 없는 어른들의 호기심 어린 시선으로부터 안전하면서도 10대들에게는 풍부하고 완전한 어휘에 해당했다. 한편 줌은 10대들을 냉정하게 내버려두었다. 상대와 융화되는 것처럼 보이지 않았고 어색해 보였으며 실제로 대화하는 것 같지 않았다. 10대들은 직접 얼굴을 마주하는 시간을 싫어하지는 않았다. 그들은 여전히 친구들과 함께 있고 싶어 했다. 하지만 그들은 문자메시지로 나누는 대화 중 잠시 멈추고 말하고 싶은 것을 생각한 뒤 친구가 느끼는 괴로움을 받아들인 다음 스스로 느껴보는 방식을 좋아했다. 화상채팅이나 직접적인 대면 방식에서는 해당 문제에 관해 즉각적으로 반응해야 한다. 그들에게는 생각할 시간이 주어지지 않았다. 그런 관점에서 볼 때 문자메시지는 그들이 가능한 만큼 최고의, 가장 큰 지지를 해줄 수 있는 친구가 되도록 도와주었다.

나는 자라면서 인터넷상의 소위 말하는 트롤(troll, 인터넷 대화방에서 다른 사람의 화를 돋우는 메시지나 해당 메시지를 보내는 사람-옮긴이 주)과 악플러, 알고리즘에 관해 걱정할 필요가 없었다. 심지어 알고리즘이 무엇인지도 몰랐다. 아직 젊고 성장해가는 사람으로서 자의식 강한 10대 시절을 보내면서도 소셜 미디어가 집중시키는 지속적인 열기를 느끼지 못했다. 내가 특별히 잘 대처한 것인지는 잘 모르겠다.

하지만 나와 같은 X세대는 우리가 하는 가정을 견제해야 한다. 나는 개인적으로 내가 기고한 《뉴욕타임스》의 논평[17]을 읽은 한 학생이 보낸 이메일을 받은 뒤 이 사실을 깨달았다. 그 논평에서 나는 디지털 기술이 10대들의 불안 같은 문제의 간단하고도 직접적인 원인이라고 가정하기보다 소셜 미디어와 정신건강 관련한 미묘한 뉘앙스에 관해 좀 더 깊은 논의를 펼칠 것을 주장했다.

데니스 티와리 박사님께,

저는 현재 영어 수업을 등록해 듣고 있습니다. '휴대전화를 빼앗는 것은 우리 10대 아이들의 문제를 해결하지 못한다'라는 박사님의 글이 제가 듣는 수업의 다른 학생들 사이에서 매우 높게 평가되고 있다는 걸 알려드리려고 이렇게 메일을 보내요. 저희는 이 기사를 읽고 주석을 달며 요약하고 있습니다. 지난 몇 달 동안 저희는 반(反)기술적인 기사만 읽어왔거든요. 박사님이 쓰신 이 글은 그런 저희에게 커다란 안도감을 안겨주었습니다. 저흰 마치 누군가가 이 세상의 디지털 네이티브들을 진정으로 이해해주는 것처럼 느꼈어요.

우리 반 친구들을 대표해서 메일을 보내요.
감사합니다.

FUTURE TENSE

3부

○

불안한 마음을 어떻게 구제할 것인가

7장

불확실성

"불확실성만이 유일한 확실성이며 불안과 함께 살아가는 법을 아는 것만이 유일한 안전이다."[1]
—《수학자, 증권 시장에 가다(Plays the Stock Market)》, 존 앨런 파울로스
(John Allen Paulos, 미국의 수학자)

　그것은 인간의 조건이다. 매일매일은 확률의 집합이며 보통 일어나는 일이 다시 일어날 가능성이 있는 도박이다. 우리는 아침에 일어나 그날 하기로 계획한 일을 하고 결국은 잠을 자기 위해 집으로 돌아가지만 다음 날 아침이 되면 어김없이 다시 일어나 도박을 시작한다. 물론 인생에 관한 한 어떤 것도 확실하지 않다. 대부분의 사람은 지적이고 추상적으로 이것이 사실이라 받아들이지만 이를 연연해하는 사람은 거의 없다. 인생의 불확실성에 직면할 때 우리는 우리의 가정과 현실 사이의 불협화음, 그리고 긴장감을 느낀다. 믿을 수 없고 신뢰할만하지 않은 무언가가 우리 삶에 들어온다. 바로 이 긴장감이 우리가 자세를 똑바로 취하게 만들고 주의를 기울이게 한다. 왜냐하면 다음에 무슨 일

이 일어나든 그것이 끔찍하거나 멋지거나 아니면 영 별로일 수 있다는 점을 알기 때문이다. 그렇기에 할 수 있다면 우리는 그에 관해 무언가 조치해야 한다.

다시 말해 불확실성은 가능성이다. 그에 관해 생각하는 것만으로도 우리는 미래로 나아간다.

2021년 7월 말이었다. 잠에서 깨니 어딘지 모르게 갑갑하고 머리와 목이 아팠다. 여름 감기나 알레르기 때문일 것 같았다. 아니면 코로나 19에 걸린 걸까? 하루가 지나도 상태가 좋아지지 않아 바이러스 검사를 했다. 결과가 나오길 기다리는 동안 남편은 초조해하며 안절부절못하는 모습을 보였다. 그는 코로나에서 살아남았고 우리 가족 중 누군가 감염되지 않을까 두려워했다. 특히 우리 딸은 너무 어려 백신 접종을 할 수 없기에 더더욱 그랬다.

나는 내가 감염될 수 있지만 가능성은 희박하다고 생각했다. 남편과 나는 둘 다 불확실성을 느꼈지만 그 스펙트럼에서 서로 다른 지점에 서 있었다. 그는 부정적인 쪽으로 기울고 있는 반면 나는 긍정적인 쪽으로 향하고 있었다. 하지만 두 가지 가능성은 여전히 논의되고 있었고 이는 우리가 미래에 관해 어느 정도 통제할 수 있다는 점을 의미했다. 나는 검사를 받고 내게 나타나는 증상을 추적하거나 스스로 격리해서 내 딸이 아프지 않도록 예방 조치를 할 수 있었다. 이는 불확실성에서 가장 좋은 점이다. 다음에 일어날 일에 약간의 영향력을 행사할 기회를 제공하기 때문이다.

어두운 면 거절하기

오래전 멀리 떨어진 은하의 어느 사막 행성에서 아나킨 스카이워커라는 이름의 한 소년이 태어났다. 고대 예언은 그가 포스(작중 세계관에서 보이지 않는 에너지-옮긴이 주)의 밝은 면과 어두운 면을 결속해 우주에 균형을 가져올 것이라 예언했다. 그러나 소년은 어두운 면에게 유혹당하고 만다. 이는 지난 세기 통틀어 최고의 초현실적 문학작품의 신화로 꼽히는 〈스타워즈〉 전설의 시작이다. 어떤 사람들에게 이 작품은 종교에 가깝다. 나에게 이 작품은 우리에게 왜 불확실성이 필요한지를 설명해주는 비유다.

아나킨은 자신의 가장 큰 두려움을 막는 데 집착했기 때문에 어두운 면에 굴복했다. 그 두려움은 언젠가 사랑하는 아내 파드메가 죽는다는 사실이었다. 그러나 그를 고문한 것은 죽음의 확실성이 아닌 그녀의 죽음에 관한 불확실성이었다. 그는 그녀가 언제 어떻게 죽는 것인지, 또 자신에게 그녀를 구할 힘이 없을지 모른다는 것을 참을 수 없었다. 그것은 마치 그가 약탈자들의 손에서 죽어가는 어머니를 구할 수 없었던 무력함과도 같았다. 파드메가 실제로 출산 중에 사망하자 아나킨은 자신이 그녀를 죽였다고 믿게 되었고 불확실성에 대한 그의 거부는 참을 수 없는 슬픔과 분노로 변했다. 아나킨은 곧 현대 영화에서 가장 상징적인 악당인 다스 베이더로 변모한다.

아나킨의 진정한 몰락은 아내 파드메에 대한 사랑이나 그 자신이 느낀 두려움이 아니었다. 그것은 바로 그가 불확실성을 받아들일 수 없다는 점이었다. 그는 아내와 함께 오래도록 만족스러운 삶을 살 수 있다는 점을 보지 못하고 오직 특정 재앙만을 보았다. 그는 긍정적 가능성을 상상할 능력을 잃었기 때문에, 즉 불확실성을 잃었기에 어두운 면에 잠식당하고 말았다.

이 이야기의 교훈이 무엇일까? 불확실성의 거부는 비극뿐만 아니라 기쁨의 가능성 또한 거부하는 걸 의미한다는 것, 그리고 다스 베이더가 되지 말자는 것이다. 다행히도 우리 뇌는 그런 일이 일어나는 사태를 막기 위해 진화해왔다.

우리 뇌는 불확실성을 찾아낸다

불확실성은 생존의 열쇠다. 진화적 관점에서 볼 때 가장 위험한 것은 특정 위협이 아닌 알 수 없는 위협이다. 이런 위협은 위협에 따른 상황에 대비하고 그 상황에서 무언가를 학습하고 또 생존을 위해 실제적으로 무언가 행동할 능력을 제한한다.

따라서 우리 뇌는 불확실성을 무시하지 않는다. 뇌는 불확실성을 받아들이되 진화적으로는 우리가 예상하지 못한 것, 예측할 수 없는 것, 또 소설 같은 것에 자동적이고도 쉽게 관심을 기울이도록 설계했다. 이를 정위 반응orienting response이라 부른다. 이는 반사적이고 무의식적이어서 우리가 노력해도 멈출 수 없다. 의사가 작은 고무망치로 우리 무릎을 쳤을 때 종아리가 나도 모르게 번개처럼 튀어나오는 현상과 같다. 우리 뇌는 불확실성을 감지하는 레이더로 진화해왔다.

실제로 우리는 뇌파의 형태로 정위 반응을 관찰할 수 있다. 모니터에 Y가 보이면 키보드의 '위' 버튼을 누르고, N이 보이면 '아래' 버튼을 눌

러야 하는 컴퓨터 작업을 상상해보자. Y와 N은 빠르고 격렬하게 생겨난다. 그래서 때로는 맞히기도 하지만 틀릴 때도 있다. 성공할 때는 컴퓨터에서 기분 좋은 소리가 나지만 실패할 때는 '안 돼!' 하고 짜증스러운 버저가 울린다. 가끔은 중립적인 종소리가 나기도 한다. 맞았을까, 틀렸을까. 확신할 수 없다.

이와 같은 작업을 이용한 수십 가지 연구는 순식간에 우리 뇌가 심전계(electrocardiograph, EEG, 심장이 보내는 신호를 기록하는 장치-옮긴이 주)로 측정할 수 있는 뇌파라는 전기적 활동의 특정한 변화로 피드백에 반응한다는 점을 보여주었다. 우리는 이런 파형에 '오류 관련 부정error-related negativity', '오류 긍정error positivity', '피드백 관련 부정feedback-related negativity'과 같은 특수한 이름을 붙였다. 이들은 우리 뇌가 '맞은 건지, 틀린 건지, 그것도 아니면 불확실한 건지' 계산하고 있다는 것을 나타낸다.

뇌파가 커지면 이는 뉴런이 더 많은 에너지와 힘을 소비하고 있다는 뜻이다. 그렇다면 가장 큰 뇌파를 발생시키는 것은 무엇[2]일까? 바로 불확실성을 나타내는 모호한 작은 종소리, 특히 우리가 남의 시선을 의식하거나 스트레스를 느끼는 상태다. 아, 오해하지 않길 바란다. 실수도 커다란 뇌 반응을 이끌어낸다. 특히 정확할 때와 비교할 때가 그렇다. 이는 진화적으로 이치에 맞는 일이다. 그저 옳은 것을 탐닉하기보다는 생존은 종종 우리가 저지르는 실수에서의 학습에 달려 있기 때문이다. 우리 뇌는 불확실성을 특별한 활력으로 추적한다. 그것이 우리가 정말 알아내야 하는 것이기 때문이다.

이는 배우고 결정하고 문제를 해결하기 위해 우리의 사고와 행동을 바꾸는 능력, 즉 심리학자들이 인지 조절cognitive control이라 부르는 능력을 필요로 한다. 다행히 놀라운 우리의 뇌는 불확실성에 초점을 맞추는 동시에 인지 능력 또한 발전시키고 있다. 사실 통제할 수 없는 것만큼 인간의 뇌에 많은 스트레스를 주는 게 없다. 200개 이상의 연구에서 얻은 데이터를 결합한 2004년의 메타 분석(meta-analysis, 동일하거나 유사한 주제로 실시된 통계적 연구들을 다시 통합해 종합하는 연구의 한 종류-옮긴이 주)[3]을 예로 들어보자. 이 연구는 대중 연설에서 부정적으로 판단되는 것에서부터 지속적인 큰 소음에서 산술처럼 어려운 정신적 과제를 완수하는 것에 이르기까지 스트레스를 가장 많이 유발하는 상황의 유형을 조사했다.

관련 연구를 모두 통합해 살펴보았을 때 가장 높은 스트레스를 유발한 상황은 무엇이었을까? 그것들 중 아무것도 해당하지 않았다. 즉 상황이 어떤지 중요하지 않았다는 뜻이다. 모든 연구에서 가장 중요한 것은 상황이 참가자들에 의해 어느 정도로 통제되고 있는지의 수준이었다. 다른 사람들과 함께 관련된 상황이었을 때 특히 그랬는데, 예를 들면 자신이 얼마나 잘 해당 행위를 수행했는지와 관계없이 우리를 비난하는 심사위원들 앞에서 행동하는 상황 자체가 가장 스트레스를 많이 일으키는 것 중 하나였다.

불확실성에 직면했을 때 우리 뇌는 어떻게 인지 조절을 활성화할까? 뇌는 다른 모든 것보다 인지한 불확실성을 우선시함으로써 인지 조절을 활성화한다. 예를 들어 한 연구에서[4] 실험 참가자들은 까다로운 지각력 관련 과제를 수행했다. 그들은 두 개의 이미지를 살펴보고 그중 어떤 것이 더 픽셀화되어 있는지를 결정해야 했다. 몇몇은 분명했지만 그렇지 않아 어려운 것들도 있었다. 예를 들어 미묘하게 다른 이미지들은 서로 구별하기가 어려웠다. 모든 한 쌍의 이미지들에 관해 참가자들은 정확한 답 하나를 제시하는 대신 불확실하다는 의사 표시를 하는 것도 가능했다.

뇌 스캔을 통해 참가자들이 불확실성을 느낀다고 답했을 때 전두엽 피질이나 전대상 피질처럼 인지 조절의 기초가 되는 신경 영역의 광범위한 네트워크가 활성화된다는 사실이 밝혀졌다. 이와는 대조적으로 참가자들이 비슷한 두 개의 이미지 사이에서 어려운 결정을 내려야 할 때 뇌 스캔은 인지 조절 영역이 약하게 활성화되었다는 점도 드러났다. 다시 말해 불확실성이 인지 조절 기병대를 우레와 같이 몰아치는 반면, 까다로운 문제를 해결하는 것은 기수들을 간신히 말에 타게 한 것이다.

이는 불확실성의 기적이다. 의식적인 노력을 기울이지 않고도 우리 뇌는 두 가지 일을 아주 잘 수행한다. 불확실성을 인지한 다음 그것을 통제하기 위해 할 수 있는 모든 수단을 다 동원한다. 이것이 바로 우리 인간이 변화무쌍하고 예측할 수 없었던 수천 년 동안 학습하고 적응하고 생존해 번영할 수 있게 해준 장본인이다.

최근 들어 우리는 불확실성에 관한 집단 사례 연구의 원치 않는 참여자가 되어서야 이 교훈을 힘겹게 깨우쳤다.

불확실성의 대유행

사람들은 코로나19를 겪으며 지낸 덕분에 가장 원시적인 형태의 불확실성을 경험하게 되었다. 나는 죽게 될까? 아니면 내가 사랑하는 사람들이 죽게 될까? 우리 집을 떠나는 게 안전할까? 몇 달 뒤에도 여전히 일할 수 있을까? 병에 걸리면 이미 포화 상태인 의료 체계가 날 돌봐줄 수 있을까? 세계 경제는 붕괴할까? 우리는 얼마나 오랫동안 사회적 고립과 원격 학습, 그리고 줌에 의한 피로감을 견뎌야 할까?

우리는 불확실성의 대유행을 경험했다. 그리고 그것은 100% 전염성이 있었다.

전염병에 배어 있는 예측 불가능성은 때때로 고문처럼 느껴졌다. 심리학자들은 이것을 불확실성에 대한 인내력 부족intolerance of uncertainty이라 부르며 '불확실성은 내가 충만한 삶을 살지 못하게 만든다', '나는 항상 미래가 날 위해 무얼 준비하고 있는지 알고 싶다', '나는 내 삶에 기습적인 일이 생기는 것을 참을 수 없다'와 같은 문장에 동의하는지 사람들에게 물어 그 정도를 측정한다.

이런 이해할 수 있는 감정들에도 불구하고 진화는 세상이 무너지는 것에 우리가 대비할 수 있게 해주었다. 그래서 사람들은 바이러스가 우리를 감염시키는 상황을 그저 팔짱만 긴 채 가만히 지켜보지 않았다. 불확실성은 행동을 취하도록 자극했고, 그렇게 우리는 많은 것을 했다.

일단 마스크를 착용했다. 처음 우리는 최전방에서 바이러스와 맞서는 의료진을 위해 사용 가능한 마스크를 남겨두라는 말을 들었다. 그래서 사랑이나 돈으로도 마스크를 찾을 수 없자 낡은 티셔츠나 손수건으로 마스크를 만들었다. 마스크를 쓰는 세상이 오자 사람들은 마스크를 종교처럼 썼고 보물처럼 탐냈다. 나는 친구가 내게 자신이 가지고 있는 N95 마스크 하나를 주겠다고 했을 때 그가 영원히 진정한 벗이라는 걸 깨닫기도 했다.

우리는 마스크를 쓴다고 안전이 보장되는 게 아니라는 걸 알게 되었지만 불확실성 때문에 마스크를 쓰면 안전할 것처럼 믿었다. 무언가 하는 것이 아무것도 하지 않는 것보다 나았다.

불확실성의 대유행에 대한 반응은 우리를 코로나19에 대비하게 했다. 생필품을 마구 사들인다거나 집이나 손, 심지어 식료품의 위생 상태를 강박적으로 유지하고 장갑을 꼈으며 또 얼마 지나지 않아 한 번에 두 개의 마스크를 착용하기도 했다. 우리는 불확실성을 불러일으키는 특성, 즉 주의와 집중, 계획, 세부 사항에 주의를 기울였고 추진력을 활용했다.

불확실성에 적극적으로 관여할 때 사람은 아주 작은 세부 사항도 정확하게 맞출 수 있다. 이를 좁은 범위의 주의력narrowed scope of attention이라 부른다. 숲속을 산책하다가 곰을 우연히 만났다고 상상해보자. 처음에는 그저 얼어붙은 듯 제자리에 멈추겠지만 점점 곰과 가까워질수록 가능한 한 모든 정보를 흡수하기 위해 우리의 주의력은 좁아질 것이다. 저 곰이 나를 보고 있을까? 내가 있는 쪽으로 움직이고 있는 걸까? 주변에 저 곰이 지켜야 하는 아기 곰들이 있을까? 곰의 위험성은 조금 전까지만 해도 즐기고 있던 숲, 즉 아름답게 늘어선 나무들과 햇빛이 비치는 들꽃이 핀 들판, 달콤하게 지저귀는 새들보다 기하급수적으로 더 크게 우선시된다. 눈앞의 위험에 대처하면서 그 모든 것이 사라진다. 이 '좁은 범위의 주의력'으로 우리의 생존 가능성은 더 커진다. 만일 이 주의력이 없다면 우리는 그저 대략적인 위협의 요지만 알 수 있을 것이다. 곰의 난폭한 행동을 피하고 싶다면 요지만 아는 게 그다지 별 도움이 되지 않는다.

자, 더는 곰 이야기를 상상할 필요가 없다. 우리는 지금 세계적인 전염병을 겪고 있으니 말이다. 그 사실은 여전히 불확실하지만 우리는 가능한 한 그 질병에 관해 많이 학습하는 것에 초점을 맞춰야 한다. 구체적 사실을 받아들이고 그것들의 진실성을 판단해 필요한 정보를 업데이트하고 정부에 입각한 결정을 내려야 한다. 마스크가 정말 바이러스를 막아줄 수 있을까? 마스크를 쓰는 게 얼마나 중요할까? 야외에서 모이는 게 안전하다는 증거는 무엇일까? 우리가 더 많이 알수록 바이러스의 현실적 위험에 주의를 기울이고, 불분명하거나 모호한 정보(거짓일 가능성이 더 큰)는 저 너머로 사라진다. 이는 바이러스의 위협을 과대평가하거나 과소평가하는 것을 방지하고 신체적으로 안전하고 심리적으로 건강한 상태를 유지하기 위해 할 수 있는 최선의 선택을 내리도록 도와준다. 이 좁은 범위의 주의력을 통해 우리는 생존 가능성을 높인다.

불확실한 시기에 더 많은 정보를 수집해 주의력의 범위를 좁히는 것만이 전염병이 창궐하는 동안 불확실성이 우리에게 도움이 된 유일한 방법은 아니다. 애니아는 코로나19로 봉쇄가 시작되었을 때 미국 뉴저지 교외에 살고 있었다. 애니아와 남편 마이크는 둘 다 음악가였는데, 팬데믹이 발생하자 그들의 직업 생활은 하룻밤 사이에 바뀌었다. 연기자이기도 했던 애니아는 언제 일을 다시 할 수 있을지, 어떤 모습일지 전혀 알 수 없었다. 미국의 연극, 뮤지컬계를 뜻하는 브로드웨이에서 성공적인 경력을 쌓아온 마이크도 얼마 지나지 않아 일을 잃었다.

사실 불확실성은 애니아에게 그리 놀라운 게 아니었다. 경력을 쌓으면서 그녀는 다음 프로젝트가 언제 자기 뜻대로 이뤄질지 확신할 수 없었고, 일 하나를 마치면 다른 일로 허겁지겁 넘어가기에 급급했다. 이것이 예술가로서의 인생이었고 그녀가 사랑하는 삶의 방식이었다. 팬데믹 전에 그녀는 성공의 열쇠가 미래에 관한 계획을 잘 세우는 것이라고 생각했다. 하지만 전염병은 그 가정을 저만치 멀리 날려버렸다. 이제 다음 일이 언제 생길지, 아니 일이 생기기는 할지 한 치 앞도 내다볼 수 없었다. 어떻게 하면 전례 없던 미지의 세계에 관한 계획을 세울 수 있을까? 애니아의 하루하루는 훈련은 할 수 없는 마라톤을 뛰는 것 같았다. 그 마라톤에서 더 열심히 달릴수록 결승선은 더 멀어지는 듯 보였다.

그러던 중 가을이 다가오자 애니아와 마이크는 9살 아들의 학교를 선택하기 위해 고민해야 했다. 지역 교육위원회가 재등교 계획을 논의할 목적으로 개최한 다섯 시간에 달하는 힘든 줌 회의를 몇 차례 견뎌낸 뒤 부모들은 방과 후 운동 수업 외에는 선택지가 거의 없다는 사실을 깨달았다. 회의가 끝나가고 있을 때 한 엄마가 음악 프로그램에 관한 세부 사항을 요구하며 목소리를 높였다. 그녀에게 음악 교육은 사치스러운 것이 아닌 지적, 감정적, 그리고 사회적으로 필수적인 교육이었다. 학교 교감이 말했다. "음, 전염병이 유행하는 동안 부는 악기를 연주하는 건 안 됩니다. 자, 이제 다음으로 넘어가죠."

하지만 그 엄마는 그대로 물러날 생각이 없었다. "전 지금 진지합니다. 이대로 다음 주제로 넘어가고 싶지 않네요." 그녀가 말했다. "왜 대답을 제대로 해주지 않으시는 거죠? 왜 다 운동에 관련한 것만 얘기하시는 거예요?" 그녀는 화도 났지만 동시에 걱정도 되는 것 같았다. 아이들이 한 해 동안 음악 관련 교육을 아예 받지 못할 수도 있었다. 그 모든 것이 불확실했기 때문에 그녀는 자기 아이를 포함한 모든 아이의 음악 교육에 대한 필요성을 필사적으로 주장했다. 애니아가 한 말은 다음과 같았다. "아이들을 대신해 걱정하는 것만큼 강력한 게 없어요. 당신의 아이들을 세심히 살피고 잘 시켜보세요." 학교에서 음악 프로그램을 지속하는 방법을 알아낼 때까지 그 엄마의 행동은 멈추지 않았다.

불확실성은 필요할 때 우리를 맹렬하게 만든다. 또 불확실성은 우리가 앞으로 다가올 모든 상황을 통제하기 위해 행동할 수 있다고 믿게 한다. 전염병이 유행하는 동안 나는 리스트 작성 같은 지극히 평범한 통제 전략에서 위안을 찾았다. 제대로 된 리스트의 힘을 얕잡아보지 말자. 리스트 작성의 과학.[5] 그래, 우리에게는 리스트 작성이라는 과학이 있다. 리스트 작성은 우리가 성취하고 싶거나 기억하는 것을 직관적인 방식으로 조직하는 것이 많은 이점을 있다는 점을 깨닫게 한다. 리스트 작성은 행복감과 개인적인 통제력을 키워준다. 기억력과 노화에 관한 연구는 리스트를 만드는 것, 특히 잘 조직되고 전략적인 리스트의 작성은 젊은 사람뿐 아니라 나이 든 사람에게도 리스트를 굳이 보지 않아도 작성한 항목과 나열된 것을 기억해낼 수 있게 돕는다는 점을 보여준다.

코로나19로 인한 봉쇄 동안 나는 아이들과 나를 위해 종이에 스케줄을 적었다. 그 스케줄은 항상 어디로 나아가고 있는지 확신할 수 없는 상황 속에서도 꿋꿋이 우리를 정한 목적지로 나아가게 안내하는 표지판 같았다. 우리는 하루를 오전과 오후, 저녁으로 나누고 각각의 시간에 할 활동을 적었다. 8시 30분에 줌 수업이 시작되고 점심시간 전에는 휴식을 취할 수 있었다. 또 12시 30분쯤에는 멋진 산책을 할 시간이 마련되어 있었다. 1시에는 줌 수업이 다시 시작되지만 다행히 저녁 식사 전에는 온 가족이 즐기는 댄스파티가 이어진다. 이제 어떤 느낌인지 감이 올 것이다.

그 리스트들은 목적의식을 지닌 채 계속 앞으로 나아가게 해주었고, 그렇게 우리는 통제력을 얻을 수 있었다. 그리고 이것 말고도 더 많은 역할을 했다. 리스트는 새로운 습관을 만들어주었다. 우리는 온 가족이 함께 하이킹을 시작했고, 모두 하이킹을 좋아한다는 사실을 알게 되었다. 하이킹을 리스트에 올렸기 때문에 생긴 일이었다. 우리는 매일 밤 냉동식품을 배 속에 무자비하게 채워 넣는 대신 제일 좋아하는 요리법 리스트를 만들고 식재료를 비축했다. 식사는 우리에게 가족 간의 연결과 앞으로의 목적의식에 힘을 북돋아 주는 반가운 의식이 되었다. 또 나는 팬데믹 동안 더 자주 하고 싶은 것들의 리스트를 만들었다. 불확실성의 수용이 내게 새로운 우선순위를 가져다준 셈이다. 운 좋게 나는 글을 쓰거나 가족들과 시간을 보내고 그동안 잊고 있던 취미를 즐기는 데 더 많은 시간을 보낼 수 있었다. 다른 사람은 전보다 더 많은 시간을 잃고 전에 없던 투쟁을 겪었지만 저염병과 관련해 겪은 경험이 무엇이든 간에 우리는 그냥 덤벼보기로 했다. 내일 무슨 일이 일어날지 누가 알겠는가? 그래서 우리가 무엇을 잃을지 누가 알겠는가?

이는 팬데믹 기간이 나와 내 가족을 위한 긴 리스트를 만드는, 마치 축제 같은 시기였다고 암시하는 게 아니다. 그것과는 거리가 멀다. 체념과 탈진, 그리고 절망으로 가득 찬 날들이 흘렀다. 걱정이 많은 아들, 그렇지 않은 딸 모두 코로나19에 대한 두려움으로 힘들어했다. 하지만 그 힘든 나날들 속에서도 우리는 잠자리에 들었고 다음 날 아침이 되면 일어났으며 함께 삶에 새롭게 찾아온 불확실성과 마주했다. 리스트를 만든 사람도 있고 그렇지 않은 사람도 있을 것이다. 그러거나 말거나 어쨌든 우리는 함께 그 시간을 보냈다. 그리고 매일 작은 단계를 밟아 통제력을 얻고 불확실성으로부터 확실성을 만들어내려 노력했다.

사실 우리가 함께하는 것의 힘은 불확실성 때문에 모두가 깨우친 또 다른 교훈이었다. 우리 중 일부는 원치 않는 감정과 행동을 억누르고 장기적인 목표를 달성하기 위해 단기적 유혹에 저항하는 원초적인 의지력이 역경을 극복하는 가장 좋은 방법이라 믿을지도 모른다. 하지만 의지력은 우리가 믿을 수 있다고 생각한 모든 것의 완전한 파괴와 더불어 혼돈에 대처하기에 충분하지 않았다. 기분을 좋아지게 하거나 해야 할 일을 하거나 평범한 삶을 되찾기 위해서는 의지력만으로 되지 않았다. 그리고 더 노력하면 할수록 의지력의 과학이 보여주듯 우리는 무력감을 느끼고 결국 자신을 통제할 수 없게 된다. 너무 엄격한 다이어트를 하거나 과도하게 격렬한 운동을 할 때처럼 결국 우리는 원하는 바를 유지할 수 없다.

그럼에도 불구하고 우리는 팬데믹 동안 자제력과 주의력, 또 지혜를 발휘할 필요가 있었다. 그래서 우리가 무엇을 했던가? 만약 운이 좋다면 사회심리학 연구자들이 거의 20년에 걸쳐 알아온 것들을 깨달았을지 모른다. 우리에게 더 많은 자제력이 필요하거나[6] 의지력이 부족할 때 사랑하는 사람에 대한 친밀감과 보살핌, 그리고 감사하는 감정이 그 공백을 메울 수 있다는 점들이다. 예를 들면 다른 사람에게 감사하는 마음을 느끼는 것만으로도 직접적으로 우리의 자제력이 향상된다. 유명한 스탠퍼드대학의 마시멜로 실험을 살펴보자. 아이들을 대상으로 한 실험에서는 아이들이 당장 마시멜로 하나를 먹거나 기다렸다가 나중에 마시멜로를 두 개 먹는 것 중 하나를 선택하게 된다. 성인 대상 실험에서는 해당 실험 속 마시멜로가 돈으로 바뀐다. 실험 참가자의 절반에게는 자신이 감사하게 생각하는 누군가를 기억하기 위해 몇 분간의 시간을 보내도록 했고 나머지 절반은 그러지 않았다. 감사함을 느낀 사람들은 당장 두 배나 더 많은 돈을 기꺼이 포기했다.[7] 은혜를 잊은 다른 참가자들보다 미래에 더 많은 것을 얻기 위해서였다. 여기서도 불확실성은 우리가 가진 가장 소중한 자원 중 하나인 인간과의 연결로 그들을 인도하는 데 도움을 주었다.

불안과 불확실성의 관계

전염병의 대유행 동안 불확실성은 우리에게 행동을 취하도록 영감을 주었다. 마스크 착용에서부터 리스트 작성, 구체적 사항을 제대로 파악하기 위한 주의력 발휘, 그리고 사회가 만족스러운 사회적 연결을 끌어내기 위해 필요한 것을 얻으려 치열하게 싸우는 것이 이에 해당했다.

하지만 그것이 우리의 불안 수준에 차이를 만들었을까?

내 동료들과 나는 코로나19 사태 초기 6개월 동안 미국과 네덜란드, 페루 세 나라 1,339명에 이르는 10대들을 대상으로 불안장애의 증상을 추적했다.[8] 우리는 이미 팬데믹 이전에 연구에 참여할 10대들을 선정한 상태였다. 그들이 심각한 수준의 불안감에 시달리고 있었기 때문이다. 우리는 팬데믹이 그들을 더욱 쇠약하게 만드는 근심과 공포로 몰아넣을 거라 예상했다.

하지만 그런 우리의 예상은 보기 좋게 빗나갔다.

그 10대들은 회복력을 유지했다. 그들이 느끼는 불안의 심각한 정도는 강제로 집에 갇혀 있어야 할 때조차 더 늘어나거나 줄어드는 일 없이 꾸준히 유지되었다. 영국에서의 연구[9]도 비슷한 패턴을 보여주었다. 전염병 동안 8세에서 18세 사이 집단의 불안 수준은 안정적으로 유지되었다. 그뿐만 아니라 41%에 해당하는 비율이 봉쇄 기간에 팬데믹 이전보다 더 행복하다고 느꼈고, 심지어 25% 정도의 참가자는 자기 삶이 이전보다 더 나아졌다고 말했다. 이런 경향 중 일부는 그들이 전보다 적은 사회적 요구와 스트레스를 경험했기 때문이지만 (아마 또래 집단으로부터 받는 사회적 압박일 것 같다) 봉쇄는 절대 쉽지만은 않은 일이었다.

여기서 얻은 교훈은 팬데믹의 압도적인 불확실성이 고통스럽거나 불안을 자극하지 않았다는 것이 아니다. 확실히 그랬다. 마지막 방정식에서 우리의 행복을 결정하는 것은 압도적인 불확실성의 존재가 아닌 우리가 그 불확실성을 가지고 무엇을 하느냐였다.

여기서 불안이 비밀의 원천이라는 점이 드러난다. 변덕스럽고 불확실한 미래에 긴장을 느낄 때 불안은 우리가 행동을 취하도록 자극한다. 불안은 우리에게 부정적인 결과를 방지할 수 있는 용기를 주고, 우리를 예리한 상태로 만들어 전에 상상하지 못한 가능성을 발견하게 한다. 불안은 우리가 수동적으로 제자리에 앉아 피해자가 되는 것을 허락하지 않고 대신 우리가 어떠한 일을 하게 만든다. 그리고 비록 그 행동들이 항상 옳거나 효과적이지 않더라도 불확실성에 대응해 조치하는, 그야말로 무언가를 하는 것만으로도 우리 기분은 좋아지며 많은 경우 그 행동은 좋은 결과로 이어진다. 불안은 우리가 이런 것을 성취하게끔 돕는 유일한 감정은 아니다. 하지만 이런 방법을 어떻게 활용하는지 배울 때 강한 효과를 발휘하는 감정이다.

이것들은 불안이 주는 선물이다. 불안의 감정이 없었다면 나는 우리가 팬데믹이라는 기나긴 마라톤을 잘 견뎌내지 못했으리라 믿는다. 불확실성은 경주의 시작을 알리는 총이고, 불안은 경주에 참가한 우리를 결승선까지 완주하도록 밀어주는 에너지, 근육, 체력의 일부라고 생각하자.

8장

창의성

"따라서 기대와 현실 사이의 갈등을 해결하는 인간의 힘, 즉 창의력은 신경증적 불안을 초월하는 동시에 정상적인 불안과 함께 살아가는 우리의 힘이다."[1]

—《불안의 의미(The Meaning of Anxiety)》, 롤로 메이(Rollo May, 미국의 심리학자)

2017년 드루는 연극계에서 경력을 쌓기 위해 뉴욕으로 거처를 옮겼다. 그것은 큰 변화였다. 그래서 어느 날 그가 도시를 돌아다니다가 흥분하고 긴장하기 시작한 게 그리 놀라운 일은 아니었다. 하지만 곧 드루의 목은 꽉 조여들었고 말라붙어 숨을 쉬기 어려울 정도가 되었다. 숨쉬기 힘겨워지자 그는 꼭 끔찍한 일이 일어날 것만 같이 숨 막히는 공포감을 느꼈다. 그는 두 시간 동안 이리저리 돌아다니며 그 상황에 대처하려 애썼다. 어떻게 해도 상황이 나아지지 않자 그는 말 그대로 비유적으로 상황을 뛰어넘기라도 하려는 듯 지하철에 뛰어올랐다. 하지만 지하로 들어가는 건 상태를 더 악화시킬 뿐이었다. 그의 심장은 정신없이 뛰었고 가슴은 통증으로 죄어왔으며 숨조차 헐떡여야 했다.

몸을 떨며 땀을 흘린 그는 간신히 지하철에서 벗어나 집으로 돌아왔고 침대에 쓰러지듯 누웠다. 마침내 상황은 종결되었다.

이것이 드루가 겪은 첫 번째 공황 발작이었다. 공황 발작은 거의 온종일 지속되었다.

이후 몇 달 동안 더 많은 발작이 이어졌고 드루는 치료의 도움을 받기로 했다. 그가 가진 불안감에 대한 관점이 바뀌기 시작한 것은 바로 치료를 받게 된 시점이었다. 그는 "첫 번째 공황 발작은 끔찍한 경험이었다."라고 말하고는 "하지만 그 경험들은 선물이기도 했다."라며 덧붙였다. "결과적으로 저는 지난 몇 년 동안 다른 어느 때보다 한 명의 인간으로서 성장했습니다. 불안은 내 스승이에요."

드루는 불안감을 피하지 않았고 심지어 〈공황 발작에 관한 변주곡 Variations on a Panic Attack〉이라 불리는 멀티미디어 극장 작품을 만들며 불안을 탐색했다. 이 〈공황 발작에 관한 변주곡〉은 '공황 발작 상태가 된 마음을 데스 메탈 파노라마로 만들어 재창조한다'라는 말로 묘사된다. 이 작품의 워크숍 공연에서 드루와 동료 4인조 밴드는 공간을 가득 채운 섬뜩하고 잔잔한 음악 속에서 무대 위를 걷는다. 여기에 뉴욕 지하철에서 들리는 것처럼 컴퓨터 음성으로 표현된 여성의 목소리가 끼어든다. "이 차량은 세계무역센터로 가는 E 열차입니다. 다음 정거장은 50번가입니다." 마이크에 대고 말하며 드루는 공포가 자신을 압도하기 시작할 때 기차에 오르던 모습을 묘사한다. 기차 소리가 끝도 없이 계속되어 요란하게 울릴 때까지 음악은 서서히 커지고 더 큰 불협화음이 생긴다. 꽤 압도적이다. 점점 불편해지는 관객들은 어떤 반응을 부여야 할지 확신하지 못한다. 하지만 우리는 주의를 기울이고 있다. 결국 잘 보면 귀에 거슬리는 불협화음은 여전히 크지만 동시에 밴드 연주소리가 합쳐져 이제 멜로디와 비트가 한데 흐르는 덕분에 더 이상 조화를 못 이루지는 않는다.

〈공황 발작에 관한 변주곡〉을 목격하며 우리는 드루가 알게 된 사실 중 일부를 경험했다. 우리가 불안의 불편함을 받아들이고 교훈에 귀 기울일 때 성장하고 창조적으로 되어 마침내 불안할 때 느끼는 내면의 불협화음을 해결할 수 있다. 변주곡처럼 불안에서 영감을 받은 몇몇 창작 행위들은 예술 작품이다. 다른 것들은 너무 단순하고 평범해서 적어도 우리가 창의성의 핵심에 도달할 때까지는 창의적이지 않아 보이기도 한다.

창의성과 오래된 콜리플라워에 관해

창의성에 관해 생각할 때 우리는 기본적으로 그림이나 책, 음악 공연과 같은 예술적인 시도를 떠올린다. 아니면 새로운 기술이나 더 발달한 작은 장치를 만드는 발명가들을 포함하기도 한다. 하지만 이는 편협한 생각이다. 창의성은 모든 사람이 지닌 것이며 우리는 끊임없이 창의성을 발휘한다.

왜냐하면 창의성은 우리가 어느 특정 상태를 다른 상태로 변화시키는 것이기 때문이다. 또 창의성이란 한순간 우리 마음이 텅 비어버리고 바로 그다음 순간 새로운 아이디어가 떠오를 때를 의미한다. 사소하게는 햄샌드위치의 예처럼 새로운 것을 만들 때 그것은 이전에 전혀 같은 방식으로 존재하지 않았다. 우리는 아이디어를 만들거나 좋은 아이디어를 발견했을 때 창의성을 인지한다. 창의성을 통해 해결 방안이 제대로 작동하지 않을 때 대안을 제시해 문제를 파악하고 소통할 수 있게 할 수 있다. 또 창의성은 다른 사람들이 보지 못할 수 있는 연결고리를 포착하고 호기심과 에너지, 또 개방성으로 그 연결을 추구하는 것이다. 블록버스터Blockbuster와 아마존Amazon을 결합하면 넷플릭스Netflix를 얻을 수 있다.

창의성은 가능성을 보는 것이다.

그때 나는 근무가 끝난 시간이었지만 다가오는 마감에 정신이 없었고 마음의 짐처럼 어깨를 짓누르는, 아직 답장을 보내지 못한 2주 된 이메일들의 처리에 한창이었다. 그러다 문득 시계를 바라보았다. 아, 안 돼. 벌써 저녁 시간이었다. 아이들에게 무엇을 만들어줘야 할지 생각할 겨를도 없었다. 아래층으로 뛰어 내려간 나는 아이들의 합창을 들어야 했다. "배고파요! 저녁은 뭐예요? 간식 먹어도 돼요?" 냉장고를 열어보니 안이 텅 비어 있었다. 약간의 치즈와 우유, 아마 유통기한이 지났을 달걀과 조금 오래된 콜리플라워가 보일 뿐이었다. 아드레날린이 폭발하는 것 같은 기분에 휩싸이며 심장이 덜컹 내려앉더니 곧 미친 듯 뛰기 시작했다. 어떻게 해야 하지? 이번 주에만 벌써 세 번째긴 해도 피자를 시켜 먹는 선택지도 있었다. (마지막으로 주문한 지도 벌써 며칠이 지났는데 뭐.) 하지만 나는 내 아이들이 건강한 식사를 하는 저녁 시간을 더 많이 보내길 바랐다. 그래서 심호흡하고 생각하기 시작했다. 이 상황에서 오래된 콜리플라워가 썩 그리 좋은 시작은 아니겠지만 그러고 보니 인터넷 같은 수단이 있지 않은가. 나는 '남은 콜리플라워로 만드는 저녁 메뉴'를 검색했다. 검색한 그대로 제일 먼저 눈에 들어온 글은 '남은 콜리플라워 야무지게 활용하는 열세 가지 방법'이라는 제목의 기사였다. 열세 가지! 이제 유일하게 남은 문제는 이 다양한 대안 중에서 선택하는 것이다. 구운 콜리플라워 치즈 캐서롤(casserole, 찜이나 찌개와 유사한 오븐 요리의 일종-옮긴이 주)을 만들어야 할까, 아니면 콜리플라워 튀김을 만드는 게 좋을까? 30분 뒤 나는 그 잊히고 상태가 안 좋은 콜리플라워를 활용해 새롭게 사랑받는 저녁 식사 메뉴를 만들었다.

식사 시간에 대한 내 느긋한 태도나 자유방임적 양육 방식이 건강한 저녁 식사 메뉴를 만들게끔 자극한 건 아니었다. 자극제는 불안이었다. 아이들이 식사를 잘하고 있는지에 관한 불안, 깜짝 놀라고 저녁 준비를 하지 못한 상황에서 우러나오는 불안, 또 정성이 들어간 따뜻한 식사를 함께하는 것에 신경 썼던 마음 때문이었다. 우리 삶은 크고 작은 불안한 순간들로 가득 차 있다. 그것들은 심지어 콜리플라워에서도 가능성을 볼 수 있게 도와주는 식으로 우리를 더 창의적으로 만들어 전에 존재하지 않았던 가치 있는 무언가를 만들어내게 한다.

창의성은 가능성을 보는 것이다. 그리고 불안은 우리가 가능성이 있을 수 있다는 또 다른 가능성을 볼 수 있게 해준다.

또 불안은 창의적인 방식에도 영향을 미친다. 연구자들이 유창성이라고 부르는 것, 또 누군가 생각해내는 아이디어나 통찰력, 그리고 얼마나 그것이 참신한지를 의미하는 독창성이 바로 그 창의성이다. 창의성의 이런 측면들은 우리의 기분에 따라 변한다.

그렇다면 우리가 이것을 어떻게 알 수 있을까? 연구원들은 우선 강한 감정을 유발하는 상황에 관해 에세이를 쓰거나 감정적으로 강렬한 영화의 한 장면을 보도록 해서 실험 참가자들에게 특정 감정을 유도한다.[2] 그다음 그들은 참가자들의 창의성을 측정한다. 여기서 우리 기분이 창의성에 영향을 미친다는 뜻은 긍정적 기분인지 부정적 기분인지가 아닌 그것들의 활성화 여부, 다시 말해 기분이 우리를 움직이게 하는지를 말한다. 분노나 기쁨, 또 불안과 같은 기분의 활성화는 우리가 가진 에너지 수준을 높이고 무언가를 하도록 동기를 부여한다. 비록 긍정적인 감정과 부정적인 감정이 한데 뒤섞인 것이지만 이렇게 활성화된 감정은 슬픔과 우울, 안심, 그리고 평온과 같은 비활성화된 감정과는 별개다. 후자는 그저 우리를 저지할 뿐이기 때문이다.

유럽과 이스라엘 연구자들이 수행한 2008년 연구[3]는 참가자들 기분의 활성화나 비활성화를 유도하고 그들에게 무언가 창조적인 행동을 하도록 요구했다. 예를 들면 대학의 심리학과에서 교육의 질을 향상하는 방법을 브레인스토밍한 다음 자신이 생각해낼 수 있는 만큼의 아이디어와 해결책, 제안을 적어보라는 식이었다. 기분의 비활성화는 창의성에 특정 영향을 미치지 않았지만, 긍정적이든 부정적이든 간에 기분을 활성화하는 것만으로도 더 많은 유창성과 독창성이 촉진되었다. 적당한 불안감을 더 느끼는 사람들은 더 많은 아이디어를 떠올렸고 더 혁신적인 제안을 생각해냈다. 불안이 특히 창의성을 높이는 한 가지 이유는 바로 불안이 사람들에게 브레인스토밍과 문제 해결을 더 오래 지속하도록 부추기기 때문이다. 불안한 사람들은 끈질겼다.

불안과 같은 감정의 활성화는 끈질기게 무언가를 지속하는 데 도움이 될 뿐 아니라 창의력을 방해할 수 있는 비활성화된 감정들의 균형을 다시 맞출 때도 유용하다. 만약 불안이 우리에게 가능성의 가능성을 볼 수 있게 하고 창조적인 노력을 지속하게끔 영감을 준다면 감정적 고통이 우리를 저지할 때, 즉 불안 그 자체가 짐스러운 존재가 되는 시대에는 어떨까? 그때도 불안은 창의성의 원천일 수 있을까?

지난주 잠을 자다 한밤중에 깨어난 나는 심장이 미친 듯 뛰었고 땀을 비 오듯 흘렸다. 드루가 뉴욕시 거리를 걸으며 경험한 것과 별반 다를 것 없는 공포의 감정이 느껴졌다. 새벽 3시 17분이었다. 곧 나는 친한 동료와의 관계를 걱정하며 온 신경을 곤두세웠다. 당시 그녀와 나는 사사건건 대립각을 세우며 사이가 좋지 않았다. 마치 끝없는 러닝머신 위를 달리는 것처럼 머릿속을 맴도는 생각들이 멈추지 않았다. 나는 내가 화가 난 모든 것, 그리고 그녀와 불만스럽게 나눈 마지막 대화, 또 그 상황에 내가 한 완전히 부적절했던 말 대신 정말 해야 했던 말을 계속 떠올렸다. 굳이 여러분을 위해 이 감정들을 해석할 필요는 없을 것이다. 이건 불안이었다. 그렇다면 여기서 무엇이 창의적이라는 것일까?

이런 종류의 고통스러운 불안이 창의적인 이유는 바로 이 불안이 화재경보기 소리를 듣고 주의를 기울이라는, 즉 화재 가능성이 있다는 점을 알려주는 일종의 호출 같은 것이기 때문이다. 이는 자기감정으로 끌려가는 게 두려워 보통 그러는 것처럼 대충 넘어가지 말고 마음과 머릿속에서 일어나는 일을 더 깊게 파헤치라는 호출이다.

나는 그 불안의 목소리를 듣기로 결심했다. 그래서 몇 시간 동안이나 뒤척이다 마침내 침대에서 일어났을 때 무엇을 해야 하는지 깨달았다. 나는 내 동료와 대화를 시작해야 했고 그 대화는 솔직해야 했다. 그 결정을 내린 것만으로도 그날 밤 내 주변을 감싸던 자욱한 걱정의 안개가 걷혀갔다. 그리고 그것은 내가 그 상황을 어느 정도 통제할 수 있다는 사실을 일깨웠고 밤에 침대에서 뒤척이는 것 이상의 행동을 함으로써 상황을 더 좋게 만들 수 있었다.

불안은 불편하기 때문에 창의력의 원천이다. 만약 우리가 불편함을 경험하도록 자신에게 허락한다면, 우리는 문제를 해결하고 싶어 한다. 우리는 해결이 필요하다. 그래서 삶을 더 낫게 하고 원하는 미래를 창조하는 행동을 한다. 불안을 등진다는 건 가능성을 등진다는 뜻이다.

불안감에 대한 우리 반응이 창의적일 때, 즉 그림을 그리거나 아름다운 정원을 가꾸거나 껄끄러운 대화를 시작하거나 냉장고에 방치된 오래된 콜리플라워로 꽤 괜찮은 요리를 만들어낼 때 우리는 두려움과 공포가 아닌 긍정적인 선택지가 불안으로부터의 선물이라는 점을 깨닫는다.

우리는 가능성을 창조적으로 보고 그것을 현실로 바꾸기 위해 불안을 이용할 수 있다. 하지만 그것조차도 위험성이 있다. 그 위험은 완벽주의라 불리는데, 이 또한 때때로 불안에서 영감을 받기도 한다.

완벽주의는 신경 쓰지 마라, 여기 완성주의가 있다

불안과 완벽주의는 특정 공통점을 지닌다. 불안처럼 완벽주의는 우리가 미래에 무슨 일이 일어날지에 관심을 두게 하고 그에 관해 올바른 행동을 하도록 격려한다. 그런 면에서 보았을 때 만약 무언가를 성취하고 또 창조하길 원한다면 그 목표가 실현될 때까지 완벽주의는 훌륭한 자극제 역할을 한다. 하지만 불행하게도 대부분 완벽주의는 미래에 일어날 일을 올바르게 하기 위해 높은 기준을 세워 노력하는지가 아니라 우리가 실패했을 때 일어나는 일에 관심을 가진다.

완벽주의자들이 스스로 가지고 있는 그 기준은 따로 설명이 필요하지 않다. 그것은 비현실적이고 과도한 수준이라 쉽게 만족할 수 없으며 종종 달성할 수 없다. 완벽주의자들이 완벽을 이루지 못하면 어떻게 될까? 그들은 다시 일어서 나아가지도 않고 자신이 최선을 다하는 것에 자부심을 느끼지두 않는다. 그리고 분명 작은 성취를 기뻐하지 않는다. 대신 가혹한 자기비판으로 자신을 몰아붙인다. 완벽주의자에게 인생은 모 아니면 도다. 승자가 되거나 비참하고 가치 없는 실패자가 된다. 중간은 존재하지 않는다. 이런 무결함의 끈질긴 추구[4]는 가차 없이 낮은 자존감과 우울감, 그리고 실패에 관한 두려움으로 이어진다. 결과적으로 완벽주의자들은 자신이 열망하는 것보다 훨씬 적은 성취를 이루는데, 그들은 종종 억제하거나 미루고 심지어 도전조차 완전히 멈춰버리기 때문이다. 왜냐하면 불명예스럽게 인생의 경주에서 변두리를 뛰는 것보다 아예 경기 자체를 뛰지 않는 편이 더 낫다고 생각하기 때문이다.

불안과 완벽주의 사이에 유사성이 있지만 이렇듯 불안은 우리를 앞으로 나아가게 하고 벽에 부딪혔을 때 해결책을 찾게 하며 또 좋은 일이 일어나도록 노력하게 만드는 반면 완벽주의는 우리를 멈추게 한다.

실패나 불확실성의 여지를 남기지 않고 완벽주의는 더 이상 나아갈 수 없을 때까지 우리가 가는 길을 좁혀버린다. 그렇게 완벽주의는 극단적이고 건강하지 못한 불안과 마찬가지로 가능성을 차단한다.

다행히도 건강한 불안을 끌어당기지만 끈기와 창조력을 높이는 완벽주의의 대안이 있다. 완벽보다 완성을 추구하는 것을 완성주의 excellencism라 불러보자.[5] 이는 높은 기준을 세우지만 그 기준을 충족하지 못할 때 자신을 자책하거나 책망하지 않는다. 완성주의를 추구하는 사람들은 새로운 경험에 개방적이고 문제 해결에 독특한 접근 방식을 취하며 뛰어난 성취를 위해 노력하는 과정에서 저지른 실수로부터 배울 게 있다면 무언가 잘못되어도 개의치 않는다.

완성주의자들은 종종 더 큰 성실성과 더 높은 내적 동기, 목표를 이루기 위한 향상된 능력, 그리고 더 많은 긍정적인 행복감과 함께 비완벽자주의자들에 비해 더 높은 수준의 불안감을 드러낸다. 그들이 드러내지 않는 것은 자신을 더 쇠약하게 만드는 불안이다. 또 그들은 완벽주의에 따르는 다른 부담들, 즉 더 높은 비율의 피로감이나 강력한 수준의 미루기, 장기간에 걸친 우울증, 그리고 자살 등을 동반하지 않는 경향이 있다.

완성을 추구하는 이른바 '완성주의'는 완벽주의의 가장 좋은 부분을 띠고 있다. 즉 세부 사항을 정확하게 파악하고 창조하거나 성취하고자 하는 것에 자신의 온 마음과 영혼을 쏟는다. 그러나 성취할 수 있는 것에 문을 걸어 잠그는 폐쇄적 경향보다는 문을 활짝 열어젖히는 개방적 경향을 보인다. 수익률 비유는 우리에게 그 방법을 보여준다.

대부분 사람은 힘든 일이 결실을 얻는다고 가정하며, 반대로 만약 어떤 일이 꼬박 하루를 써야 하는 일인데 그 일에 단 한 시간만 전념한다면 얻는 결과는 기대에 미치지 못하는 수준이 된다고 생각한다. 연구는 꾸준히 이런 직관을 뒷받침한다. 학생들이 공부에 더 많은 시간, 노력, 에너지를 투자하면 그들의 성적은 올라간다.[6] 사람들이 스스로 어려운 목표를 세울 때 그들은 보통 더 큰 노력과 개인적인 투자를 하기 때문에 그에 비해 쉬운 목표를 가진 사람들을 앞서간다. 시간과 에너지 투입이 늘어남에 따라 성공과 성과의 산출량은 그에 비례해 증가한다. 수익 증가의 영역인 셈이다. 한 단위의 작업이 한 단위의 개선으로 열매를 맺는다. 간단한 수학으로 보인다.

하지만 사실 수학은 그렇게 간단하지 않다. 단지 노력의 양만이 중요한 게 아니라 질도 중요하다는 점이 밝혀졌기 때문이다. 노력이 더 큰 목적성을 띠고 목표가 더 분명하고 달성 가능할수록 성과와 배움이 향상된다. 단순한 노력의 양은 역효과를 낼 수 있다. 그리고 이 경우, 수익 감소에 도달하게 된다. 효율성은 순식간에 사라진다. 더 많은 시간과 노력을 들일수록 점점 더 작은 개선 효과를 얻는다. 더 나쁜 것은 더 많은 시간과 노력을 들인 수익 감소는 그 영향력이 확대되어 실제로 상황을 악화시킨다는 점이다. 이는 마치 권장받은 식이 요법만으로는 모자란다고 생각해 체육관에서 추가로 운동량을 늘리는 것과 같다. 이래서는 과도하게 운동을 한 나머지 에너지가 필요 이상으로 소모되어 기본적인 활동도 할 수 없는 사태로 치달을 뿐이다. 눈썹이 거의 없어질 때까지 완벽한 모양의 아치형을 찾아 계속해서 털을 뽑아내는 것도 마찬가지다. 그러다가 결국은 우리 할머니처럼 연필로 눈썹을 그리는 지경에 이를 것이다. 바로 이런 예들에서 우리가 얻을 것들을 약화하고 줄어들게 하는 완벽주의의 경향을 볼 수 있다. 우리는 이해하기 어려운 완벽함을 달성하기 위한 더 큰 노력으로 자신을 생산적이거나 창조적이지 못하게 만든다. 여기에 가늘어지는 눈썹은 덤이다.

우리는 어떤 작업이든 간에 얻는 수익의 증가와 약화, 감소의 영역으로 해당 작업을 나눌 수 있다.[7] 완벽주의자인 한 사람과 완성주의자인 한 사람이 단편 소설을 쓴다고 상상해보자. 그들은 각각 어떤 영역에 도달할까? 둘 다 자신이 얼마나 많은 시간을 써야 하는지 알아내야 한다. 너무 적은 시간을 투자하면 줄거리는 흐트러지고 글은 체계적이지 못하며 문법 또한 형편없을 것이다. 반면 시간을 충분히 투자한다면 둘은 한 시간 정도의 노력을 통해 쓰는 이야기의 질을 시간에 비례해 향상할 수 있을 것이다. 그리고 글이 마침내 완성에 가까워졌을 때 완벽주의자와 완성주의자의 차이가 두드러지게 나타난다. 완벽주의자들은 매시간의 노동이 글의 체계와 명료성, 창의성 면에서 점점 더 작은 개선을 낳는 수익 감소의 영역에 진입할 가능성이 훨씬 더 크다.

따라서 이야기를 쓸 때나 지루한 무언가를 할 때, 이를테면 교정을 볼 때 완벽주의자들은 직관에 반대되는 반직관적으로 자신이 할 수 있는 것보다 더 낮은 질의 일을 하게 된다.[8] 연구는 완벽주의자들이 비완벽주의자들보다 반복적이거나 지루한 작업을 하는 데 더 오래 걸리고, 더 많은 부정확성을 만들어내고, 덜 효율적으로 일한다는 것을 보여준다. 완전함에 대한 집착은 과학자들에게 거의 같은 방식으로 영향을 미친다.[9] 매우 완벽주의적 성향을 지닌 과학자들은 낮은 질과 덜 창의적인, 다른 사람보다 더 적은 수의 논문을 써낸다.[10]

반면 완성주의자들은 이런 위험 지역을 피하는 경향이 있다. 그들은 완벽하지 않고도 훌륭할 수 있기 때문에 완벽과 그냥저냥 괜찮은 것 사이에서 가장 효율적인 지점을 찾는다. 그들은 높지만 달성할 수 있는 기준을 목표로 하고 개인의 최고 수준에 도달하기 위해 충분하지만 과하지 않은 노력을 투자하기 때문에 더 오랫동안 수익이 증가하는 범위 내에서 움직인다. 그리고 그들은 언제 자신을 쉬게 해야 하는지 안다. 그들은 지치게 만드는 완벽함의 러닝머신 위에 언제까지고 붙어 있지 않는다.

완성주의는 사람들이 더 효율적이고 생산적이 되도록 도울 뿐 아니라 그들이 만드는 것의 질을 향상한다. 2012년 한 연구[11]에서 거의 2천 명에 이르는 학부생들이 완성주의를 보여준 정도에 따라 평가되었는데, 여기서 완성주의는 높은 개인적인 기준을 가지고 있지만 실수할 수 있는 여지를 남겨두는 수준이었다. 그다음 그들은 만화에 실을 재치 있는 말풍선 대사를 고안하는 것부터 현실 세계의 갈등에 대한 독창적이고 질 높은 해결책을 고안해내는 등 더 어려운 작업에 이르기까지 다양한 수준의 창의성을 조사하는 표준화된 작업을 완료했다. 특정 참가자가 얼마나 완성주의를 추구하는 사람인지의 정도는 좀 더 도전적이지만 덜 도전적이기도 한 창의성 과제를 통해 그들이 생각해낸 해결책의 질을 예상했다. 다시 말하자면 완성주의가 높을수록 해결책의 질이 높아진다. 완성주의는 실제로 완벽주의가 정말 중요할 때보다 더 사람들을 우수하게 만든다.

미국의 발명가 토머스 에디슨은 "나는 실패하지 않았다. 그저 효과가 없는 1만여 개의 방법을 찾아냈을 뿐이다."라고 말했다. 이것이 바로 행동 속의 불안에 힘입은 완성주의다. 완성주의는 한 가지 가능성이 실패로 닫혔을 때 또 다른 가능성이 열려 우리가 더 크고 창의적인 성취를 위해 노력할 수 있다는 점을 깨닫게 하는 능력이다.

미래의 부름

많은 사람은 불안의 부름에 귀를 기울이고 자신의 목표에 도달하기 위해 그것을 사용한다. 그들의 큰 장점(어떤 경우에는 천재성)은 알 수 없고 불확실한 미래를 예측하고 안전지대를 벗어나 상상하며 또 이전에 성취하지 않은 것을 창조하는 법을 찾는 것이다. 그들은 불안감이 심해지면 거의 물에 빠져 죽기라도 하려는 듯 강물에 뛰어들어 미래로 헤엄치기 시작한다.

크게 성공한 기술 기업가들이 그 예다. 비판받을 수 있는 많은 부분을 차치하고서라도 그들의 부인할 수 없는 업적은 공통으로 미래에 대한 비타협적 인식을 보여준다. 세계적인 기업가 리처드 브랜슨Richard Branson, 제프 베이조스Jeff Bezos, 그리고 일론 머스크Elon Musk가 지구 궤도를 도는 세계 최초 로켓 회사의 소유자가 되기 위해 다퉜던 2021년의 억만장자 우주 경쟁을 예로 들어보자. 만약 그들이 팬데믹 동안 사람들에게 영감을 주기 위한 목적으로 그런 경쟁을 벌였다면 완전히 역효과를 냈을 것이다. 대부분의 사람은 그들의 비행을 터무니없을 정도로 부유한 사람들을 위한 화려한 놀이기구 정도로 보았다. 하지만 이는 특정 사람은 미래를 내다보고 더 많은 현재 상황을 보고 싶어 하지만, 또 다른 사람은 가능성을 보고 또 그 가능성이 자신을 움직이게 한다는 점을 보여준다. 특히 일론 머스크는 미래의 모습을 형상화하는 데 자신의 에너지를 집중했다. 이는 인류를 화성으로 이주시키고 이식 가능한 뇌와 컴퓨터 인터페이스를 만들며 또 사악한 인공지능이 세계를 점령하는 것을 막는 공상 과학 소설처럼 보인다. 머스크나 다른 기업가들에 대한 우리 의견이 어떤 것이든 간에 이 한 가지는 논쟁의 여지가 없다. 그들은 자신이 보고 싶은 미래를 만들기 위해 현재 시점에서 가능한 경계를 밀어붙였다. 그것이 좋든 나쁘든 가에, 오늘날 그들의 불안을 야기하는 게 무엇이든 간에 그들의 관심과 노력, 그리고 그들이 가진 부의 상당 부분은 미래에 집중되어 있다.

주제를 다시 현실로 되돌리면 사람들은 미래에 관한 선택을 하기 위해 항상 불안을 이용한다. 이런 선택은 우주여행이나 뇌 혹은 컴퓨터 인터페이스보다 덜 거창할 수 있지만 우리 삶에 진정으로 긍정적인 영향을 미칠 수 있는 잠재력을 지닌다. 미국 앨라배마대학의 연구진[12]이 심장 이식 수술을 받은 뒤 필요한 후속 치료를 안정적으로 하는 사람들의 특성을 조사했다. 후속 치료에 참여하는 것은 회복과 예후를 내다보는 강력한 예측 변수지만 대부분 환자는 일부 권장되는 절차와 평가만을 하며, 또 어떤 환자는 전혀 후속 치료를 받지 않는다. 하나 말하자면 의료 전문가들은 건강에 대한 불안감이 대부분의 사람을 치료에 전념하지 못하게 만든다는 점을 알고 있다. 그들은 자신이 제대로 행동하지 않는 것을 알게 되는 상황을 너무 걱정한 나머지 병원에 가는 것을 피한다. 하지만 문제를 직시하지 않고 현실을 회피하는 것은 최선의 전략이 아니다. 우리는 불확실한 예후에 대한 불안감을 견디고 조절하며 치료를 계속해야 한다. 불안은 심지어 우리가 우리 자신을 잘 돌보기 위해 추가로 노력하도록 자극할 수도 있다. 이 점을 바로 연구원들이 발견했다. 극도의 수준은 아니지만 약간의 불안을 지닌 사람들은 이식 수술을 받은 뒤 권장되는 치료를 받았고 그들은 그렇게 생존할 가능성이 더 커졌다. 이 경우 미래의 결정을 내리기 위해 불안감을 이용하는 것이 그들의 생명을 구했을지 모른다.

불안은 자유다

만일 불확실성이 출발 신호를 알리는 권총이고 불안감이 결승선까지 버티게 하는 에너지라면 창의성은 가능성으로 가득 찬 레이스 그 자체다. 다시 말해 창의성은 현재의 현실과 미래의 가능성 사이의 틈에서 발생한다. 그 틈은 또한 불안의 불편함을 경험하는 곳이며 우리가 그것을 참을 수 있다면, 또 그 불편함이 우리에게 무슨 말을 하는지 알아들을 수 있다면 미래를 위해 계획을 세우거나 예술 작품을 구상하고 또 새로운 아이디어를 떠올릴 수 있다. 소파에 누워 잠자며 무언가 멋진 것을 만들어내는 게 아니다. 우리는 고군분투하고 자신을 그 틈에 던져 넣음으로써 훌륭한 무언가를 만들어낸다. 하지만 그 간격의 차이가 극심하다면 갈등과 괴로움을 느낀다. 갈등이 없다면 우리는 추진력 없이 살게 되고 한곳에 우두커니 멈춰선 채로 정체된다. 인생은 서로 다른 크기를 지닌 그런 틈의 연속이다.

앞서 국제우주정거장을 수리하는 목적으로 이루어진 2007년 스콧 파라진스키 박사의 놀라운 우주유영을 묘사했을 때 나는 다섯 번이나 우주왕복선 비행을 완수한 베테랑인 그가 모든 상황에서 대단히 침착하지는 않았다는 점을 언급하지 않았다. 사실 진정한 모험가, 우주와 에베레스트 정상에 모두 도달한 지구상의 몇 안 되는 사람 중 한 명인 스콧은 저 높은 곳들에 도달하는 것의 반대라 할 수 있는 동굴 탐험에 겁을 먹었다. 지구의 깊고 어두운 내부로 들어간 그는 밀실공포증을 느꼈다. 동굴 탐험은 개인적인 도전인 동시에 가장 격렬하고 불편한 불안감을 느낀 그의 커다란 틈이었다.

이것이 바로 불안감을 창의적이고 제대로 이용하는 사람들의 예다. 그들은 불안감을 사랑하지 않거나 모든 상황에서 불안감을 완전히 장악할 필요가 없다. 그래도 괜찮다. 왜냐하면 그들은 삶의 일부 핵심적이고 중요한 영역에서 철학자 키르케고르의 말을 인용하자면 불안감을 느끼고 있다. 자유에서 비롯된 현기증[13]이 그들에게 새로운 것을 존재하게 만들도록 이끌기 때문이다. 그들은 불안 속에서 창조적이고 무한한 가능성을 느낀다. 그리고 그들은 그런 불안에서 멀어지는 것보다 오히려 그쪽으로 고개를 기울인다.

9장

아이들은
연약하지 않다

"만일 빛과 구름의 그림자 같은 근심이 우리 손과 우리가 하
는 모든 일을 덮친다면 무언가 닥쳐왔지만 삶은 우릴 잊지 않
고 있고 또 그 삶의 손바닥에 우리가 올라가 있다고 생각해야
한다. 절대 삶은 그런 우리를 그냥 떨어지게 내버려두지 않을
것이다."[1]

**–《젊은 시인에게 보내는 편지(Letters to a Young Poet)》, 라이너 마리아
릴케**(Rainer Maria Rilke, 체코의 시인)

아들이 아홉 살이 되자 나는 아이가 자전거 타는 법을 배울 때가 되
었다고 생각했다. 아이는 도시에서 자라나 네 살 때부터 스쿠터를 타고
뉴욕 맨해튼 시내를 돌아다녔지만 그런 그에게도 자전거는 신비스러
운 물건이었다. 나는 아이가 이상적인 어린 시절을 놓치는 게 아닐지
신경 쓰였다. 친구들이 모험하기 위해 자전거를 타고 씩씩하게 나설 때
우리 아이는 뒤에 홀로 남겨지는 건 아닐까? 그래서 그해 여름, 뉴욕 북
부에서 시간을 보내는 동안 나는 지금이 딱 아이를 가르칠 절호의 순간
이라는 것을 알았다. 나는 1980년대의 낡은 BMX 자전거를 차고에 보
관하고 있었다. 그 자전거는 요즘 아이들이 타는 초경량 자전거와 비교
했을 때 무지막지하게 단단하고 무거워 거의 탱크 같았기 때문에 배우

는 게 쉽지 않았다.

아들 카비는 첫 시도에서는 꽤 잘 해냈지만 비참한 기분이 든 모양이었다. 그는 힘들고 지친다며 계속 불평을 늘어놓았다. 아이는 "만약 내가 넘어지면 어떡해요?" 하고 징징대기 시작했고 결국 반쯤 속삭이는 말투로 털어놓았다. "엄마, 나 무서워요." 그러나 나는 단념하지 않았다. "죽는 것도 아니고 무릎 살짝 까진 거 가지고 뭘 그러니?" 아이를 다그쳤다. "자, 아들, 집중해야지! 앞을 봐!" 나는 다정하게 말했다. "너라면 충분히 할 수 있어! 너처럼 대단한 아이가 이걸 못할 것 같아?" 30분 뒤, 아이가 스트레스에 시달리는 듯해 연습을 그만두었다. 터벅터벅 언덕을 걸어 올라 집으로 향하는 동안 나는 계속해서 도움이 되는 통찰과 현명한 조언에 해당한다고 확신하는 말들을 아이에게 들려주었다.

집에 도착하자 카비는 말없이 자기 방으로 달려갔다. 나는 한숨을 쉬며 카비가 자전거 타는 모습을 촬영할 때 쓴 휴대전화를 주머니에서 꺼냈다. 아직 녹화되고 있는 상태였다. 자전거 수업에서 아이를 격려하려고 했던 말, 언덕을 오르는 동안 나눴던 대화까지 모든 내용이 담겨 있는 게 분명했다. 잘됐다고 생각했다. 들어보고 언제 어떻게 상황이 잘못된 건지 알아내면 될 것 같았다.

하지만 그 뒤 내가 무슨 말을 듣게 될지 알았더라면 그때 아마 바로 파일을 삭제했을 것이다.

나: 좋아, 알겠어. 이제 그만 하자 카비. 엄만 포기할 준비가 됐어. 난 최선

을 다해서 널 응원하고 있는데 너는 불평만 하는구나.

카비 : (말끝에 울음소리가 들린다) 난 노력하고 있어요, 엄마.

나 : 잘하고 있어. 근데 넌 그냥 계속 못하겠다는 말만 늘어놓고 있잖아.

카비 : 정말 잘하려고 하고 있어요.

나 : 넌 정말 대단한 아이야. 왜 그렇게 부정적이니?

카비 : 모르겠어요. 무서워요.

나 : 넌 두렵지 않아. 무서워할 것도 없어. 넌 완벽하게 해냈어. 한 번도 넘어지지 않았잖아. 자전거에서 내리기만 하면 별것도 아니었단 걸 알게 될 거야. 그럼 다 괜찮아져.

카비 : (휘파람을 분다)

나 : 카비, 솔직히 넌 그냥 너 자신을 겁쟁이로 만들고 있어. 엄만 네가 왜 그러는지 모르겠다.

카비 : 엄마 말이 맞아요.

나 : 넌 정말 잘하고 있어. 대단하다니까. 근데 넌 그냥 "난 무서워, 너무 무서워."라고 너 자신에게 말하고 있잖아. 아니야, 넌 무섭지 않아. 진짜 잘하고 있어. 넘어지지도 않았고 멍도 하나 안 들었잖아.

카비 : 그건 그래요.

나 : 널 사랑하는 마음으로 엄마가 조금 엄하게 굴어야겠다. 정신 똑바로 차려야 해.

이 대화는 1분 정도 더 그렇게 지속되었다.

대화를 다 들은 나는 눈물을 흘렸다. 내가 한 말에 대한 내 인지는 현실과는 전혀 달랐다. 나는 엄했지만 아이를 지지한다기보다는 아이의 감정을 무시하고 수치심을 느끼게 했으며 아이의 행동을 요구하며 본질적으로는 '남자답게 행동하라'고 말하는 것뿐이었다. 그걸 고쳐야 한다는 건 알았지만 왜 그랬까 하는 의문이 들었다. 왜 나는 자전거 타는 법을 배우는 아이의 이해할 수 있는 걱정에 대해 그리 딱딱하게 굴었을까? 답은 하나뿐이었다. 나는 아이가 느끼는 불안감이 나를 불편하게 만든다는 이유로 아이의 불안감이 사라지길 원했다. 왜 그랬을까? 그건 그가 나약하다는 것을 의미했기 때문이다.

다행히, 그건 전혀 사실이 아니었다.

반취약성

부모의 역할은 무엇일까? 아주 어릴 때는 아이들을 보호하고 잘못된 것들을 고치며 아이의 배에 음식이 찼는지 확인하는 일을 한다. 아이들이 성장하고 청소년기에 접어들면 우리는 컨설턴트로 역할을 전환한다. 우리는 그들이 스스로 무언가를 고쳐가는 데 필요한 기술을 지원하고 조언하며 또 가르치는 역할을 수행한다. 컨설턴트로서 나는 내 아들이 친구들과 싸우게 되면 그 친구의 부모를 불러 상황에 개입시키기보다는 어떻게 상황을 직접 처리할지에 관해 아이와 머리를 맞대고 상의하는 것부터 시작할 것이다. 또 내 딸이 안 좋은 성적을 받았다면 나는 먼저 더 효과적으로 공부하기 위한 방법에 관해 아이와 대화를 나누고 선생님께 도움을 청할 것이다. 아이들이 자라면서 우리는 아이들을 위해 해온 역할을 전보다 줄여간다. 아이들에게 넘어질 기회, 그리고 스스로 다시 일어날 기회를 주기 위해서다.

하지만 오늘날 우리가 아이들을 돌아볼 때 냉정한 통계는 우리에게 단지 컨설턴트 역할을 하는 것의 지혜에 의문을 갖게 할 수도 있다. 아이들이 넘어지는 방법은 실로 다양하다. 그들이 정말 넘어졌을 때 자신을 일으켜 세울 수 있을까?

아이들의 미래부터 시작해보자. 재앙적인 기후 변화, 미래에 닥칠 전염병 위협, 또 불안하게 느껴지는 정치적 경향을 차치하고라도 우리는 적어도 우리가 자라면서 보장받은 것, 즉 열심히 일하면 행복한 삶을 살 수 있다는 것을 아이들에게 똑같이 보장할 수 있을까? 그러지 못할지도 모른다. 오늘날 젊은이들은 자기 부모나 조부모에 비해 돈벌이가 되는 직업을 가질 가능성이 작고 집 또한 소유할 가능성이 작으며 같은 나이대를 비교했을 때 과거 세대보다 더 많은 돈을 벌 가능성도 고작 반반인 데다가 더 무거운 학자금 대출 부담을 떠안고 있을 가능성은 더 크다.

아이들의 정신건강 문제도 있다. 그들은 고군분투하고 있다. 부모와 학교는 아이가 느끼는 걱정과 두려움이 아이가 배우고 다른 사람들과 잘 어울리고 또 즐거운 아이로 자라는 데 방해가 되고 있다고 경고한다. 일단 아이들이 청소년기에 접어들면 상황은 더 걱정스럽다. 어느 해든 10대들의 약 18%가 불안장애를 겪을 것이고 그들이 18세가 될 때쯤에는 무려 33%의 청소년들이 불안장애를 겪고 있을 것이다. 이는 미국에서만 천만 명이 넘는 수치다.[2] 아이들은 그 문제의 범위를 완전히 자각하고 있다. 2019년 2월에 발표된 미국의 여론조사 기관 퓨리시

치센터의 보고서[3]에 따르면 조사 대상 청소년의 96%가 불안과 우울증이 또래 사이에서 중요한 문제라고 생각했고, 70%는 심각한 문제라고 답했다. 그들의 생각은 옳다. 왜냐하면 불안장애를 경험하는 1000만 명의 젊은이들은 성인기에 지속적인 불안뿐 아니라 우울증, 중독, 그리고 다른 의학적 문제들로 고통받을 가능성이 훨씬 더 크기 때문이다. 10대들이 겪고 있는 불안은 미래의 좋지 않은 정신건강과 질병으로 이어진다.

우리는 이 통계를 이 세대가 취약하다는 신호로 받아들인다. 그리고 이는 내가 4장에서 논의한 추세의 상승, 즉 안전한 공간의 확산과 경고의 촉발을 설명하는 데 도움이 된다. 여기서 요점은 '미래를 걱정하지 말라'가 아니다. 솔직히 말하자면 나도 미래를 걱정한다. 하지만 계속해서 아이들을 감정적 고통으로부터 보호하고 아이 자신도 그렇게 하도록 가르치는 게 해결책은 아니다. 오히려 우리가 해야 하는 행동과는 정반대다. 세상에서 맞닥뜨리는 스트레스에도 불구하고 인간은 나약하지 않기 때문이다. 우리는 반취약성antifragility, 즉 외부의 혼란이나 불확실성에 오히려 성과를 높이는 성향이 있다.

깨지기 쉬운 것은 쉽게 부서지니 신중하게 다루어야 한다. 깨지기 쉬운 무언가가 우리 손바닥에서 땅으로 떨어져 작은 조각으로 부서지는 모습을 상상해보자. 절대 원래대로 되돌릴 수 없다. 왜냐하면 균열이 항상 드러날 것이기 때문이다.

반취약성은 말 그대로 취약성의 반대를 뜻한다. 이는 문제나 어려움, 불확실성으로 인해 더 강하게 성장하는 성향을 말한다. 반취약성은 회복력과 강건함, 그리고 문제에 저항하고 원상태로 되돌아오는 능력과 같은 관련 개념과 구별된다. 반취약성을 지닌 것들은 폭풍 속에서도 쪼개지지 않는 유연한 나뭇가지처럼 그냥 회복되는 게 아니라 실제로 무작위성과 변동성, 그리고 무질서로부터 무언가를 얻는다. 그것들은 번성하기 위해 혼돈이 필요하다.

그리고 이것이 바로 우리 인간이 근본적으로 반취약성을 지닌 이유다.

면역 시스템을 갖춰야 한다. 면역 시스템은 면역 반응 증가를 학습하기 위해 자신에게 도전하는 세균과 병원균에 대한 노출이 필요하므로 반취약성이다. 그런 노출이 없다면 우리는 마치 포장재에 쌓인 사람처럼 제대로 기능하는 면역 체계가 부족한 상태가 되어 휑한 공터와 같은 곳에서 살아남을 수 없다. 실제로 극복해야 할 문제점이 없을 때 반취약성 시스템은 경직되고 약해지며 비효율적으로 된다. 삶이 항상 예측가능하고 안전하며 편안할 때는 군이 노력하고 창의성을 발휘해 대응할 필요가 없다. 만약 침대에만 누워 한 달간 시간을 보낸다고 생각해보자. 뼈와 근육이 파괴되기 쉬우며 그렇게 우리 몸은 위축되고 만다. 몸에 일종의 어려움을 부과하는 것은 우리 몸을 더 강하게 만든다.

마찬가지로 불안도 반취약성을 띤다. 자신에게 걱정이나 두려움, 불확실성으로 인한 불편함을 허용할 때 우리는 어려움을 겪는다. 반면 문제를 극복하고 고통을 완화하는 행동을 취하도록 동기를 부여받기도 한다. 결과적으로 우리는 그다음에 불안감을 더 잘 관리할 것이다. 큰 실수를 했을 때 다음 실수에 끈질기게 버티는 능력이 강화되는 것은 다

틀렸다는 불안감을 통해 고통받는 우리의 능력이다. 다시 말해 강한 감정 면역 체계를 키우는 방법은 자신이 어려운 감정을 느끼고 감정적인 고통을 견디도록 하는 것이다. 만약 이런 불만족스러운 감정을 피하고 모든 형태의 불확실성과 무작위성을 없애는 것을 목표로 삶을 구성한다면 우리는 삶의 문제점을 자력으로 최대한으로 헤쳐 나가기 위해 자신이 지닌 반취약적인 본성의 활용을 막는 셈이 된다.

이런 관점에서 볼 때 우리 아이들을 그들의 불안으로부터 보호하는 것은 분명 잘못된 일이다. 불안해할 기회가 없다면 아이들은 불확실성 속에서 가능성을 찾고 역경에 직면했을 때 창의적으로 대처하는 법을 배울 수 없다. 세균과 싸우는 능력을 최적화한 면역 체계를 가지고 태어나지 않는 것처럼 우리는 불안을 조절하는 법 또한 모른 채로 태어난다. 하지만 이 두 가지 모두 문제점으로부터 배우고 제대로 된 활용 방법을 찾아낼 수 있다.

반취약성이라는 용어를 만든 미국의 경영학자 나심 니콜라스 탈레브Nassim Nicholas Taleb는 해당 주제를 다룬 자신의 책에서 이를 다음과 같은 아름다운 문장으로 묘사했다. "바람은 촛불을 끄지만 불을 타오르게 한다." 그리고 "당신은 타오르는 불이 되고 싶기에 바람을 갈망한다."[4]라고도 썼다.

그렇다고 해서 우리 아이들을 혼자, 그리고 아무 도움 없이 커다란 문제들에 직면하게 해야 한다는 것은 아니다. 때로는 타오르는 반취약성의 불도 감정적 스트레스나 트라우마로 인해 꺼질 수 있다. 아이들에게 주어지는 고난이도 상황은 그들에게 주어지는 편안함 및 지원과 균형을 이룰 필요가 있다. 하지만 연구는 불안감에 관한 한 우리가 아이들에게 바람을 느끼게 해야 한다는 점을 확인시킨다.

2019년, 7세에서 14세 사이의 아이들 124명과 부모들은 함께 조사연구에 참여하기 위해 예일 의과대학의 아동연구센터를 찾았다.[5] 모두 불안장애 진단을 받은 그들이 센터를 찾은 이유는 인지행동치료CBT가 불안과 관련해 가장 많이 시도되는 정확한 치료법이라는 점을 알았기 때문이다. 아이들은 자신의 걱정과 두려움을 깊이 파헤치고 점차 그것들과 직면하는 법을 배운다. 또 최악을 이야기하고 가혹하게 구는 자기비판처럼 도움이 되지 않는 생각을 확인하고 수정하며 불안을 다루기 위한 새로운 전략과 행동을 시도한다. 그러나 일부 연구에서는 절반의 부모가 아이들을 위한 최고의 치료법을 포기하는 것에 동의했고 그 대신 그들 스스로가 치료에 등록했다. 이는 새로운 형태의 양육 치료였으며 한 가지 매우 구체적인 목표를 띠고 있었다. 바로 부모들에게 아이들의 불안을 빼앗는 일을 멈추도록 가르치는 것이었다.

이 양육 치료는 SPACE 프로그램, 즉 '불안한 어린 시절의 감정을 위한 지원 양육Supportive Parenting for Anxious Childhood Emotions'이라 불렸다. 불안감을 느끼는 부모가 아이의 불안을 지나치게 수용하는 경향이 있다는 사실에 초점이 맞춰졌다. 만약 아이가 비행에 두려움이 있다면 그 가족은 비행 대신 차를 운전해 휴가를 즐기고 또 아이가 수줍음을 많이 타고 사회적으로 불안해한다면 부모는 집에서 친구들과 즐겁게 보내는 시간을 마련하지 않는다. 아이가 가족과 떨어져 있는 것을 힘들어한다면 그 가족은 심지어 아이가 학교에 가지 않아도 된다고 허락하며 가능한 모든 순간을 아이와 함께 보낼 것이다. 이 선의의 노력은 자기 아이들을 돕기 위한 것이겠지만 어떤 부모라도 똑같이 말하듯 이는 부모자신에게도 도움이 된다. 자기 아이가 고통받고 힘들어하는 모습을 보는 게 어렵기 때문에 아이를 위로함으로써 우리는 자신을 위로한다.

하지만 그 전략은 대개 역효과를 낸다. 불안을 유발하는 상황을 피하는 것은 불안한 아이를 위로할 수도 있지만 장기적으로 볼 때 이 협의는 아이가 불안을 일으키는 상황을 다루는 법을 배우지 못하게 막는다.

SPACE는 부모가 아이가 불안해할 수 있도록 허용하되 아이의 감정을 인정하고 또 아이의 대처 능력에 관해 자신감을 불어넣어 주며 아이가 불안한 상황의 주변을 어슬렁거리는 것보다 상황 자체를 극복하도록 지원하는 식으로 불안을 허용하도록 가르쳤다. 예를 들어 솔베이그가 아빠와 떨어지는 상황을 견디지 못해 학교에 가길 거부한다면 솔베이그의 아빠에게 이렇게 말하도록 가르쳤다. "당장은 기분이 좋지 않을 거야. 하지만 우리 딸은 잘 참을 수 있어. 괜찮아." 그리고 그가 딸을 학교에 보내도록 했다. 만약 카비르가 극도로 수줍음을 타 다른 사람들이 집에 있으면 자기 방에 틀어박혀 있어 카비르의 가족이 집에 아무도 찾아오지 못하게 했다면, 이제 그의 부모는 신뢰할 수 있는 친구들과 다른 가족들을 초대해 처음에는 방문 시간을 짧게 유지하다가 나중에는 더 긴 시간 집에 머무르도록 하고 카비르가 천천히 편안하고 자신감 있는 모습으로 성장할 수 있도록 지원한다.

변화는 하루아침에 일어나지는 않지만 12주간의 양육 치료 뒤 부모가 SPACE 치료를 받은 아이들의 87%가 최고의 인지행동치료를 받은 아이들만큼 현저하게 불안을 덜 느끼는 동시에 더 긍정적인 적응 결과를 드러냈다. 아이를 덜 수용하고 더 많이 지원함으로써 부모는 아이를 도울 뿐 아니라 자신이 두려워했던 것만큼 그들이 나약하지 않다는 점을 깨달았다.

우리가 모두 양육 치료에 참여할 만큼 운이 좋은 것은 아니다. 하지만 아이들의 불안감에 대한 반취약성을 높이기 위해 할 수 있는 작은 것이 있다. 바로 감정 면역 체계에 대한 예방주사가 그것이다.

우선 우리는 아이들이 불안한 감정을 느끼도록 허용할 수 있다. 4학년인 아이가 어느 날 해야 할 수학 숙제를 학교에 두고 왔다. 가방 안에 숙제가 없다는 걸 깨달은 아이는 울음을 터뜨리며 초조한 듯 서성거렸고 과호흡하듯 숨을 헐떡거리기 시작했다. 나는 아이에게 물을 한 잔 건네주고 자리에 앉혔다. 우리는 함께 좋은 해결책을 생각해냈다. 나는 같은 반 친구 엄마에게 카비가 손으로 숙제를 옮겨 적을 수 있도록 숙제를 찍은 사진을 보내달라고 부탁했다.

문제가 해결되었다! 하지만 완전히는 아니었다. 그때 아이는 자신이 정말로 걱정하고 있는 것을 드러냈다. 아이가 좋아하는 Z 선생님이 여전히 숙제를 잊어버린 자신을 나쁘게 생각할지 모른다는 거였다. 아침에 선생님의 못마땅한 얼굴을 맞닥뜨려야 한다는 생각이 아이의 불안감을 열 배로 증폭시켰다. 아이는 내게 Z 선생님에게 이메일을 보내 사실 자신이 숙제를 했으며 아침에 성실하게 한 숙제를 제출할 거라는 사실을 알려달라고 간청했다. 내가 보낼 이메일에 관해 이야기만 해도 아이는 눈에 띄게 진정하는 모습을 보였다.

하지만 아이의 실망하는 모습에도 불구하고 그 부탁에 대한 나의 답은 거절이었다. 나는 아이에게 불편하게 느껴지는 불안을 어떻게 극복하느냐가 바로 우리가 불안을 대처하는 법을 배우는 과정이라고 설명했다. 아이는 내 말을 받아들이지 않았다. 당장 아이는 걱정이 많았고 또 엄청나게 내게 짜증이 난 상태였다. 곧 나는 나 자신의 불안 수준이 높아지는 것을 느꼈다. 아이를 위해 할 수 있는 행동을 거부한 것 때문에 그토록 화가 난 아이 모습을 봐야 하는 상황은 녹록지 않았다. 우리는 심지어 작은 인지행동치료를 하기도 했다. 예를 들면 아이가 구체적으로 무엇을 걱정하는지 자세히 살펴보거나 Z 선생님이 정말로 아이에게 최를 벌지에 관해 대화했고 또 몸과 마음을 진정시키는 호흡 운동 등도 해보았다. 그 행동들은 둘의 기분을 더 나아지게 했다. 아이는 전보다 더 차분해졌지만 여전히 불안은 사라지지 않은 상태였다. 아이는 그날 밤 잠자리에 들 때조차 안절부절못하는 모습을 보이며 걱정했다.

다음 날 학교에서 돌아와 내게 달려온 아이는 손에 쥔 종이를 흔들어 보였다. "말로 안 할래요. 이거 좀 봐요, 엄마!" 맨 위에 대문짝만한 크기로 A+가 적힌 수학 숙제가 아이 손에 들려 있었다. 숙제에는 '어떻게 해야 숙제를 끝마칠 수 있는지 방법을 알아내다니 정말 훌륭해!'라는 글귀도 적혀 있었다. 카비는 창조적인 해결책을 찾는 보상은 때때로 새로운 것을 시도하는 불안과 함께 한다는 점을 깨달았다.

나는 Z 선생님에게 이메일을 보내 아이의 걱정을 덜어줄 수도 있었다. 최선을 다해 그렇게 행동할 수 있었다. 그러면 아이와 나는 전날 더 나은 기분으로 잠을 잤을 것이 분명했다. 하지만 대신 아이는 불안이 가져오는 불편함을 참고 그 과정에서 긍정적인 성취를 이룰 수 있다는 배움의 기회를 놓쳤을 것이다. 우리의 감정적인 반취약성을 지지하거나 방해하는 것은 평범하고 아주 흔한 순간들이다. 불행하게도, 의도하지 않은 방해 공작은 빠르게 새로운 '정상'이 되고 있다.

감성적 제설

보호적인 양육은 지난 50년 동안 발전해왔다. 이는 1970~1980년대에 낯선 사람의 위험성과 실종 아동 운동에 관한 의식이 자리를 잡고, 1979년 뉴욕 맨해튼 시내에서 여섯 살 된 에단 파츠가 등교 중 유괴되어 살해되는 비극적인 사건이 발생하며 가속화되었다. 그 뒤 아이들이 어른 없이 야외나 공공장소에서 놀게 내버려두는 것이 위험하다는 시각 때문에, 그 사건으로부터 20년이 지난 1990년대 후반부터 2000년대 초반까지 아이들이 누군가 지켜보지 않는 분위기에서 자유분방하게 놀거나 쉬는 시간은 1970년대보다 50% 이상이나 줄었다.[6] 그때까지 부모들은 아이가 끊임없이 감시되고 관리되어야 한다는 믿음을 마음속에 굳혔다. 그들은 이른바 '헬리콥터 부모'가 되어 교육과 스포츠에서 우정과 놀이에 이르기까지 아이들 삶의 모든 측면을 맴돌았다.

이제 21세기를 사는 우리는 헬리콥터 부모들, 즉 제설기 부모들[7]이 아이가 가는 길에서 잠재적인 모든 장애물을 강제로 제거하는 모습을 본다. 혹시 법을 어기는 상황이 되더라도 그들은 말 그대로 아이가 나아갈 길을 위해 아이를 준비하는 대신 아이를 위해 나아갈 길을 준비한다.

특히 지독한 사례로 2019년에 있었던 대학 입학 스캔들[8]을 꼽을 수 있다. 수십 명의 부유한 유명 인사 부모가 자녀를 속임수로 일류 대학에 입학시킨 사건이었다. 대학 체육 코치들에게 수십만 달러를 준 대가로 자녀들이 한 번도 해본 적 없는 운동을 했다고 위장해 입학시켰고 심지어 수구, 항해, 조정 등의 종목에서는 유니폼과 장비, 트로피 등이 완벽하게 준비된 가짜 사진 촬영까지 한 것으로 드러났다. 그들은 SAT(Scholastic Aptitude Test, 미국 대학 입학에 필요한 점수를 측정하는 미국판 대학수학능력시험-옮긴이 주) 점수를 위조하기 위해 시험관들에게 뇌물 공세를 퍼부었다. 또 ACT(American College Testing, SAT와 더불어 미국의 대학입학자격시험 중 하나-옮긴이 주) 시험 때 문제 풀이에 쓸 더 많은 시간을 벌기 위해 심리학자들에게 학습 장애 진단을 받을 목적으로 논을 지불하기도 했다.

이 극단적인 예는, 아이의 앞에 놓인 장애물을 제거하는 제설기식 양육이 늘 성공을 위해 구체적이고 외부적인 장애물을 제거하는 건 아니라는 말이 거짓임을 보여준다. 이는 또한 아이를 나약하게 만들고 자기가 성공할 가능성이 작다고 생각하게 만드는 불안과 같은 내적 장애물도 제거한다. 말 그대로 감정적인 제설이라고 생각하면 된다.

카비에게 자전거 타는 법을 가르치려 했을 때 나는 감정적인 제설 작업을 하고 있었다. 아이의 두려움과 걱정에 대한 내 반응은 두려움과 걱정이 아이가 할 수 있어야 하는 일을 하는 데 걸림돌이 된다는 것이었다. 내 마음의 눈에는 그것들이 아이가 탈 자전거에 가볍게 뛰어올라 흔들다가 돌풍처럼 무서운 기세로 결국 자전거를 밀어버리는 것처럼 보였다. 아이의 불안은 내 꿈을 파괴했고 그렇기에 나는 아이의 불안이 사라지길 바랐다. 또 아이가 불안감을 쉽게 떨칠 수 있을 거라 생각했는데 그렇지 않고 아이가 힘들어한다는 사실이 나를 불안하게 했다. 내 아이가 '불안한 아이'가 되고 있는 걸까? 미래에 부딪힐 문제를 두려워하고 있다는 신호일까? 나는 아이가 자갈길에서 넘어져 무릎이 까지고, 또 내가 강요한 가파른 길을 너무 빨리 달리는 것에 대해 불안해하는 게 타당하다는 사실을 알지 못했다. 또한 아이의 눈 같은 불안을 뚫고 그것을 치우려는 내 노력이 아이의 새로운 걱정거리, 즉 자신이 나를 실망시킬지 모른다는 사실을 만들어내고 있다는 것도 깨닫지 못했다.

아이들이 불안과 씨름할 때 도우려는 선의의 노력도 결국은 또 하나의 제설 작업이 될 수 있다.

2019년 4월, 나는 자녀들을 뉴욕 맨해튼의 최고 영재고에 보내고 있는 부모들이 가득 찬 곳에서 아동 불안을 주제로 강연했다. 아이들은 학교에 들어가기 위해 매우 높은 수준의 IQ를 지녀야 했고 뛰어난 성적 유지는 물론, 인상적인 다수의 과외 활동에 참여해야 했다. 그래서 열두 명의 부모가 강연이 끝난 뒤 나를 찾아왔을 때 스트레스를 받고 높은 학업 기대치 때문에 걱정하는 영재들에 관한 꽤 흔한 이야기를 듣게 될 거로 생각했다. 하지만 부모들은 그 수준을 훨씬 넘어선 아이들의 모습을 묘사했다. 아이들은 열다섯 살의 나이에 학교 공부에 압도되어 잠도 못 자고 밥도 못 먹었으며 끊임없는 자기비판("난 왜 이렇게 머리가 나쁘지, 이 학교에 있을 만한 사람이 아니야")에 시달리는 데다가 분명 시험에 나오는 내용을 공부했는데도 시험을 치르는 동안 문제에 손을 델 수 없을 정도로 심각한 불안감에 시달리고 있었다.

그 부모들은 아이의 불안에 관해 이야기하려는 목적으로 나를 찾았고 분명 자기 아이를 돌보고 걱정했다는 사실에도 불구하고 그 누구도 내게 불안이나 치료, 심지어 아이들의 정서 발달에 관해 묻지 않았다. 대신 그들은 많은 양의 과외나 10대들에게 필요한 최소 수면 시간, 그리고 경쟁력 있는 스포츠가 아이들이 근성을 더 기르는 데 도움이 되는지에 관한 내 생각을 물었다. 한 아빠는 이렇게 말했다. "저는 제 아들에게 일주일에 두 번 수학 과외와 체스, 그리고 컴퓨터 프로그래밍 수업을 듣도록 강요하는 걸 좋아하진 않습니다. 하지만 만약 그런 활동들이 아이 반 친구들의 수준에 맞추는 데 도움이 된다면 이미 이이는 스트레스를 덜 받을 거예요."

아이들의 불안이 걷잡을 수 없이 커졌지만 부모들은 불안이 문제가 되는 것을 원치 않았다. 나는 왜 그들이 불안이 문제가 되는 게 아이들이 상처받기 쉽고 회복 불능으로 무너지기 쉽다는 걸 의미한다고 믿었는지 이해할 수 있었다. 아들에게 자전거를 타라고 압박했을 때의 내 마음가짐과 같기 때문이다. 나에게, 그리고 그 부모들에게 불안은 실상과는 달리 토론하고 또 고군분투해야 할 장애였다. 여기 한 가지 주목할 사실이 있다. 더 중요한 것은 불안은 아이들이 앞으로 나아갈 수 있도록 도와주는 존재라는 점이다.

놀라운 10대의 뇌

대학교 2학년인 조지프는 바빴다. 1학년 때 그는 바다에 버려지는

플라스틱 파편들을 치우는 비영리 단체를 시작했고, 올해는 모교 캠퍼스의 모바일 기반 문자 상담망 개선을 위해 자신의 프로그래밍 기술을 빌려주기도 했다. 다음에 무엇을 할 계획이냐고 물었을 때 그는 남자친구를 위해 깜짝 생일 파티를 여는 것부터 기술 관련 스타트업 회사를 설립하는 것까지 가능성 있는 항목들이 적힌 긴 리스트를 가지고 있었다. 그러나 그런 총명함과 야망에도 불구하고 그는 대부분의 사람이 10대의 뇌에 관해 가지고 있는 생각을 그들과 마찬가지로 수용하는 듯했다. "신경 과학 수업을 들어 제 전두엽이 여전히 발달하고 있다는 걸 알고 있어요. 그래서 화가 나거나 스트레스를 받을 때 항상 제 결정을 신뢰하진 않습니다."

조지프는 10대들이 지나치게 감정적이고 충동적인 위험을 감수한다는, 우리가 청소년기에 가지고 있는 이미지에 침투한 이야기를 무의식적으로 패러디하고 있다. 왜냐하면 10대들의 전두엽은 너무 미성숙해 의욕과 열정을 통제할 수 없기 때문이다. 이것을 '분노 호르몬'에 관한 오래된 생각들과 결합하면 젊음은 항상 감정이 논리를 이기는, 피할 수 없는 질풍노도의 나약한 시기라고 결론지어야 한다.

그러나 미성숙하고 통제 불능이 되기는커녕 사실 10대들의 뇌는 우리가 인정하는 것보다 훨씬 더 많은 이점을 제공하는 방식으로 발달한다.

불과 몇 년 전만 해도 과학자들은 뇌의 구조와 기능의 주요 변화가 태아기와 생후 처음 몇 년 동안에만 국한된다고 가정했다. 우리는 이제 그런 가정이 틀렸다는 것을 알았고 대규모의 근본적인 발달[9]과 재조직이 청소년기와 초기 성인기, 즉 12세에서 25세 사이에 계속된다는 점을 발견했다. 이는 20대 중반이 되어서야 우리 뇌가 성인기에 접어든다는 점을 의미한다. 그렇다면 뇌가 성인기에 접어드는 것, 즉 성숙한 뇌는 무엇을 의미할까?

뇌는 회백질gray matter과 백색질white matter의 변화로 발달한다. 회백질은 뇌세포와 그 사이의 시냅스 연결로 구성되며, 백색질은 전두엽 피질 등 뇌의 바깥층에 있는 뉴런이 변연계 등 더 깊은 영역에 있는 뉴런과 빠르게 소통할 수 있도록 하는 축색 돌기axons로 구성된다. 뇌가 성숙함에 따라 백색질이 증가하고 회백질은 얇아져야 한다. 신경회로는 가지치기를 통해 만들어지고 다듬어지는데, 이 과정에서 뇌세포 사이에서 사용되지 않는 연결체인 회백질이 파괴되어 우리가 원하는 일을 하는 효율적이고 유용한 신경회로의 강도가 높아진다.

쓰지 않으면 잊어버린다. 나는 고등학교 때 이탈리아어를 조금 배웠지만 그 뒤로는 다시는 그 언어를 공부하지 않았고, 그렇게 내가 만든 이탈리아어를 사용하는 연결고리는 점차 사라졌다. 그래서 이제 나는 *Grazie mille*('대단히 감사합니다'라는 뜻의 이탈리아어-옮긴이 주)와 *Prego*('괜찮습니다'라는 뜻의 이탈리아어-옮긴이 주)라는 문장 정도만 말할 수 있게 되었다. 이는 나무가 더 잘 자라도록 죽은 가지를 잘라내거나 휴대전화가 더 빨리 실행되도록 오래된 앱을 삭제하는 것과 비슷하다. 그냥 은유가 아니다. 2006년 영국의 과학 학술지인 《네이처Nature》에 발표된 한 연구[10]는 높은 IQ를 가진 아이들의 회백질이 초기 성장 현상을 보이고 그 뒤 청소년기 초기까지 활발하게 얇아진다는 사실을 보여주었다.

인간의 뇌에서 가장 먼저 성숙해야 할 영역은 오감을 지탱해주는 감각과 운동 시스템이다. 다음으로 발달을 기다리고 있는 것은 뇌의 변연계와 '감정 센터'의 보상 체계다. 마지막으로 성숙해야 할 영역은 뇌의 '제어 센터'인 전두엽 피질 부분으로, 이는 우리가 계획을 세우고 이성적인 결정을 내리며 위험을 평가하고 감정을 조절하는 데 유용하다. 그렇다면 사춘기 뇌의 감정과 통제 중심 발달 사이의 이런 불균형은 어떻게 해석되어야 할까? 보통은 "가엾은 10대들! 그들은 '감정적인 뇌'로 생각하지만, 어른들은 '이성적인 뇌'로 생각할 수 있지."라는 메시지가 들어간 해석의 일부로 여겨진다.

하지만 실상은 전혀 그렇지 않다. 이런 불균형한 발전에도 불구하고 전두엽과 변연계 사이의 힘의 균형은 일정하게 유동적이다. 때때로 '제어 센터'는 상황을 주도한다. 10대들은 완벽하게 이성적인 계획과 결정을 내리며 또 규칙을 따르고 위험을 피할 수 있다. 하지만 어떨 때는 '감정 센터'가 더 많이 작동해 10대들은 보통 성인들보다 위험risk, 보상reward, 관계relationships라는 3R을 우선시한다. 이는 그들이 세상의 감정적인 정보, 즉 위협과 보상, 사랑과 증오, 확실성과 새로움에 더 자주 강렬하게 반응한다는 것을 의미한다. 하지만 이 흐름은 양날의 칼이다. 청소년들이 변화에 빠르게 적응하고 학습하며 주변의 사회적, 감정적 신호에 맞춰 유연하게 적응할 수 있도록 할 때는 유리하다. 하지만 방해가 될 때도 있다.

위험을 감수하는 것이 그 좋은 예다. 뇌의 감정 중심과 통제 중심 사이의 불균형 때문에 10대들은 어른들보다 더 많은 위험을 감수하며 심지어 전두엽 피질이 덜 발달한 아이들보다도 더 위험을 감수하는 데 뛰어들기도 한다. 하지만 이런 위험한 행동은 특정한 상황에서만 볼 수 있다. 그 특정 상황 중 하나는 다른 사람들과 관련이 있다. 2005년 실시한 한 연구[11]에서 어린 10대들(13~16세), 그보다 연령이 높은 10대들(18~22세), 그리고 성인들(24세 이상)은 신호등이 빨간색으로 변하고 벽이 나타날 때까지 가능한 한 멀리 운전하라는 지시를 받는 운전 시뮬레이션을 수행했다. 만약 그들이 멈추는 시간을 너무 오래 지체한다면 벽에 부딪혀 점수를 잃게 될 터였다. 참가자 중 몇몇은 혼자 시뮬레이션을 수행했고 다른 참가자들은 또래 세 명과 함께 그룹을 지어 수행했다. 누가 가장 많이 부딪혔을까? 어린 10대들이었다. 그런데 그들은 다른 또래들과 함께 있을 때만 그러했다. 반면 어른들은 자신이 혼자든 다른 또래의 어른들과 함께든 간에 똑같이 운전했다.

진화론의 관점에서 보았을 때 어린 10대들 사이에서 또래들과 함께 위험을 감수하는 이 '문제'는 그다지 큰 문제가 되지 않는다. 실제로 위험과 사회적 연결에 개방적인 것은 모든 점에서 사실상 사춘기 초기에 도달한 성인들이었던 선사시대 인류에게 매우 귀중한 자산이었다. 번식을 할 수 있는 나이가 된 인간은 번식 활동을 했다. 그들은 가족의 안전을 떠나 자신만의 새로운 가족을 형성했고 부족에게 이익을 제공하는 등 진지한 태도로 책임을 진 다음 탐험과 학습을 위해 세상으로 나갔다. 대부분의 고대 인류는 40세가 채 되기도 전 사망했을 테니 따라서 만일 사춘기의 위험한 행동이 없었다면 생존과 번영을 위해 필요한 일들을 수행할 때 해당 부족은 두뇌 유출에 해당하는, 재능 있는 인구들의 심각한 부족 현상을 겪었을 것이다. 누가 새로운 땅을 탐험하고 새로운 사람을 만날까? 누가 위험한 사냥이나 채집 임무에 앞장설까? 누가 불이 만들어지고 꺼지는 원리를 알아내 다른 사람에게 불의 활용법을 알려줄 수 있을까? 위험과 보상에 관한 취향이 줄고 변화에 대한 적응이 더딘 성인의 뇌는 일반적인 10대 뇌에 비해 그러한 목표를 추구하기에 그다지 적합하지 않다.

이 충격적인 뇌의 발달이 인간이 아닌 영장류의 발달과 근본적으로 다르다는 점을 생각해보면 흥미롭다. 예를 들어 인간처럼 붉은털원숭이와 침팬지는 미성숙한 뇌를 가지고 태어난다. 하지만 인간과 달리 이 영장류가 지닌 뇌의 모든 피질 부위는 같은 비율로 성숙한다.[12] 진화생물학자들은 우리의 사촌 격인 영장류와의 이런 차이는 우리에게 특별한 인간이라는 것을 뒷받침하는 이점을 제공한다고 말할 것이다.

그렇다, 이 놀라운 10대들의 뇌는 완벽하지 않다. 그것은 심지어 10대들이 독립적인 성인이었던 선사시대 인류의 삶에 가장 적합할지도 모른다. 하지만 위험이 있는 곳에는 기회도 있는 법이다. 10대들의 뇌는 변칙적이거나 비이성적이지 않다. 10대들의 뇌는 도전과 혁신, 고정관념에서 벗어난 사고, 그리고 관계를 형성하는 기술에 도전하는 용기의 보물창고다. 그러나 이런 강점은 종종 아이들이 모든 것을 알아내려 애쓰는 상황에서 발생한다. 정신질환이 가장 많이 나타나고 불안장애 발생률이 최고조에 이르는 시기는 청소년기다. 하지만 또 불안한 뇌의 기저에 있는 같은 신경 회로는 10대들이 사회에 관해 배우고 좋은 관계를 형성하는 능력을 향상한다.

열여섯 살 마리의 예를 살펴보자. 마리는 불안에 관한 이야기를 하러 내 연구실에 왔을 때 나와 눈을 마주치는 것을 어려워했고 자신을 대화로 끌어들이려는 내 쾌활한 시도에 그저 단답만을 내놓았다. 하지만 점차 자기 이야기를 하는 게 편해지면서 내게 지난 6개월 동안 겪은 공황 발작에 관해 더 많이 말해주었을 뿐 아니라 자신의 걱정과 '불안'이 그녀를 좋은 친구로 만드는 데 어떻게 중요한 부분을 차지했는지도 말해주었다.

마리의 가장 친한 친구 실비아는 일주일 내내 장시간의 학교 공부와 두 개의 방과 후 활동으로 바빴다. 놀 시간이 전혀 없는 일상이었다. 마침내 주말에 실비아와 만난 마리는 지난 토요일에 있었던 파티에 관해 이야기하면서 계속 안절부절못하고 시선을 돌리는 실비아의 모습을 보았다. 또 실비아는 마리가 어른들이 자신에게 신경 쓰지 않았으면 할 때 으레 활용하던 가짜 미소를 짓고 있었다. 위험 신호였다! 그런 실비아의 말을 듣고 있자니 마리 자신의 불안감이 높아지기 시작했다. 그녀는 무언가 잘못되었다는 걸 알았다. 실비아가 화를 낼지 모른다는 위험을 무릅쓰고 마리는 그녀에게 도대체 무슨 일이 일어난 것인지 털어놓으라며 다그쳤다. 마리의 생각은 옳았다. 실비아는 새 남자친구와 헤어진 상태였고 이별 사유는 파티에서 그가 성관계를 강요했기 때문이었다. 그리고 그녀는 남자친구의 그런 요구를 간신히 물리친 상태였다. 실비아는 자신에게 일어난 일에 관해 무엇을 해야 할지, 또 누구에게 말해야 할지 몰라 혼란스러워했다. 마리는 그런 실비아를 위해 함께 있어 주었고 실비아가 다음에 해야 할 일을 떠올릴 수 있게 도왔다. 친구가 힘들어하고 있다는 신호를 알아차릴 수 있었던 것은 다름 아닌 마리의 불안한 10대의 뇌 덕분이었다. 그 뇌는 실비아에게 상당 부분 필요한 도움을 주기도 했다.

더 신나게, 덜 멋지게

젊음의 연약함에 관해 생각할 때 특히 여자아이들이 불안에 관한 한 가장 연약하다고 가정할 수 있다. 그리고 남자아이들과 여자아이들이 어린 시절에 똑같이 심각한 수준의 불안감을 보일지 몰라도 일단 사춘기가 되면 여자아이들은 남자아이들보다 두 배나 더 많은 불안장애를 진단받을 가능성이 있다는 게 사실이다. 이는 여성의 삶 전체에 걸쳐 계속되는 격차이기도 하다. 여성 생물학에서부터 소셜 미디어에 이르기까지 이 책임을 어디에 둘 것인가에 대한 이론과 논쟁이 끊이지 않는다. 하지만 여기에 기여한 요소로 꼽히는 한 가지는 논쟁의 여지가 거의 없다. 바로 많은 여자아이가 어릴 때부터 '완벽한 꼬마 아가씨Little Miss Perfect'가 되도록 가르침받는다는 점이다.

'완벽한 꼬마 아가씨'는 똑똑하고 아름다우며 재능이 있을 뿐 아니라 부엌에서도 손재주가 있는 이상적인 여성의 자질을 구현하고 있다. 그녀는 강하지만 '아가씨'이기에 너무 큰 목소리로 말하지 않으며 경솔하게 굴지도 않고 높이 나는 대신 일직선으로 비행한다. '완벽한 꼬마 아가씨'가 성장해 피와 땀, 그리고 눈물을 흘리며 많은 사람이 갈망하는 의사 결정을 할 위치에 서기 위해 유리 천장을 깨뜨렸을 때조차 그녀는 여전히 상반된 기대감을 다루어야 한다. 그녀는 자신감과 힘을 발산해야 하지만 날카로운 소리를 내는 사람으로 인식되어서는 안 된다. 또 온종일 일하면서도 가정에서는 헌신적인 사람이어야 한다.

이렇듯 다른 사람들로부터 요구되고 이것저것 뒤죽박죽인 메시지들의 범위와 강도는 여성들을 완벽주의에 정면으로 밀어 넣고 끊임없이 실패의 벼랑 끝에 서게 한다. 도대체 누가 다른 사람의 그런 기대를 만족시킬 수 있다는 말인가? 앞서 8장에서 살펴보았듯 완벽주의는 완성주의와 달리 높은 성취를 위해 노력하는 게 아니라 실패를 피하는 것이다. 완벽주의자들은 도달하고자 하는 완벽한 목표만 가치 있고 중요하다고 믿으며 어떠한 실패도 자기 가치를 파괴한다고 생각한다.

안타깝게도 완벽주의는 여자아이들에게 흔한 현상이다. 2006년 호주에서 수행된 한 연구[13]에서는 사춘기 여자아이들 409명 중 96명(4명 중 1명에 미치지 않는 수준)이 건강하지 못한 완벽주의를 가진 것으로 분류되었다고 밝혔다. 불우한 배경을 지닌 여자아이들은 완벽주의를 부추기는 압력에 면역력을 지니고 있지 않다. 또 저소득 가정의 초기 청소년 661명을 대상으로 한 2011년의 한 연구[14]에서는 실험 참가자 전체 그룹의 40% 이상이 자기 비판적인 완벽주의를 높은 수준으로 드러냈다는 점을 발견하기도 했다. 그리고 그것은 가족 내력이었다. 런던대학 경제학과에서 2020년 실시한 연구[15]에서는 완벽주의적 성향을 지닌 부모의 자녀들(남녀 아이들 모두)이 특히 부모의 사랑과 애정이 자신의 성취에 달려 있다는 것을 깨달았을 때 스스로 완벽주의자가 될 가능성이 크다는 점을 시사했다.

오늘날 젊은 여성들에게는 이것이 어떻게 해석될까? '완벽한' 예인 열다섯 살 애나벨을 생각해보자.

애나벨은 학문적으로 엄격한 고등학교에 다니며 꾸준히 반에서 1등을 했다. 그녀는 아직 2학년인데도 배구팀 스타 중 한 명이었고, 청소년 오케스트라에서 클라리넷 수석을 맡고 있었으며, 얼마 전부터 학교에서 가장 인기 많은 남자아이 중 한 명과 사귀고 있었다.

그러던 애나벨의 상황은 나를 만나기 약 두 달 전부터 꼬이기 시작했다. 그녀는 가장 어려운 두 과목에서 집중력을 잃고 있었고 일주일에 적어도 몇 번씩 심한 두통을 앓았다. 매일 밤 몇 시간씩 공부했지만 읽은 내용의 절반을 잊어버렸고 그렇게 그녀의 성적은 떨어지고 있었다. 집에서는 거의 매일같이 남동생과 싸웠으며 점점 더 많은 시간을 자신의 방에서 혼자 보냈다. 고군분투하고 있는 사람은 애나벨뿐만이 아니었다. 같은 학년의 여학생 몇몇이 소셜 미디어에서 애나벨의 이런 사정을 알고 난 뒤 함께 자해 행동을 하자는 약속을 하기도 했다. 그들은 그녀가 정말로 스트레스를 받고 불안할 때, 특히 숙제나 시험 때문에 그럴 때는 자해 행위가 기분을 더 나아지게 할 거라면서 그녀에게 자기 무리에 들어오라고 권유하기도 했다. 애나벨은 거절했지만 제안 자체를 배제하지는 않았다.

미끄러운 비탈길이었다. 여자아이들은 '완벽한 꼬마 아가씨'가 되기 위해 열심히 살았다. 종종 그들은 성공을 이루고 뛰어난 성적과 뛰어난 외모, 그리고 친절한 매너에서부터 배구 코트의 킬러에 이르기까지 자신이 이뤄낸 훌륭한 업적에 관해 끊임없이 칭찬받는다. 하지만 이런 성과는 곧 뛰어난 상태에서 그냥 현재의 상태가 되어버린다. 성공을 의미하는 잣대는 끊임없이 높아진다.

다양한 배경을 지닌 학생들을 대상으로 한 잣대[16]는 도달하기 훨씬 더 어려울 수 있다. 예를 들어 미국의 재능 있는 흑인 소녀에 관해 실시된 연구[17]는 2012년 백인 소녀의 59.9%라는 수치에 비해 단지 9.7%만이 재능과 재주가 넘치는 것으로 확인되었다는 점을 보여준다. 이렇듯 과소 표현과 지적 능력처럼 특정 소속 집단에 대한 부정적인 사회적 고정관념에 따라 평가되는 광범위한 위험을 뜻하는 고정관념의 위협 stereotype threat을 더하면 그 압박감은 견딜 수 없는 정도가 된다.

하지만 만약 여자아이들이 완벽주의자가 되도록 설정되었다면 이는 그들이 완성주의자가 되도록 설정되었다는 점을 의미하기도 한다. 그리고 결국 여학생들은 평균적으로 대부분의 학문적인 과목에서 남학생들을 능가한다. 남학생보다 더 많은 여학생이 상위 10%의 성적으로 졸업하고 더 높은 평균 학점을 취득하며 고등학교 AP 과정이나 우등 과정을 수강할 가능성이 더 크다.[18] 그리고 이는 미국에만 국한된 현상이 아니다. 2018년 국제 데이터의 분석[19]은 해당 국가의 성별과 정치적, 경제적, 사회적 평등 수준과 상관없이 연구 대상 국가의 약 70%에서 여학생들이 남학생들보다 교육 성취도 면에서 더 뛰어나다는 점을 시사한다.

완벽한 꼬마 아가씨의 압박감을 어떻게 이겨낼 수 있을까? 여자아이들에게 더 많은 위험을 감수하도록 가르쳐야 할까? 예상과 달리 결국 우리는 남자아이들에게 더 많은 위험을 감수하도록 가르친다. 수십 년에 걸친 연구는 어른들이 남자아이들이 여자아이들보다 부상에 덜 취약하다는 것을 인지할 뿐 아니라 남자아이들과 여자아이들을 바로 그런 방식으로 대한다는 점을 보여준다.[20] 아이들과 함께 놀이터에서 그네타기와 미끄럼틀 타기, 정글짐 오르내리기를 하는 부모들을 잘 관찰해보자. 부모는 아들에게는 "할 수 있어!"라고 말하는 반면 딸에게는 "떨어지지 않도록 단단히 붙잡아야 해."라고 주의를 주는 경향이 있다. 이런 상황은 놀이터나 어린 시절에만 그치지 않는다. 남성들이 자격 요건의 60%밖에 갖추지 않은 일자리에 지원하는 반면 여성들은 요구되는 자격을 거의 다 갖추기 전까지는 지원하지 않는다는 통계에 관해 들어본 적이 있을지 모르겠다. 널리 인용되지만 미국의 컴퓨터 및 프린터 제조업체 휴렛패커드Hewlett-Packard의 내부 보고서에 포함된 해당 연구는 왜 그런 현상이 나타났는지 여성들에 관한 이유를 깊이 살펴보지는 않았다. 2014년 정통 경영 잡지《하버드 비즈니스 리뷰Harvard Business Review》에 발표된 보고서를 포함한 다른 연구들[21]이 더 깊숙하게 이 문제를 파고들었다. 연구원들은 여성과 남성들에게 각각 자격이 부족한 일자리에 지원하지 않기로 선택했는지, 그랬다면 왜 지원하지 않았는지를 물었다. 여성들은 남성들보다 두 배나 더 실패하는 상황에 있고 싶지 않다고 대답할 가능성이 컸다.

자격이 없는 자리에 지원하는 게 정답처럼 보이지 않지만 120%로 준비가 될 때까지 미루는 것도 정답으로 보이지는 않는다. 우리에게 부모로서 더 나은 해결책은 완성주의의 선례를 따르는 동시에 완벽 대신 완성을 추구하고, 열심히 일하고, 거의 준비되었다고 느끼는 직장에 지원해 보란 듯이 훌륭한 면접을 보고, 자신이 올라가 있는 정글짐에서 뛰어내릴 준비를 하는 아이들을 돕는 것이다. 특히 여자아이들을 위해 그들이 더 신나고 덜 멋지도록 완벽한 꼬마 아가씨라는 굴레에서 벗어날 수 있게 도와주자.

연구실에 딸 난디니를 데려왔을 때 그녀는 미취학 아동이었다. 아이는 실험 대상이었다. 우리 연구실이 진행하고 있던 '완벽한 원'[22]이라는 제목의 실험은 수십 년간 지속된 것이기도 했다. 해당 실험의 목표는 아이들을 좌절시킨 다음 아이들의 반응을 관찰하는 것이었다. 언뜻 보기에는 단순해 보인다. 우리는 아이들에게 그저 완벽한 원을 그려보라고 한다. 하지만 사실 이는 생각처럼 간단하지 않다.

"난디니, 엄말 위해 이거 해줄 수 있니?" 내가 물었다. "완벽한 녹색 원을 그려줘. 여기 크레용과 종이가 있으니까 한번 그려볼래?" 대부분의 네 살짜리 아이처럼 그녀는 행복하게 원을 그렸다. 꽤 잘 그려진 원이었다. 하지만 실험 과정에서 우리는 아이에게 다음과 같이 말하게 되어 있다. "음, 잘못 그린 것 같구나. 약간 뾰족해 보여. 하나 더 그려줘." 아이는 다시 원을 그리고 이번에는 제대로 그렸다고 확신하며 기대에 차 고개를 든다. "음, 이번에도 제대로 그리지 못했네. 여기 가운데가 찌그러져 있잖아. 하나 더 그려보렴." 이번에는 아이가 눈썹을 찡그렸다. 하지만 곧 상황을 바로잡으려 결심하고 또 다른 원을 그려낸다. "음, 잘못 그렸어. 너무 작아. 하나 더 그려보자."

그 실험은 정확히 3분 30초 동안 지속되도록 정해져 있었다. 귀여운 꼬마 아이에게 자신이 완벽히 해냈다고 생각하는 몇 가지 일 중 하나를 끔찍할 정도로 잘 해내지 못했다고 말해야 하는 시간은 천천히 그리고 고통스럽게 흘러갔다. 그 고통스러운 시간 동안 많은 아이가 의무적으로 그림을 계속 그렸고 좌절감이 새어 나왔다. "어떻게 해야 더 잘 그릴 수 있는지 알려주세요!" 어떤 아이들은 눈물을 흘리면서 괴로워하기도 한다. 우리는 보통 그런 일이 일어나기 전 실험을 중단한다. 몇몇 아이는 심지어 계속해서 원을 그리는 게 행복한 것처럼 가장하기도 한다. 그 아이들이야말로 자신보다 남을 기쁘게 하기 위해 무리해서 노력하는 사람들이다.

내 딸의 경우는 어땠을까? 난디니는 계속 그 빌어먹을 동그라미들을 그리다가 마침내 내게 말했다. "엄마, 제가 엄마 연구를 돕고 있다는 건 알지만 이 동그라미도 충분히 완벽한 것 같아요. 예쁜 동그라미 같거든요. 바로 다음 과정으로 넘어갈 수 있을까요?" 연습 중인 나의 꼬마 완성주의자였다.

탱고를 추려면 두 명이 필요하다

카비의 자전거 타기 수업 뒤에 무슨 일이 있었는지 뒷이야기를 소개한다.

우리가 집에 도착하자마자 아이는 분명 그 경험 때문에 괴로워하며 자기 방으로 올라갔다. 몇 분 뒤 나는 그에게 아래층으로 내려와 부엌 식탁에 같이 앉자고 했다.

나는 심호흡을 한 뒤 녹화된 비디오 영상의 '재생' 버튼을 눌렀다. 함께 녹화 영상을 보던 아이는 내 하얗게 질린 얼굴과 축축하게 젖은 눈을 쳐다보았다.

"왜 그래요, 엄마?" 그가 물었다.

"미안해, 애야."라고 내가 말했다. "엄마가 얼마나 잘못했는지 이제부터 엄마가 하는 말 잘 들어줬으면 좋겠어. 넌 자전거를 처음 타니까 넘어질 수도 있는 상황이 두려웠고 그걸 걱정할 충분한 이유가 있었어. 그럴 때 불안감을 느끼는 건 사실 정말 똑똑한 거란다. 엄만 너한테 무서워하는 게 잘못된 거라고 말하는 큰 실수를 했어. 미안해, 넌 잘못한 게 없어! 그리고 엄만 있는 그대로의 널 사랑해."

미스터 로저스(Mr. Rogers, 어린이 프로그램으로 유명한 미국의 방송인-옮긴이 주)와 빌리 조엘(Billy Joel, 미국의 싱어송라이터이자 피아니스트 옮긴이 주)이라는 두 천재의 지혜로운 말을 엮은 마지막 문장은 놀라운 효과를 보였다. 아이의 경직된 작은 어깨가 긴장을 풀었고 그는 내 눈을 바라보았다. 그리고 아이는 자전거를 차고에서 끌어낸 뒤 처음으로 내게 미소 지어 보였다.

좋은 소식은 완벽하지 못한 부모들의 감정 면역 체계처럼 아이들의 감정 면역 체계 역시 삶에서 길을 가로막는 대부분의 도전들, 예컨대 부모들 같은 존재를 감당할 수 있다는 점이다. 그뿐만 아니라 아이들은 결과적으로 잘 자랄 수 있다. 또 한 가지 좋은 소식은 불안은 부모와 자식 사이에서 서로 특별한 혜택을 주고받는 관계에 해당한다는 점이다. 그리고 일단 우리 아이들이 겪는 불안이 실제로는 아이들을 해치지 않는다는 점을 알게 되면 우리는 우리 자신에게서도 같은 것을 발견할지 모른다.

얼마 지나지 않아 카비는 자전거 타는 법을 배웠다. 아이는 여전히 종종 불안하게 비틀거렸지만 그래도 나는 괜찮았다. 아이 역시 그랬다. 아이와 나는 함께 서로의 불안을 마주했고 결국에는 더 강하게 앞으로 나아갔다.

10장

올바른 방법으로
불안해하기

"올바른 방법으로 불안해하는 법을 배우는 것은 궁극적인 것을 배우는 일이다."[1]
— 《**불안의 개념**(The Concept of Anxiety)》, **쇠렌 키르케고르**

불안의 수호성인이 한 이 말을 인용하면 우리는 이 책이 어디서부터 시작했는지 알 수 있다. 기분이 좋지 않을 때도 올바른 방법으로 불안해하는 법을 배우는 것이 우리의 궁극적인 목적이자 지향점이다.

지금까지 이 책을 읽어왔다면 이 행동에 대한 외침이 우리에게 무엇을 의미하는지 알아차렸을 것이다. 우리는 인생의 어느 순간, 불안은 힘든 것이라는 피할 수 없는 사실에 부딪힌다. 이는 너무 힘겹게 느껴져 때로는 기분이 좋지 않은 것을 넘어 원하는 삶을 살지 못하게 만들기도 한다.

지금까지 올바른 방법으로 불안해하는 것에 관한 몇 가지 처방을 제시했다. 해야 할 일 리스트도, 숙제도, 또 암기해야 할 치료 관련 계획도 없다. 그렇지만 나는 여러분에게 약속했다. 만약 여러분이 불안과 관련해 자신의 믿음에 도전한다면, 즉 어떤 것이 불안이고 불안이 아닌지 또 불안이 무엇에 좋은지 그리고 불안이 삶에 어떻게 영향을 미치는지 등의 생각에 맞서 싸운다면, 여러분의 새로운 사고방식은 자신의 모든 불안에 관련한 경험을 바꾸고 그 결과 더 나은 삶과 미래를 만들 거라 장담했다.

오해는 하지 않길. 패러다임을 바꾸는 사람이 되는 일은 상상력 없이 구현될 수 없다. 하지만 나는 사고방식의 전환이 세상을 새로운 시각으로 바라보고 전과 다른 선택을 하게 하며 또 새로운 것을 시도하게 하는 강력한 변화를 불러일으킬 것이라 믿는다. 이렇게 하려면 무언가 행동이 필요하다. 아마 여기까지 함께 온 여러분은 그 작업에 관해 고려해보았을 것이다.

이 책의 마지막 장에서는 불안과 친해지는 과정을 시작할 때 도움이 될 세 가지 기본 원칙을 소개한다. 지금까지 책에 담은 모든 내용을 압축하면서 불안감이 혼란스럽게 느껴지거나 부담스럽고 방해될 때 가던 길을 쭉 따라갈 수 있도록 도와주는 단계에 속한다. 이것들은 팁이나 전략이 아닌 원칙이다.

전략이 나쁘다는 말이 아니다. 전략에는 훌륭하게 불안에 대처하는 많은 요령과 도움을 주는 방법이 해당한다. 하지만 전략은 우리가 불안을 극복하도록 유도한다는 점에서 문제가 된다.

반면 여기서 소개할 세 가지 원칙은 불안을 극복하는 게 목표가 아니라는 점을 분명히 밝힌다. 원칙의 목표는 우리가 느끼는 불안이 무엇을 말하고 있는지 이해한 뒤 삶을 더 좋게 변화시키기 위해 그 정보를 활용하려 노력하는 것이다.

세 가지 원칙은 다음과 같다.

1. 불안은 미래에 관한 정보다. 불안에 귀를 기울여라.
2. 불안이 도움이 되지 않는다면 당분간은 그냥 내버려두어라.
3. 만약 불안이 유용하다면 그 불안으로 목적성 있는 무언가를 하라.

1. 불안은 미래에 관한 정보다. 불안에 귀를 기울여라

무엇보다도 불안은 빽빽하고 강력한 정보덩어리다. 불안은 우리의 주의를 중요한 것에 향하게 하는 신체적 감각들, 예를 들어 빠르게 뛰는 심장 박동이나 조여오는 숨통, 찡그린 얼굴 등과 걱정처럼 때때로 급류처럼 밀려드는 생각과 믿음의 흐름이 결합한 것이다. 나쁜 일은 일어날 수 있지만 아직 일어나지 않았고, 그것을 바로잡고 원하는 것을 얻을 수 있는 시간과 능력이 아직 우리에게 있다는 점을 말해준다. 그래서 불안은 희망을 또렷하게 드러낸다.

하지만 이를 이루기 위해서는 불안이 반드시 불편해야 한다. 우리를 바짝 신경 쓰게 만들고 그에 집중하도록 만들어야 한다. 이는 우리가 현재 위치한 곳과 원하는 곳 사이의 간격을 좁힐 때 집중력과 추진력을 높여주는 에너지 신호이기도 하다.

다른 어떤 감정도 불안처럼 우리를 미래에 대비해 효과적으로 훈련시키고 보상을 주는 것은 물론, 위협에 집중할 수 있게 하며 목표를 향해 계속 나아갈 수 있게 할 수 없다. 이것이 바로 불안이 우리에게 유용한 감정인 이유다. 불안은 우리의 모든 것을 목적으로 향하게 한다.

불안의 불쾌함이 우리에게 중요한 것에 주의를 기울이게 만들지만 아이러니하게도 정작 그 근본적인 불쾌감에는 귀를 기울이기가 어렵다. 끔찍한 감정은 해당 감정을 없애려는 행동을 하기 전 잠시 그것을 견디는 습관을 만들지 않는 한 우리를 외면하고 싶게 만든다.

따라서 불안에 귀 기울이는 데 있어 호기심은 우리의 가장 좋은 친구다.

불안감을 원하라는 말은 아니다. 모든 불안이 꼭 유용한 건 아니기 때문에 나는 이 책의 제목을 '불안을 사랑하라'로 정하지 않았다. 하지만 불안의 고통을 대하는 자세는 불안이 얼마나 불편하게 느껴지고 우리가 그것을 얼마나 잘 견딜 수 있는지, 또 그것으로 무엇을 할 수 있는지에 있어 모든 차이를 만들 것이다.

그러니 우리의 불안을 사랑하지 말자. 좋아할 필요도 없다. 그냥 불안에 관해 궁금해하면 된다.

이는 언뜻 보기에 별 의미가 없어 보일지 모른다. 우리를 아프게 하는 것에 어떻게 호기심을 가질 수 있을까? 하지만 불안은 위험한 게 아니다. 호기심을 가지고 접근하면 이 근본적인 사실을 강조할 수 있다. 불안을 자세히 살펴보아도 별문제 없이 안전하다는 걸 깨달을 것이다. 바로 그 점이 모든 것을 바꿔놓는다.

사회적으로 불안한 사람들이 대중 앞에서의 연설과 까다로운 수학 시험 같은 어려운 과제에서 비우호적으로 자신을 대하는 낯선 사람들에게 평가받는 1장의 사회적 스트레스 테스트Trier Social Stress Test를 떠올려보자.[2] 참가자들은 사전에 과제를 수행하며 느끼는 불안에 관한 자연스러운 반응들, 즉 두근거리는 심장과 거친 호흡, 당장이라도 구토를 할 것 같은 메스꺼운 느낌 등이 자기 몸에 실제로 기운을 북돋우는 존재이며 앞으로 다가올 힘든 과제들에 직면할 준비를 하고 있다는 신호임을 들었다. 이는 불안 민감성(anxiety sensitivity, 불안해지는 것에 대한 불안을 의미-옮긴이 주)이라고 불리는 것, 즉 불안 그 자체가 심리학적으로나 의학적으로 해롭다는 믿음 때문에 일부 사람들에게 받아들이기 어려울 수 있다. 하지만 이 연구에서 그 견해는 수정되었다. 참가자들은 불안이 건강한 감정이며 자신이 최선을 다하도록 돕는 것이라는 말을 들었다. 그렇게 그들은 경험하게 될 불편한 감정에 관해 더 호기심을 가지고 대하고 감사하는 마음을 가지도록 격려받았다.

그리고 이는 성공했다.

불안감이 이롭다는 말을 듣지 못한 다른 실험 참가자들과 비교했을 때 그들은 더 건강한 신체 반응을 보였다. 그들의 혈관은 더 이완되었고 심박수도 더 느리게 나타났다. 혈압이 높아지는 현상과 빠른 심장 박동은 시간이 지남에 따라 몸을 상하게 할 수 있기에 이런 현상은 실험 참가자들이 불안이 해롭다는 가정을 멈추었을 때 말 그대로 그들에게 덜 해롭다는 것을 보여준다. 대신 그들의 몸은 어려운 일을 성공하기 위해 노력할 때 건강한 몸이 보이는 반응을 나타낸다.

불안에 귀를 기울여야 하는 두 번째 중요한 측면은 불안이 커지거나 줄어들거나 또는 사라질 때가 있다는 점이다. 다시 말해 우리의 불안 수준은 변화한다. 어려운 시기가 시작되거나 길에서 장애물에 부딪혔을 때 절정에 이르는 경향이 있으며, 그 좌절을 극복하고 목표를 달성하는 순간 곤두박질친다. 불안의 중단은 불안의 시작만큼이나 중요한 정보다. 이는 우리가 가속 페달에서 발을 뗄 수 있다는 것을 의미한다. 이런 점에서 불안은 신체적 고통과 매우 유사하다. 뜨거운 냄비에 닿은 손을 빼는 것처럼 몸을 보호하는 행동을 하도록 강요할 때 특히 유용하며 그 현상이 멈추면 우리에게 위험이 지나갔다는 것을 알려준다. 불안에 관해 호기심을 갖는 것은 불안이 우리에게 말하는 것, 즉 언제 시작하고 바뀌고 또 언제 침묵이 흐르는지 등을 듣는 것을 의미한다.

만약 불안에 관해 더 개방적이고 호기심 많기를 원한다면 불안이라는 단어가 의미하는 바를 다시 생각해보아야 한다.

그 방법을 이해하기 위해 불안이라는 현대 언어에 관해 잠시 이야기해보도록 하자. 그 단어는 어디에나 있었다. 온라인상에서의 텍스트 분석은 오늘날 사람들이 40년 전에 비해 불안이라는 단어를 쓰거나 말할 가능성이 자그마치 열 배나 높다는 사실을 보여준다. 그런 측면에서 보았을 때 불안은 새로운 스트레스가 된 셈이다. 내가 자라난 1980년대에는 스트레스라는 말이 모든 사람의 입에 오르내렸다. 그때만 해도 누군가 "잘 지내요?"라고 물으면 내 대답은 "잘 지내죠, 안부 물어줘서 고마워요." 또는 "글쎄요, 그럭저럭 지내긴 하는데 꽤 스트레스를 받네요."라고 말할 확률이 높았다. '스트레스'는 즐거움 속에서도 느껴지는 지침이나 압박감, 분노나 걱정, 두려움, 슬픔 등처럼 약간의 불쾌한 감정 전부를 줄인 말이다. 결혼 계획은 어떻게 되어가? 아, 좋긴 한데 스트레스받고 있어. 수술받고 회복은 잘 되고 있어? 꽤 스트레스받고 있 긴 한데 이겨낼 수 있을 거야.

불안은 우리의 모든 불편한 감정, 모든 불확실성에 관한 감정적 언어 를 대변하며 스트레스를 대신한다. 우리는 발표나 소개팅을 하고 새로 운 일을 시작하는 것에 대해 불안해한다. 그 단어는 공포에서 즐거운 기대에 이르기까지 모든 것을 아메바처럼 흡수한다. 그러나 해당 단어 는 사용만으로도 우리 경험을 부정적 시각으로 비추고 그 경험들에 위 험과 그다지 바람직하지 않은 것들을 불어넣는다. 부분적으로 이는 영 어라는 언어가 걱정과 관련해 미묘한 차이를 드러내는 단어들이 부족 하기 때문이다.

모든 언어가 다 이런 현상을 겪고 있는 것은 아니다. 영어 이외의 많 은 언어는 건강한 불안과 나약하게 만드는 불안의 뜻을 나타내는 개별 적인 단어를 보유하고 있다. 캄보디아의 크메르어에서는 두려움을 뜻 하는 *khlach*와 걱정을 뜻하는 *kut caraeun* 같은 단어를 흔하게 찾아볼 수 있다. 이와는 대조적으로 '바람의 과부하'라는 뜻도 지니고 있는 *khyal goeu*는 두근거리는 심장과 흐릿한 시야, 호흡 곤란 현상을 동반하는 위 험한 실신 현상인 공황 발작과 유사한 상태를 의미한다. 에스파냐어를 사용하는 몇몇 문화권에서 히스테릭한 발작을 뜻하는 *ataque de nervios* 는 자제할 수 없는 비명이나 고함, 울음, 떨림과 머리에서 솟아오르는 열기, 분열 증상, 유체 이탈이나 언어적 또는 신체적 공격 등을 포함한 다. 하지만 고통스러운 불안이나 미래에 대한 기대는 뚜렷하게 구별된 다. *la preocupacion*과 *la ansiedad*는 고통을 의미하며 *el afan*는 간절한 기대를 뜻한다.

크메르어나 에스파냐어를 사용하는 사람들이 자신을 덜 나약하게 만드는 불안을 가지고 있다고 주장하는 건 아니다. 오히려 의학 분야에서 지배적인 언어인 영어로 된 불안이라는 단어가 단순한 기대에서 임상적 장애에 이르기까지의 모든 것을 의미한다는 뜻이다. 이런 부정확성은 불안감을 더 대응하기 힘들고 정확히 파악하기 어렵게 만든다.

듀크글로벌보건연구소Duke Global Health Institute의 정신건강 전문가들은 네팔에서 수년간 일하면서 불안을 뜻하는 언어를 바로 잡는 일이 얼마나 중요한지, 그렇게 하지 않을 때 따라오는 의도치 않은 부정적인 결과가 얼마나 심각한지 직접 깨달았다. 상담사들은 종종 외상후 스트레스장애PTSD를 '뇌 쇼크'를 뜻하는 *maanasik aaghaat*로 번역하고는 했다. 그러나 인도와 파키스탄뿐 아니라 네팔에서도 뇌, 즉 *dimaag*라는 단어와 가슴과 마음을 뜻하는 *mann*이라는 단어 사이에는 중요한 구별이 있다.[3] *dimaag*는 폐, 심장과 같은 다른 장기들과 마찬가지로 순전히 신체적인 개념이다. 이 *dimaag*가 손상되면 영구적이며 회복 가능성이 작은 것으로 생각된다. 이와는 대조적으로 *mann*이 고통받고 있다면 *mann*, 즉 가슴과 마음은 도움을 받아 치료될 수 있다고 믿는다. 상담사들은 PTSD를 앓고 있는 네팔의 시골 환자들에게 '뇌 쇼크'라는 진단을 내림으로써 자신도 모르게 그들이 치료될 수 없다고 믿게 만들었고, 그렇게 고통 속에서 많은 사람이 치료를 거부했다. 이 비극의 교훈 중 하나는 불안을 뜻하는 언어를 다시 만들어내는 게 그 고통스러운 오해를 막을 수 있었다는 점이다.

일단 불안에 관해 궁금해하고 그것을 묘사하기 위해 사용하는 언어에 신경을 쓰게 되면 불안에 귀를 기울이는 일에는 어떤 복잡한 기술도 필요하지 않다. 우리는 불안이 말하는 것을 이해할 능력이 있고 다른 모든 감정처럼 불안 역시 필연적으로 스쳐 지나갈 것이라 안심할 수 있다. 하지만 우리의 감정과 생각에 의지할 기회를 놓치지 말자. 혈관을 통해 흐르는 연료와 같은 펄떡거리는 에너지, 열정적인 욕구, 숨이 막힐 듯한 두려움, 성공에 필요한 요소를 갖추고 있다는 자신감의 고조에 뒤따르는 의심이 바로 그 기회다. 감각은 본래 목적과 방향이 필요한 에너지다. 감각은 걱정에서 희망으로 나아가기도 하고 또 호기심으로 니이기기도 한다. 우리는 불아이 영원하지 않다는 점을 알기 때문에 호기심 있게 둘러볼 충분한 세상과 시간이 있다.

다른 사람들의 불안에도 귀를 기울여보자. 불안에 관한 개방성을 작게 표현하는 것이 큰 영향을 미친다. "오늘 하루 잘 보냈어?"와 같은 유도 신문이 아니라 친구나 가족에게 "오늘 어땠어?"라고 물어보면 대화가 바뀐다. 특정한 대답을 가정하지도, 바라지도 않는 조사에 들어가는 셈이다. 개방형 질문은 "좋은 하루를 보냈어!"와 같은 명랑하고 긍정적인 대답을 해야 할 것 같은 부담을 주지 않는다. 답이 좋든 나쁘든, 또 걱정스럽든 희망적이든 간에 "더 말해줘."라든가 "어떤 기분이었니?", 또 "그렇구나."라고 대답하면서 가능성에 대해 궁금해한다. 그런 느낌을 그대로 내버려두자. 판단 혹은 검열하거나 당장 해결책을 고안해내려 애쓰지 말자. 이 느낌은 불안에 귀를 기울이는 능력을 키우고 우리가 사랑하는 사람들도 그렇게 할 수 있도록 도울 것이기 때문이다.

2. 불안이 도움이 되지 않는다면 당분간은 그냥 내버려두어라

나는 이 책의 대부분을 불안을 억누르지 말고 두려워하지도, 또 부정하거나 혐오하지도 말라고 주장하는 데 할애했다. 불안은 귀중한 정보를 담고 있으며 불안에 귀를 기울이면 자신과 자신이 아끼는 것에 관한 지혜가 생긴다고도 말해왔다. 불안은 우리 삶의 질을 향상하기 위해 필요한 행동을 하도록 도와주는 감정이다.

하지만 늘 그렇지만은 않다.

불안이 매번 유용하거나 간단한 것은 아니다. 때때로 불안에 포함된 메시지를 파악하는 데 오래 걸릴 수 있다. 또 어떤 때는 많은 감정을 가지고 있지만 우리가 알아차릴 유용한 정보가 없어 무의미하기도 하다.

바로 이것이 불안이 유용한 불안과 그렇지 않은 불안이라는 두 가지 범주 중 하나로 분류된다는 사실을 인지하는 게 중요한 이유다. 어떤 불안이 어떤 범주에 속하는지 어떻게 구분할 수 있을까?

우리는 학교에서 딸이 겪고 있는 심각한 문제나 업무 마감일, 또 정말 교체해야 하는 고장 난 가전제품에 관해 생각하며 잠에서 깬다. 관련 생각을 멈추려고 노력하지만 우리 마음은 끊임없이 그것을 향해 되돌아간다. 이런 걱정들은 무엇이 우리를 괴롭히고 있는지 확실한 용어로 말해주며 명확하고 구체적인 방식으로 해결하도록 옆구리를 쿡 찔러주는 신호다.

이는 유용한 걱정거리다.

한편 유용하지 않거나 아직 유용하지 않은 불안은 일반적으로 우리가 취할 수 있는 합리적인 행동이 없기 때문이거나 혹은 그것이 막연한 불안에 속하며 어떤 분명한 문제에도 속하지 않기 때문에 그러하다. 불안이 아무런 선택의 여지도 주지 않을 때 우리는 그것을 통제할 수 없다고 느낀다. 불안한 감정을 완화하고 당장 당면한 상황을 해결하기 위해 어떤 조치를 해야 하는지 알 수 없다. 마치 조직 검사를 하기 위해 의사를 찾아가는 것과 같다. 결과가 나올 때까지 할 수 있는 일이 없다. 이런 종류의 불안은 우리를 극심한 걱정과 불안의 순환에 갇히게 만들어 압박감과 무력감을 느끼게 한다. 이런 종류의 불안으로는 우리가 할 일이 무엇인지 알기 힘들다.

한편 부동성 불안free-floating anxiety처럼 이유를 알 수 없는 과도하고 막연한 불안감도 있다. 이런 불안은 너무 모호해서 어떤 면에서 우리의 주의가 필요한지, 또 어떤 조치를 해야 하는지 구별해내기 어렵다. 예를 들어 세상이 제대로 된 궤도에서 벗어난 것처럼 지속적이고 치명적인 공포감을 느끼며 돌아다닌다면 아무리 애를 써도 그 이유를 알 수 없다. 아마 시간이 지나면 해당 불안의 원인이 분명해질 것이고 그때쯤이면 우리는 그 불안을 다룰 수 있을 것이다. 아니면 가짜 경보라서 불이 나지 않을 수도 있다. 불안은 완벽하지 않다. 인간의 일이기에 종종 잘못되기도 한다.

이 두 경우 모두 우리가 할 수 있는 일은 불안을 안전하게 보존하기 위해 잠시 제쳐두고 다른 일을 시도하는 것이다. 불안을 지워버리자.

불안을 억제하거나 없애려 노력하라는 뜻은 아니다. 그냥 좀 쉬고 다른 일을 하라는 의미다. 그 불안은 우리를 기다리고 있을 것이고, 시간이 지난 뒤 우리가 돌아왔을 때쯤이면 우리는 스스로 고통을 줄이는 조치를 했다는 걸 알아차릴지도 모른다. 아니면 나중에 보면 결국 그 불안이 불발탄처럼 아무것도 아니었을 수도 있다.

수십 년 동안의 연구는 불안을 지워버리는 가장 좋은 방법을 제시한다. 느긋한 마음으로 현재에 몰입하는 경험을 쌓아가는 것이다. 불안이 압박하면 나는 좋아하는 시를 읽거나 감동을 주는 음악을 들을 것이다. 자연이 선사하는 아름다움을 즐기며 웅장하게 늘어선 나무들을 감상하고 빌딩에 비치는 빛에 주목하거나 나뭇잎의 절묘한 결을 유심히 살피며 산책할 것이다. 나는 종종 평화로운 기분을 느끼게 하는 친구에게 연락한다. 왜냐하면 그 친구는 세상에서 나를 제일 잘 아는 사람이기 때문이다.

지금 자신을 느긋하게 하고 현재에 몰입하는 데 효과가 있는 게 어떤 경험이든 간에 그렇게 시간을 보내자. 우리는 자신을 걱정과 두려움의 구덩이로 내던지는 불안의 악순환을 깨기 시작할 것이다. 또 자신이 가능성으로 가득 찬 거대한 우주의 일부이며, 그 안에 자신만의 특별한 목적을 추구할 곳이 있다는 경이로움과 개방감도 느끼게 될 것이다.

이런 경험들로 성장하고 위안과 명료함을 찾은 뒤, 그 뒤에 불안에 관해 생각하고 그것에 귀 기울이기 위해 그 불안으로 되돌아갈 수 있을 것이다. 우리는 불안을 유용하게 만드는 방법을 찾을 것이고 그러고 나서 마지막 단계인 불안을 의미 있게 하는 과정에 들어갈 수 있다.

3. 만약 불안이 유용하다면 그 불안으로 목적성 있는 무언가를 하라

우리는 불안이 실패인 것처럼 접근하는 경향이 있다. 기분이 나쁘면 무언가 문제가 있다고 인지하는 것이다. 결과적으로 우리의 목표는 불안감이 사라지도록 관리하는 것이 되며, 그 목표를 달성하면 우리가 행복하고 건강하다고 간주한다.

하지만 이는 내가 제안하는 것과는 정반대다.

불안 없는 삶은 불가능한 목표이며 좋은 생각도 아니다. 우리는 삶을 더 좋게 만들기 위해, 특히 힘든 시기에 불안이 필요하기 때문이다. 여태껏 이 책을 통해 살펴보았듯, 불안은 중요한 것을 보게 해주며 산만함을 거부하고 문제에 집중하게 하는 동시에 온 힘을 다해 그 문제를 해결하려 하고 사태를 끝낼 수 있도록 해준다. 불안은 조용해져야 하는 소음이라기보다는 웅성대는 삶의 정적인 부분에서 두드러지는 맑게 울리는 신호다.

우리의 마음은 방황하는 데 전체 시간의 절반을 보낸다. 이는 진화의 실수가 아니다. 왜냐하면 뇌가 정신적인 방황 중 기본 모드라고 불리는 상태에 들어가면[4] 휴식을 취해도 여전히 활동적이기 때문이다. 연구는 뇌가 실제로 자신과 타인에 관한 생각, 그리고 목표와 선택지를 곰곰이 생각하고 있다는 점을 보여준다. 사실 뇌는 마치 눈보라가 갑자기 몰아칠 때 온 신경을 집중해야 하는 시골길에서 게으르고 멍하니 있는 운전자처럼 무언가가 주의를 끌 때까지 에너지를 절약하고 있다. 불안은 지금이 주의를 기울일 때라는 신호이며 진격하라는 명령이다. 폭풍이 오고 있다. 행동할 준비를 하라.

불안은 우리가 무언가를 하길 원하기 때문에 우리의 관심과 에너지를 이용한다. 그리고 생성되거나 파괴될 수 없는 다른 에너지처럼 전환되고 전달되어야 하며 또 갈 곳이 주어져야 한다. 그렇지 않으면 스트레스가 쌓여 우리 삶의 질이 타격을 받는다.

지금까지 실시된, 가장 오래 지속되었으며 가장 포괄적인 종단 연구인 하버드대학의 성인 발달에 관한 연구[5]는 여러 세대의 연구자들이 근본적인 질문에 답할 수 있게 해주었다. 무엇이 건강하고 행복한 삶을 이끌까? 1938년에 시작된 이 연구는 대공황 동안 268명의 하버드대학 2학년 남학생들의 안부를 추적하기 시작했다. 조사 대상자가 남학생으로 한정된 이유는 그 당시 여성들의 입학이 허용되지 않았기 때문이다. 결과적으로 78년 동안 모든 계층의 1,300명 이상의 사람들을 추적하는 것으로 확장되었다. 연구원들은 좋은 관계를 맺는 것과 더불어 사람들의 건강과 행복에 관한 가장 좋은 예측 변수 중 하나(사회적 계급이나 IQ, 유전적 요인보다 더 나은)가 바로 삶의 목적의식을 가지고 있고 이를 다음 세대에 물려주는 것이라는 점을 발견했다. 그리 놀라운 결과는 아니다. '우리 할머니가 우리에게 말했을 수도 있는 것'을 연구한 결과 중 하나다. 하지만 이는 올바른 방법으로 불안해하는 것이 왜 우리를 온전히 목적으로 향하게 하는 걸 의미하는지를 설명하는 일부 이유이기도 하다.

7학년(한국의 중학교 1학년-옮긴이 주)이 된 아이에게 불안이라는 단어가 무엇을 떠오르게 하는지 물었다. 아이는 "내가 방 안에 혼자 있는 거랑 스트레스를 받는 거, 또 숙제로 가득 찬 공간이 떠올라요."라고 대답했다. 초등학교 4학년 딸에게도 같은 질문을 했는데 딸은 이렇게 대답했다. "긴장되거나 내가 무언가를 못할 거 같을 때가 떠올라요. 예를 들어 수업 시간에 일어나 선생님이 물어보는 거에 대답하거나 무대에서 춤을 출 때 그렇거든요." 그들의 대답은 서로 다른 성격을 반영했을 뿐 아니라 7학년과 4학년으로서 각각 개개인의 뚜렷한 목표와 걱정거리를 가지고 있다는 사실만큼 상당히 다르다. 나침반처럼 불안은 그들을 자신의 진정한 북쪽, 즉 카비에게는 자신에게 요구되는 새로운 학문적인 요소를 관리하고 난디니에게는 사회적 인상을 탐색하는 것을 가리켰다

불안이 항상 우리를 목적으로 인도하는 것은 아니다. 강박증에서 불안은 손 씻기와 확인, 또 모든 기력을 소모해 안심하기 위해 하는 행동 등의 충동을 불러일으키는 악순환을 담당한다. 그 순간 당사자들은 불안의 감정을 억제하지만, 그 안도감은 항상 일시적일 뿐 아니라 강렬한 불안의 도돌이표에 해당하며 느꼈던 강박은 언젠가 다시 수행되기 마련이다. 충동은 목적성을 띠거나 효과적인 행동이 아니기 때문에 장기적으로는 제대로 기능하지 않는다. 문제를 해결하거나 우리의 성장을 돕거나 그렇다고 불안의 실제 상황을 해결하지도 못한다. 그래서 악순환은 계속된다.

그러나 유용한 불안은 목적과 분리될 수 없다. 앞서 2장에서 살펴보았듯 불안은 보상을 담당하는 뇌의 회로와 도파민을 자극하는 동기에 기반을 두고 문제 앞에서 끈질기게 버티며 즐거운 것을 추구하기 때문

이다. 불안은 사람들에게 재난을 피하게 만들 뿐 아니라 만족과 안도, 희망, 경외, 기쁨, 또 영감을 얻도록 만든다. 우리는 우리가 신경을 쓸 때만 불안하다. 우리의 불안은 어디를 가리키고 있는가?

불안은 나를 과학자와 작가로서의 커리어로 향하게 했다. 나는 내 불안감에서 비롯된 능력이 없었다면 결코 성공적인 연구를 해낼 수 없었다. 끈질기게 호기심을 갖고 지치지 않으면서 문제의 퍼즐을 풀어나가고, 마리 콘도(Marie Kondo, '정리의 여왕'이라 불리며 정리 정돈법에 관한 활발한 활동으로 유명하다-옮긴이 주)처럼 정리하며 건전한 고집과 세부 사항에 관해 강박적인 관심을 가지고 최고의 할 일 리스트를 만들어야 했다. 불안은 작가로서의 나에게도 도움이 되었다. 20번째 개정판에서도 원고를 보존한 능력에도 유용했다. 내 글이 내가 신경을 쓰는 것, 즉 목적의식을 갖게 하는 것들과 연결될 때 가장 좋다는 점을 알아차렸기 때문이었다.

목적의식이란 어떤 원대한 목표나 불타는 삶의 사명을 의미하는 게 아니다. 여기서 내가 말하는 목적의식은 우리 자신을 구성해 만들어내고 삶에 의미를 부여하는 가치와 우선순위를 의미한다. 스탠퍼드대학의 제프리 코헨과 데이비드 셔먼이 개발한 자기 확증self-affirmation을 활용해 이를 직접 탐구할 수 있다.[6] 한번 시도해보자.

방법은 다음과 같다. 나 자신을 있는 그대로 존재하게 하고 기분을 좋게 만드는 가치를 반영하는 영역에 따라 순위를 매겨보자. (1) 예술적 기량과 미적 감상, (2) 유머 감각, (3) 친구와 가족과의 관계, (4) 즉흥성과 현재를 즐기는 삶, (5) 사회성, (6) 운동, (7) 음악 관련 재능과 감상, (8) 신체적 매력, (9) 창의성, (10) 비즈니스 및 관리 능력, (11) 로맨틱한 가치가 각각의 영역이다.

이제 자신의 상위에 해당하는 세 가지 항목을 골라 그것들이 어떻게 자신과 삶에서의 목적성을 반영하는지에 관해 써보자. 몇 분 동안 각각의 영역을 살펴보자. 더 이상 단어가 생각나지 않을 때까지 써 내려가되 가능한 한 조금 더 써보려고 노력하자.

연구에 따르면 사람들이 자기 확증의 시간을 가질 때[7] 기분이 좋아지고 집중력과 학습 능력이 향상되며 인간관계에 더 충실해질 뿐 아니라 신체적인 건강 수준도 향상된다고 한다. 그리고 이런 이점은 몇 달 또는 몇 년 동안 지속될 수 있다.

우리의 불안을 목적의식과 우선순위를 정하는 쪽으로 향할 때 불안은 용기가 된다. 그때 바로 진정으로 아끼고 가치 있게 여기는 것에 관해 불안해해도 괜찮다는 사실을 깨닫게 된다. 우리는 불안한 것에 관해 신경을 쓰기 때문이다. 그것이 힘들어도 계속하는 이유다. 불안은 추진력을 북돋아 주고 강한 힘을 내게 한다. 그리고 그런 불안의 놀라운 점은 우리가 목적성을 띠고 현명한 행동을 할 때 불안이 자연스럽게 줄어든다는 점이다. 더 이상 필요하지 않게 되면 불안은 우리가 가는 길옆으로 비켜선다.

이것이 바로 불안감이 존재하는 이유다. 불안은 삶에서 우리의 목적을 성취할 수 있게 해준다. 목적들이라고 말해야 할 것 같다. 가족과 직장, 취미, 또 믿음의 공동체들과 관련해 사람들은 다양한 이유로 다양한 목적을 추구한다. 일부는 그렇게 해야 한다고 믿기 때문에 그렇고,

또 다른 일부는 그것이 자신이 원하는 이상이기 때문에 그렇다. 그 차이를 아는 것은 중요하다. 왜냐하면 책임 또는 이상에 의해 동기를 부여받는지가 우리가 다음에 무엇을 할지에 영향을 미치기 때문이다.

수업 시간에 A 학점을 받는 것을 목표로 삼은 두 명의 학생을 예로 들어보자. 한 학생은 A를 받기를 희망하며 만약 A를 받는다면 매우 만족감을 느낄 것이다. 그는 긍정적인 성취와 성장의 이상을 향해 노력하는 것에 동기부여를 받는다.

반면 두 번째 학생은 A를 받는 것이 책임에 해당하며 자신의 개인적 기준을 충족하고 다른 사람들을 기쁘게 하기 위해 달성해야 하는 것이라 믿는다. 그는 실패를 피하고 편안한 상태를 유지하려는 것에 동기부여를 받는다.

그들의 동기는 각자의 목적을 추구하는 방식을 형성한다. 책임에 집중하는 학생은 자중하고 신중하며, 실수하지 않도록 주의하고 또 실패를 피하기 위해 모든 과목에서 요구하는 사항을 철저히 준수한다. 반면 이상에 초점을 맞춘 학생은 열심히 공부할 뿐 아니라 기대를 뛰어넘기 위해 노력할 가능성이 더 크며 새로운 것을 배우고 성취하고자 자신에게 주어진 탐구 그 이상에 도달하기를 열망한다. 여기서 우리는 두 접근 방식의 이점을 확인할 수 있다. 하지만 어떤 길을 선택하느냐는 자신의 가치에 따라 달라져야 한다.

컬럼비아대학의 심리학과 교수 토리 히긴스Tory Higgins[8]는 이상과 책임이 동기부여와 성취에 어떻게 영향을 미치는지 공식화하고 연구하는 데 수십 년의 세월을 바쳤다. 그는 더 많은 사람이 개인적 가치에 맞는 방식으로 목적을 추구할수록, 즉 이상을 강조할 경우 열정적이고 광범위하게, 그리고 책임을 강조할 경우 조심스럽고 신중하게, 그렇게 더 많은 일에 몰두할수록 더 많은 성공을 거두고 또 그에 대해 더 좋게 느낀다는 점을 발견했다. 예를 들어 이상에 초점을 맞춘 사람이 목표를 추구해야 한다는 책임의 이유만으로 움직이는 불일치가 생길 때 그 사람의 불안과 괴로움은 커진다. 우리가 느끼는 감정이 목적의식과 어긋난 상황이라는 것을 알려주는 셈이다.

히긴스와 그의 동료들은 이런 '적합'의 이점을 여러 번 밝혀냈다. 예를 들어 영양 관련 목표에 관한 연구에서[9] 실험 참가자들의 이상이나 책임에 관한 타고난 성향을 실험 전에 측정했다. 그러고 나서 그들은 과일과 채소를 더 많이 먹도록 요구되었다. 그들이 그렇게 한 이유는 각각 과일이나 채소를 많이 먹는 것의 건강상 이점(이상)이나 과일이나 채소를 많이 먹지 않는 것의 건강상 비용(책임) 때문이었다. 단지 건강한 식사를 해야 한다는 이유 말고도 그에 더해 자기 동기가 부합할 때 그렇지 않은 경우보다 그들은 그다음 주 내내 약 20% 이상 전보다 더 많은 과일과 채소를 먹었다. 히긴스와 그의 동료들은 동기에 부합한다는 이점이 단지 건강한 음식에서만 적용되는 게 아니라는 사실을 깨달았다. 그것은 사람들의 정치적 신념, 옳고 그름에 대한 도덕적 판단의 형태에 영향을 미친다.

여러분은 어떠한가? 여러분은 해야 한다고 느끼는 것에 의해 동기부여를 받고 있는가? 아니면 가능하다고 꿈꾸는 것에 의해 동기부여를 받고 있는가? 우리의 동기가 모든 상황에서 같지 않다는 것을 알게 될지 모르니 자신이 매번 같은 방식으로 대답하리라 가정하지 말자. 우리의 불안은 정확히 우리가 어느 위치에 서 있는지 알아내는 데 도움을 줄 수 있다.

최근 개인적으로 극심한 불안감에 몸부림치던 때가 바로 그런 경우라는 것을 깨달았다. 남편이 직장에서 끔찍할 정도로 스트레스를 받아 삶을 위협당하는 것이 걱정스러웠다. 나는 그를 돕기 위해 최선을 다하면서도 나 자신의 고통을 감당하기 위해 고군분투하고 있었다.

나는 곧 내 불안을 감당할 수 없고 숨이 막힐 정도로 증폭시킨 게 단지 위협적인 상황 때문만은 아니라는 걸 알아차렸다. 내가 할 수 있는 어떤 행동도, 그를 도울 수 있는 다른 방법도 전혀 없다는 게 원인이었다. 목적을 어디에 두어야 할지 모르는 것처럼 느껴졌기 때문에 내 불안은 갈 길을 잃은 거였다.

그래서 방침을 바꿔 목적을 찾았다. 그러자 내가 원했던 많은 것이 책임에 의해 동기부여가 되었다. 나는 재앙을 피해 나쁜 것들을 없애버리고 모든 것을 정상으로 되돌리고 싶었다. 하지만 그게 내가 직접 이룰 수 있는 목표는 아니었다. 그리고 그것은 이상을 추구하려는 내 타고난 동기부여의 성향에도 잘 맞지 않았다.

그래서 간절히 기대하고 바라던 목적을 드러내는 데 반드시 도움이 되는 것들에 눈을 돌렸다. 첫째, 나는 남편을 위해 곁에 있어 주면서 무조건적인 지원을 제공하려 노력했다. 그러면서도 우리가 겪고 있는 상황을 이해할 친구나 가족으로부터 나를 위해 감정적인 지지를 해줄 것을 호소하는 일도 잊지 않았다. 사랑하는 사람들과의 관계는 나에게 이

생의 목적과 의미에 관한 엄청난 감각을 부여해준다. 그렇게 함으로써 나는 뜨겁게 달아오르는 불안의 열기를 조금이나마 가라앉히는 데 성공했다.

그러고 나서 내 삶에서 또 다르게 깊은 의미가 있는 측면을 글쓰기로 표현했다. 나는 그 상황에 관한 모든 내용을 적어보고 온갖 각도에서 이야기를 풀어냈다. 연속되는 사건과 남편의 반응, 그리고 내가 한 모든 생각과 느낌을 글로 적었다. 훌륭한 글이 아니었다. 사실은 정말 끔찍한 글이었다. 하지만 여기서 글을 잘 쓰는 것은 중요하지 않았다. 글쓰기는 내가 무엇을 느끼는지 깊이 파고들게 했고, 현 상황을 확실히 이해하고 또 혼란스러운 것들을 구체화할 수 있게 도와주었다. 새로운 통찰과 신선한 관점을 키우는 데 내 불안을 이용할 수 있게 해준 셈이다. 이런 행동이 무언가를 변화시키거나 상황을 나아지게 하지는 않았지만 며칠 만에 처음으로 나는 우리가 직면한 상황을 감당할 수 있을 것 같은 기분이 들었다.

이런 내 경험은 불안감이 견디기 힘든 수준으로 느껴졌을 때조차 어떻게 올바른 방법으로 불안해하는 방법을 찾았는지 보여주는 예다. 하지만 그런 동시에 또 특권의 예이기도 했다. 나는 사랑하는 사람들의 지지를 받았고 거처할 집도 있었으며 시간을 내 글을 쓸 수 있는 사치를 누렸다. 비록 상황이 내 통제에서 벗어난 것처럼 느껴졌지만 여전히 통제할 수 있는 삶의 많은 부분이 있었다.

하지만 만약 아주 현실적이고 지속적인 투쟁을 하고 있는데 그다지 많은 선택지가 없다면 어떻게 될까? 불확실성이 계속 동반되고 목적의식이 그다지 쉽게 얻어지지 않는다면 어떻게 될까? 불안감을 가지고 무언가를 한다는 개념, 목적을 추구하기 위해 불안을 사용한다는 개념이 여전히 유용할까?

내 생각에 대답은 '그렇다'이다. 불안 그 자체는 짐이 아닌 우리가 포기하지 않도록 해주는 선물이기 때문이다. 불안은 많은 시간을 고통스럽게 하지만 우리가 희망을 드러낼 수 있도록 해준다. 우울함만 느끼는 사람들은 절망스러워하고 심지어 포기할 수도 있다. 하지만 불안한 사람들은 여전히 삶에 대해 신경을 쓴다. 그들은 여전히 싸울 가치가 있다고 믿는 무언가를 지니고 있다. 그리고 만약 그들이 그 관심을 아주 작은 목적에까지도 적용한다면 불안은 그들을 앞으로 나아가게 할 것이다.

구제

우리는 이상과 책임의 세계에 살고 있다. 그리고 불안은 그 여행의 동반자다. 이번 장에서는 올바른 방법으로 불안해하기 위해 우리가 책임감을 느끼고 해야 할 일과 이상적인 측면에서 해야 할 일에 관해 살펴보았다. 하지만 쉽지는 않다. 변화는 절대 녹록하지 않으며 특히 불안과 관련해 행동할 때 단 하나의 올바른 방법이란 거의 존재하지 않는다. 여러 가지 가능성이 있다는 점은 놀랍지만 또 이는 상황을 어렵게 만들기도 한다. 다행히 이정표가 있다.

가장 큰 이정표는 우리가 좋아하지도, 절대 사랑하지도 않는 불안을 존중하고 있는지다. 불안을 존중한다는 것은 불안이 하는 말에 귀를 기울이고 그것이 유용한지 아닌지를 알아내 우리의 목적을 우선시하고 추구하도록 유도하는 것을 의미한다. 그 목적이 축하나 경외, 연결, 그리고 창의성에 관한 것일 때 불안은 즐거움과 기쁨을 위한 강력한 엔진이 된다. 불안은 기꺼이 엔진 역할을 할 준비가 되어 있다. 그것은 우리 뇌와 몸, 심장, 그리고 마음을 데리고 그렇게 하도록 진화했다.

가족을 사랑하고, 기한을 놓치고, 식료품 가게에서 쇼핑하고, 친구들과 축구 경기를 보고, 차 한잔을 마시고, 피아노를 치고, 유행병에서 살아남고, 체육관에서 운동하고, 수상스키를 타고, 아이들에게 소리를 지르고, 시를 쓰고, 휴가를 보내는 등 우리가 살면서 하는 모든 일에는 더 큰 에너지와 지혜, 영감, 희망, 그리고 노하우를 얻기 위해 뛰어들 소용돌이치는 센 물살이 함께 하는 불안이라는 깊은 강바닥 속 흐름이 존재한다. 그런 강에 뛰어들다가 죽는 건 아닐까? 그럴 수 있다. 하지만 죽지 않고 물살을 타고 앞으로 나아갈 수도 있다.

불안의 스펙트럼 그 어디에 위치하든 간에 우리는 불안에 귀를 기울이고 때때로 이 무서운 감정이 동반자라는 믿음을 가질 수 있다. 불안을 이런 식으로 보는 것은 앞서 말한 유명한 루빈의 꽃병 착시 현상처럼 일종의 지각변동이 필요하다. 우리 눈앞에서 꽃병은 꽃병 그 자체로 보이다가 갑자기 서로를 바라보는 옆얼굴 사이라는 부정적인 공간으로 바뀐다. 무엇이 보이는가? 꽃병, 얼굴, 아니면 둘 다?

불안을 다시 생각하지 말자. 중화시키지도 말자. 잃어버린 역사나 옷장 위 상자 속 잊고 있었던 선물처럼 되찾자. 불안은 강점이 될 수 있지만 다른 진정한 강점과 마찬가지로 안에 취약점 또한 내포하고 있다.

이런 취약점을 통해 우리는 진정한 자신의 최고의 모습을 발견할 수 있을 것이다.

불안을 구제함으로써 우리는 스스로를 구제한다.

감사의 말

이 책을 쓴 것은 태어나 한 일 중 가장 힘들었지만 만족스러웠던 일에 속합니다. 비교할 수 있는 다른 일이라면 생후 4개월 만에 심장 개복 수술이 마지막 과정인 선천적 심장 질환 치료를 받는 아이를 지켜본 일뿐일 거예요. 그 일과 비교하는 건 이 책을 쓰는 게 그 일만큼 끔찍했어서가 아니라 두 경험 중 하나를 돌이켜볼 때마다 '도대체 내가 어떻게 그런 일을 해낼 수 있었지?'라는 똑같은 질문을 자신에게 던지기 때문입니다. 두 경우 모두 질문에 대한 답은 같았습니다. 친구들로부터 받았던 약간의, 어쩌면 약간보다 더 컸을 도움 덕분이었습니다.

친구 중 제가 운 좋게도 이름을 나열할 수 있는 놀라운 사람들의 목록은 제 대리인인 리처드 파인, 엘리자 로스스타인, 그리고 잉크웰 가족으로 시작합니다. 리처드, 정말 당신은 최고예요. 당신의 명석함과 유머 감각, 친절함, 그리고 92% 이상 정확해 보이는 통찰력에 감사드립니다. 엘리자, 당신은 많은 우여곡절을 겪는 절 연민을 가지고 옳은 길로 인도해주었고, 또 날카로운 피드백으로 책이 훨씬 더 훌륭하게 완성되도록 도와주었습니다. 매번 당신은 제 비장의 무기 같은 존재예요. 리처드와 엘리자, 당신들이 아니었다면 이 모든 게 불가능했을 겁니다. 당신들은 제게 모험을 걸어주었죠. 전 그 모험을 망치지 않으려고 최선을 다하고 있습니다.

그리고 빌 토넬리, 정신과 의사이자 교수이고 법률 고문이자 무엇보다 편집자였던 당신께도 감사드려요. 빌, 당신은 특별한 사람입니다. 제가 진정한 제 목소리를 찾는 걸 도와주셨어요. 여러 계획과 씨름하고 싸움을 포기하고 싶을 때 당신은 '지금은 포기할 때가 아니야'라고 말해주셨어요. 당신과 함께 일할 수 있었던 건 정말 제게 큰 행운이에요.

카렌 리날디와 하퍼웨이브 팀원들께도 감사 인사드립니다. 제가 전하려는 메시지를 믿고 이렇게 뛰어난 기량과 지혜를 모아 책을 세상에 내놓게 해주신 점 감사드려요. 당신과 당신의 뛰어난 팀과 함께 일할 수 있었던 저는 정말 축복받은 사람입니다.

동료이자 소중한 친구이기도 한 찰스 플래킨 박사는 이 책에서 저의 조용한 파트너였습니다. 그는 저를 도와 제가 내딛는 모든 걸음에 관해 조언을 아끼지 않았습니다. 그는 제가 아는 사람 중 가장 똑똑하고 인상 깊은 사람에 속합니다. 동시에 정말 좋은 사람이기도 하고요. 고마워요, 찰스. 절 믿어주셔서요. 당신의 관대한 영혼 덕분에 제 삶이 훨씬 더 나아졌어요.

레시마 소자니와 니할 메타는 특별한 응원을 해줍니다. 이 둘보다 더 훌륭한 지지자와 치어리더를 바랄 수 없을 거예요. 두 분의 변함없는 우정과 놀라운 마큐의 존재가 되어주신 점에 정말 감사드립니다.

두 분은 항상 제게 영감을 불어넣어 줍니다. 제가 해낼 수 있다고 굳게 믿어주셨고 그렇기에 저도 제가 할 수 있다는 것을 절대 의심하지 않았습니다.

또 가족 같은 친구들에게도 감사합니다. 자기 생각과 이야기를 나누어주고 좋은 이야기든 나쁜 이야기든 제가 하는 모든 생각을 늘어놓을 수 있게 해준 점, 최소한 24개의 서로 다른 짧은 이야기를 끈기 있게 들어준 점 고마워요. 애니아 싱글턴과 마이크 에런스, 리아즈 파텔과 마일스 앤드루스, 킴과 롭 카발로, 라즈와 로라 아민, 그리고 니나와 로마 토머스, 정말 고마워. 항상 너희들에게 고마운 마음뿐이야. 또 저와 제 가족의 삶을 멋진 방향으로 수없이 바꿔주시고 직장에서 동료와 나누는 소소한 이야기에 관해 훌륭한 조언을 해주신 앤절라 쳉 캐플런에게 진심 어린 감사 인사를 드립니다. 저 말씀해주신 대로 하고 있어요, 앤절라! 당신은 정말 최고예요.

자기 경험과 이야기를 아낌없이 공유해주신 분들께도 깊은 감사 인사를 드립니다. 스콧 파라진스키 박사님, 이 책이 높은 평가를 받은 이유는 당신의 영웅적이고도 인내심 가득한 이야기로 포문을 연 덕분입니다. 드루 센수에 웨인스테인, 제게 불안과 창의성에 관한 많은 것을 가르쳐주신 점 감사드려요. 앞으로도 당신의 비전을 세상과 공유해나가길 바랍니다. 이스트사이드중학교의 데이비드 게츠 교장 선생님과 헌터칼리지고등학교의 토니 피서 교장 선생님, 두 분과 같은 교육자는 흔치 않고 소중한 존재입니다. 아이들의 감정적 건강을 위한 두 분의 헌신에 감사드립니다. 저는 계속 두 분의 훌륭한 학생들에게 영감을 받고 있어요. 올소울스스쿨과 차핀스쿨, 컬리지에이트스쿨, 에디컬컬쳐필드스톤스쿨, 휴이트스쿨을 포함한 뉴욕시에 있는 학교들 전반에 걸쳐 불안과 정서 건강에 관해 저와 이야기를 나누어주신 모든 부모님과 선생님들께 감사 인사드립니다. 여러분과 나눈 모든 대화에서 새로운 통찰과 함께 많은 것을 배우고 돌아왔습니다. 감사합니다.

저는 이 책을 쓰면서 아이들이 이 복잡한 세상을 헤매며 느끼는 불안감에 관해 많은 생각을 했습니다. 그 결과 제 아이들의 삶과 인격을 형성해주는 사람들에게 감사하는 마음이 기하급수적으로 커졌죠. 특히 훌륭한 선생님들(에밀리 즈웨이벨 선생님, 꼭 언급하고 싶었어요!)과 아이들이 운 좋게 학교에 다니며 만날 수 있었던 여러 관리자 분들께요. 여러분은 우리 아이들에게 인내심을 발휘하고 공동체에서 힘을 찾아내고, 또 지성과 호기심을 가지고 질문을 하며 용감하고 바르게 세상을 살아갈 수 있도록 가르침을 주셨습니다. 또 아이들이 다니는 학교의 학부모 커뮤니티에도 정말 감사드리고 싶어요. 제 아이들을 위해 함께해주신 정말 많은 분을 믿을 수 있다는 게 얼마나 큰 의미였는지 말로 표현하기 어려울 정도예요. '정말 힘든 일이야'라는 말은 전혀 입에 올리지도 않으셨죠. 여러분의 지지와 함께한다는 유대감이 없었다면 불안을 커다란 힘으로 활용하는 일은 훨씬 더 어려웠을 겁니다.

뉴욕 맨해튼의 루빈 박물관 사무차장이자 프로그램 관련 최고 책임자이며 매년 열리는 뇌파 관련 프로그램 시리즈의 큐레이터이기도 한 팀 맥헨리에게 특별한 감사 인사를 전합니다. 저는 이 프로그램을 통해 매력적인 사람을 많이 만났는데 그중에서도 파라진스키 박사와의 만남이 기억에 남습니다. 팀, 당신은 제가 아는 사람 중 가장 매력적인 사람이기도 하지만 동시에 깊은 다정함과 지혜를 가진 몇 안 되는 매력적인 사람 중 한 명이기도 합니다. 루빈의 심장과 영혼이 되어주신 당신과 당신의 팀에게도 감사 인사드립니다. 그곳은 문화계의 보석 같은 존재이며 제가 거기서 경험한 것은 이 책에 깊이를 더해주었습니다. 캔디창과 제임스 리브스, 멋졌던 수개월에 걸쳐 루빈에서 살아 숨 쉰, 불안과 희망을 위한 놀랍고도 변화무쌍한 기념비를 만들어주신 것에 감사드려요. 두 분의 예술은 저와 이 책에 지워지지 않는 흔적을 남겨주었어요.

저는 헌터칼리지의 감정 조절 연구소 소속이 뛰어나 학술적 지원팀과 인연을 맺을 정도로 복 많은 사람이기도 했습니다. 여러분이 없었다면 이 책에 언급된 제 연구 중 그 어떤 것도 가능하지 않았을 거예요. 여러분의 명석함과 끈기, 호기심에 감사드립니다. 또 저에게 대화를 통해 영감을 준 학자들이 있습니다. 그들이 그 사실을 미처 깨닫지 못한 순간에도 말이죠. 세스 폴락 박사는 안식년 휴가 중에 시간을 내어 10대들의 감정적인 삶의 부분에 관해 이야기를 해주었습니다. 이 분야에서는 박사님만 한 분이 없어요. 세스, 당신의 혁신적인 과학적 기여와 무한한 지적 관대함에 감사드립니다. 그리고 저의 훌륭한 조력자들인 리자이나 미란다 박사님과 에카타리나 리크틱 박사님, 두 분이 해주신 일은 제게 많은 것을 가르쳐주었습니다. 리자이나, 당신은 제게 생각과 감정이 어떻게 얽히는지에 관해 다른 방식으로 생각할 수 있도록 해주셨어요. 그리고 제 도덕적 중심축을 제 과학의 중심에 두도록 해주시기

도 했죠. 카티야, 당신의 혁신적인 연구는 불안감에 관한 제 생각에 일
개 혁명을 일으켰습니다. 당신은 제게 안전에 관해 가르쳐주셨고 그긴
위협의 부재보다 훨씬 더 많은 걸 알게 해주었습니다. 헌터칼리지의 심
리학과, 대학원센터, 첨단과학연구센터 등 뉴욕시립대학의 동료들에
게도 감사 인사를 전합니다. 헌터칼리지의 제니퍼 라브 총장님, 이 책
에 담긴 아이디어를 발전시키고 공유할 수 있는 플랫폼을 제공해주신
점 감사합니다. 또 리 샤벳 박사와 황켕엔 박사를 포함한 뉴욕대학 랑
곤헬스Langone Health의 동료들에게도 감사 인사를 드리고 싶습니다. 저
는 랑곤헬스에서 경력을 쌓기 시작했고 그곳에서 저의 오랜 조력자인
에이미 크레인 로이 박사를 만났습니다. 에이미, 지난 몇 년 동안 당신
이 저와 공유해준 많은 통찰과 생각들 덕분에 저는 운 좋게도 이 책에
쓴 글의 많은 부분을 구상해냈고 당신의 동료가 될 수 있었습니다.

　저는 무엇보다도 감정을 다루는 과학자입니다. 그리고 오랜 동료들
과 멘토들에게 엄청난 빚을 졌습니다. 폴 헤이스팅스 박사님과 크리스
틴 버스 박사님, 저는 우리가 함께 쿠데타를 일으켰을 때 많은 것을 배
울 수 있었습니다. 그 시절은 제게 전성기처럼 반짝거리는 시절이었어
요. 제 대학원 멘토인 파멜라 M. 콜 박사님께 감사 인사드립니다. 파멜
라 박사님, 당신은 제게 모든 감정은 선물이고 심지어 양날의 칼일 때
조차 마찬가지라는 점, 그리고 문화와 맥락이 중요하다는 점도 알려주
셨습니다. 저는 파멜라 박사님뿐 아니라 조지프 캄포스, 단테 치체티,
톰 보르코벡 박사같이 그 분야의 거성들로부터 감정과 아동 발달, 불안
장애에 관해 배울 수 있었던 축복받은 사람입니다. 여러분의 연구는 우

리가 감정적인 위험과 건강, 그리고 회복력을 이해하는 방법을 재정의해주었습니다. 또 세상을 더 나은 곳으로 만들어주기도 했고요.

디지털 기술과 불안감에 관한 제 연구는 제가 아는 가장 똑똑한 사람 중 한 명인 세라 마이러스키 박사, 크리스틴 버스 박사, 코랄리 페레스-에드가 박사, 그리고 펜실베이니아주립대학의 수많은 훌륭한 연구원들에 의해 강력하게 진행되었습니다. 다이앤 소이어, 클레어 웨인라우브, 그리고 이 일을 한층 더 빛나게 해준 훌륭한 팀원들에게도 감사 인사드립니다. 저는 디지털 건강과 관련해서도 제 동료들로부터 많은 것을 얻었는데, 특히 킴 아넨버그 카발로와 테오도라 파브코비치, 앤드루 라시에, 그리고 마이카 시프리에게 감사드립니다. 기술이 좀 더 인도적이 되면 우리 모두 승리한다는 사실을 이해해주셨어요.

가족들도 저를 지켜봐주었습니다. 엄마와 존, 둘의 사랑과 지지에 감사드려요. 베스 이모, 내 대모님, 당신이 제 삶에 있어주셔서 정말 다행이에요. 제게 전혀 짐작도 못했던 방식으로 영향을 주셨어요. 책을 좋아하는 멋진 삶의 모습을 포함해서 말이죠. 저와 제 아이들에게 항상 고향 같은 포근함을 안겨주셨어요. 제 오른팔이기도 한 시타 히라랄에게도 감사드립니다. 오랜 세월 동안 우리 가족의 마음속에 있어주셨어요. 그리고 케이티와 롭 애덤스도요. 최고야, 덴. 넌 내게 형제 이상의 존재야. 덴 서밋은 제가 험난한 일들을 헤쳐나갈 때 힘이 되어주었고 통찰과 아이디어로 항상 제가 이 책과 다른 많은 것에 관해 더 나은 방향으로 나아갈 수 있도록 도와주었습니다. 그리고 스트로, 넌 우리 가족에게 많은 따스함과 빛을 가져다줘. 내 형제로 있어줘서 고마워.

노치에게, 당신은 이 책을 쓰는 내내 저의 가장 한결같은 동반자였어요. 변함없는 충실함과 차분한 존재감, 그리고 배를 문질러주는 따스한 사랑에 감사해요. 당신과 함께 산책하는 동안 저는 머리를 맑게 하고 많은 것을 깨닫는 시간을 보냈어요.

그리고 카비와 난디니에게, 너희 둘은 이 세상에 존재하는 것만으로 내 모든 것을 더 좋게 만들고 더 아름답게, 더 희망적으로 변하게 해. 너희가 책에 나오는 너희 모습에 약간 화를 낼 수도 있겠다. 아니길 바라지만 말이야. 하지만 실제로 너희가 계속해서 내게 많은 걸 가르쳐주었기 때문에 책에 꼭 나와야 했다는 점을 알아줬으면 좋겠구나. 엄마가 너희 둘 다 너무 사랑해.

이 책을 쓰는 작업은 일생일대의 여정이었습니다. 사랑하는 남편이자 인생의 동반자인 비벡 J. 티와리에게 감사드립니다. 이 책의 집필과 삶의 모든 면에서 제가 바랄 수 있었던 것보다 더 많은 사랑과 지지를 보내주셨어요. 당신은 제게 반석 같은 존재예요. 당신은 한결같은 모습으로 있어주면서 제가 모든 게 가능하다고 믿게 해줬어요. 사랑합니다.

그리고 마지막으로 독자 여러분께 감사 인사를 전합니다. 여러분은 이 책의 영혼을 함축한 존재들입니다. 여러분을 사랑하는 이유는 우리가 모두 그렇듯 여러분 역시 무언가 겪어나가고 있다는 걸 알고 있기 때문이에요. 멈추지 말고 계속 나아가자고요, 친구들.

주

프롤로그

1. Søren Kierkegaard, *The Concept of Anxiety: A Simple Psychologically Oriented Deliberation in View of the Dogmatic Problem of Hereditary Sin*, translated by Alastair Hannay (New York: W. W. Norton, 2014), 189.

1장 불안이란 무엇인가

1. Ronald C. Kessler and PhilipS. Wang, "The Descriptive Epidemiology of Commonly Occurring Mental Disorders in the United States," *Annual Review of Public Health* 29, no. 1 (2008): 115–29, doi:10.1146/annurev. publhealth.29.020907.090847.

2. "Mental Illness," National Institute of Mental Health, https://www.nimh.nih. gov/health/statistics/mental-illness.

3. *Diagnostic and Statistical Manual of Mental Disorders* (DSM-5) (Arlington, VA: American Psychiatric Association, 2017).

4. Clemens Kirschbaum, Karl-Martin Pirke, and Dirk H. Hellhammer, "The 'Trier Social Stress Test'—Tool for Investigating Psychobiological Stress Responses in a Laboratory Setting," *Neuropsychobiology* 28, nos. 1–2 (1993): 76–81, doi:10.1159/000119004.

5. Jeremy P. Jamieson, Matthew K. Nock, and Wendy Berry Mendes, "Changing the Conceptualization of Stress in Social Anxiety Disorder," *Clinical*

Psychological Science 1, no. 4 (2013): 363–74, doi:10.1177/2167702613482119.

2장 불안이 존재하는 이유

1. Charles Darwin, *The Expression of the Emotions in Man and Animals, Anniversary Edition*, 4th ed. (Oxford, UK: Oxford University Press, 2009).

2. Charles Darwin, *On the Origin of Species*, vol. 5 of The Evolution Debate, 1813–1870, edited by David Knight (London: Routledge, 2003).

3. Charles Darwin, *The Descent of Man, and Selection in Relation to Sex*, vol. 22 of The Works of Charles Darwin, edited by Paul H. Barrett (London: Routledge, 1992).

4. Darwin, *The Expression of the Emotions in Man and Animals*, 29.

5. 위의 책, 81.

6. Joseph J. Campos, Alan Langer, and Alice Krowitz, "Cardiac Responses on the Visual Cliff in Prelocomotor Human Infants," *Science* 170, no. 3954 (1970): 196–97, doi:10.1126/science.170.3954.196.

7. James F. Sorce et al., "Maternal Emotional Signaling: Its Effect on the Visual Cliff Behavior of 1-Year-Olds," *Developmental Psychology* 21, no. 1 (1985): 195–200, doi:10.1037/0012-1649.21.1.195.

8. Karen C. Barrett and Joseph J. Campos, "Perspectives on Emotional Development II: A Functionalist Approach to Emotions," in *Handbook of Infant Development*, 2nd ed., edited by Joy D. Osofsky (New York: John Wiley & Sons, 1987), 555–78; Dacher Keltner and James J. Gross, "Functional Accounts of Emotions," Cognition & Emotion 13, no. 5 (1999): 467–80, doi: 10.1080/026999399379140.

9. Nico H. Frijda, *The Emotions* (Cambridge, UK: Cambridge University Press, 2001).

10. Darwin, *The Expression of the Emotions in Man and Animals*, 240.

11. https://www.ncbi.nlm.nih.gov/pmc/articles/PMC3181681/

12. Joseph LeDoux and Nathaniel D. Daw, "Surviving Threats: Neural Circuit and Computational Implications of a New Taxonomy of Defensive Behaviour," *Nature Reviews Neuroscience* 19, no. 5 (2018): 269–82, doi:10.1038/nrn.2018.22.

13. Yair Bar-Haim et al., "Threat-Related Attentional Bias in Anxious and Nonanxious Individuals: A Meta-Analytic Study," Psychological Bulletin 133, no. 1 (2007): 1–24, doi:10.1037/0033-2909.133.1.1; Colin MacLeod, Andrew Mathews, and Philip Tata, "Attentional Bias in Emotional Disorders," *Journal of Abnormal Psychology* 95, no. 1 (1986): 15–20, doi:10.1037/0021-843x.95.1.15.

14. Tracy A. Dennis-Tiwary et al., "Heterogeneity of the Anxiety-Related Attention Bias: A Review and Working Model for Future Research," *Clinical Psychological Science* 7, no. 5 (2019): 879–99, doi:10.1177/2167702619838474.

15. James A. Coan, Hillary S. Schaefer, and Richard J. Davidson, "Lending a Hand," *Psychological Science* 17, no. 12 (2006): 1032–39, doi:10.1111/j.1467-9280.2006.01832.x.

16. Harry F. Harlow and Stephen J. Suomi, "Induced Psychopathology in Monkeys," *Caltech Magazine*, 33, no.6 (1970): 8–14, https://resolver.caltech.edu/CaltechES:33.6.monkeys.

3장 미래 시제: 나만의 모험을 선택하라

1. Thomas Hobbes, *Leviathan*, edited by Marshall Missner, Longman Library of Primary Sources in Philosophy (New York: Routledge, 2008 [1651]).

2. David Dunning and Amber L. Story, "Depression, Realism, and the Overconfidence Effect: Are the Sadder Wiser When Predicting Future Actions and Events?," *Journal of Personality and Social Psychology* 61, no. 4 (1991): 521–32, doi:10.1037/0022-3514.61.4.521.

3. Gabriele Oettingen, Doris Mayer, and Sam Portnow, "Pleasure Now, Pain Later," *Psychological Science* 27, no. 3(2016): 345–53, doi:10.1177/0956797615620783.

4. Birgit Kleim et al., "Reduced Specificity in Episodic Future Thinking in

Posttraumatic Stress Disorder," *Clinical Psychological Science* 2, no. 2 (2013): 165–73, doi:10.1177/2167702613495199.

5. Adam D. Brown et al., "Overgeneralized Autobiographical Memory and Future Thinking in Combat Veterans with Posttraumatic Stress Disorder," *Journal of Behavior Therapy and Experimental Psychiatry* 44, no. 1 (2013): 129–34, doi:10.1016/j.jbtep.2011.11.004.

6. Susan M. Andersen, "The Inevitability of Future Suffering: The Role of Depressive Predictive Certainty in Depression," *Social Cognition* 8, no. 2 (1990): 203–28, doi:10.1521/soco.1990.8.2.203.

7. Regina Miranda and Douglas S. Mennin, "Depression, Generalized Anxiety Disorder, and Certainty in Pessimistic Predictions About the Future," *Cognitive Therapy and Research 31*, no. 1 (2007): 71–82, doi:10.1007/s10608-006-9063-4.

8. Joanna Sargalska, Regina Miranda, and Brett Marroquin, "Being Certain About an Absence of the Positive: Specificity in Relation to Hopelessness and Suicidal Ideation," *International Journal of Cognitive Therapy* 4, no. 1 (2011): 104–16, doi:10.1521/ijct.2011.4.1.104.

9. Laura L. Carstensen, "The Influence of a Sense of Time on Human Development," *Science* 312, no. 5782 (2006): 1913–15, doi:10.1126/science.1127488.

10. Jordi Quoidbach, Alex M. Wood, and Michel Hansenne, "Back to the Future: The Effect of Daily Practice of Mental Time Travel into the Future on Happiness and Anxiety," *Journal of Positive Psychology* 4, no. 5 (2009): 349–55, doi:10.1080/17439760902992365.

11. Ellen J. Langer, "The Illusion of Control," *Journal of Personality and Social Psychology 32*, no. 2 (1975): 311–28, doi:10.1037/0022-3514.32.2.311.

12. Lyn Y. Abramson, Martin E. Seligman, and John D. Teasdale, "Learned Helplessness in Humans: Critique and Reformulation," *Journal of Abnormal Psychology 87*, no. 1 (1978): 49–74, doi:10.1037/0021-843x.87.1.49.

13. David York et al., "Effects of Worry and Somatic Anxiety Induction on Thoughts, Emotion and Physiological Activity," *Behaviour Research and Therapy* 25, no. 6 (1987): 523–26, doi:10.1016/0005-7967(87)90060-x.

14. Ayelet Meron Ruscio and T. D. Borkovec, "Experience and Appraisal of Worry Among High Worriers with and Without Generalized Anxiety Disorder," *Behaviour Research and Therapy* 42, no. 12 (2004): 1469–82, doi:10.1016/j.brat.2003.10.007.

4장 질병으로서 불안 이야기

1. Dante Alighieri, *The Divine Comedy of Dante Alighieri*, translated by Robert Hollander and Jean Hollander (New York: Anchor, 2002).

2. Democritus Junior [Robert Burton], *The Anatomy of Melancholy*, 8th ed. (Philadelphia: J. W. Moore, 1857 [1621]), https://books.google.com/books?id=jTwJAAAAIAAJ.

3. 위의 책, 163–64.

4. Sigmund Freud, *The Problem of Anxiety*, translated by Henry Alden Bunker (New York: Psychoanalytic Quarterly Press, 1936), https://books.google.com/books?id=uOh8CgAAQBAJ

5. W. H. Auden, *The Age of Anxiety*: A Baroque Eclogue (New York: Random House, 1947).

6. Sigmund Freud, "Analysis of a Phobia in a Five-Year-Old Boy," in *Two Case Histories* ("Little Hans" and the "Rat Man"), vol. 10 of The Standard Edition of the Complete Psychological Works of Sigmund Freud (London: Hogarth Press, 1909), 1–150.

7. Sigmund Freud, "Notes upon a Case of Obsessional Neurosis," in Freud, *Two Case Histories* ("Little Hans" and the "Rat Man"), 151–318.

8. *Diagnostic and Statistical Manual of Mental Disorders* (DSM-5) (Arlington, VA: American Psychiatric Association, 2017).

9. Kurt Lewin, *Resolving Social Conflicts, Selected Papers on Group Dynamics 1935–1946* (New York: Harper, 1948).

10. Judith Shulevitz, "In College and Hiding from Scary Ideas," *New York Times*, March 21, 2015, https://www.nytimes.com/2015/03/22/opinion/sunday/judith-shulevitz-hiding-from-scary-ideas.html.

11. Guy A. Boysen et al., "Trigger Warning Efficacy: The Impact of Warnings on Affect, Attitudes, and Learning," *Scholarship of Teaching and Learning in Psychology* 7, no. 1 (2021): 39–52, doi:10.1037/stl0000150.

12. Benjamin W. Bellet, Payton J. Jones, and Richard J. McNally, "Trigger Warning: Empirical Evidence Ahead," *Journal of Behavior Therapy and Experimental Psychiatry* 61 (2018): 134–41, doi:10.1016/j.jbtep.2018.07.002.

5장 편안한 무감각

1. W. H. Auden, *The Age of Anxiety*: A Baroque Eclogue (New York: Random House, 1947).

2. Jeannette Y. Wick, "The History of Benzodiazepines," *Consultant Pharmacist* 28, no. 9 (2013): 538–48, doi:10.4140/tcp.n.2013.538.

3. 위의 책.

4. "Leo Sternbach: Valium: The Father of Mother's Little Helpers," *U.S. News & World Report*, December 27, 1999.

5. "Overdose Death Rates," National Institute on Drug Abuse, January 29, 2021, https://www.drugabuse.gov/drug-topics/trends-statistics/overdose-death-rates.

6. 위의 자료.

7. "Understanding the Epidemic," Centers for Disease Control and Prevention, March 17, 2021, https://www.cdc.gov/opioids/basics/epidemic.html.

8. "Overdose Death Rates," National Institute on Drug Abuse.

9. Barry Meier, "Origins of an Epidemic: Purdue Pharma Knew Its Opioids Were Widely Abused," *New York Times*, May 29, 2018, https://www.nytimes.

com/2018/05/29/health/purdue-opioids-oxycontin.html.

10. "Mental Illness," National Institute of Mental Health, https://www.nimh.nih. gov/health/statistics/mental-illness.

11. Juliana Menasce Horowitz and Nikki Graf, "Most U.S. Teens See Anxiety and Depression as a Major Problem Among Their Peers," Pew Research Center, February 20, 2019, https://www.pewresearch.org/social-trends/2019/02/20/most-u-s-teens-see-anxiety-and-depression-as-a-major-problem-among-their-peers/.

12. The Addictive Relationship": Angel Diaz, "Bars: The Addictive Relationship with Xanax & Hip Hop | Complex News Presents," Complex, May 28, 2019, https://www.complex.com/music/2019/05/bars-the-addictive-relationship-between-xanax-and-hip-hop.

6장 기계 탓이라고?

1. Ingibjorg Eva Thorisdottir et al., "Active and Passive Social Media Use and Symptoms of Anxiety and Depressed Mood Among Icelandic Adolescents," *Cyberpsychology, Behavior, and Social Networking* 22, no. 8 (2019): 535–42, doi:10.1089/cyber.2019.0079.

2. Kevin Wise, Saleem Alhabash, and Hyojung Park, "Emotional Responses During Social Information Seeking on Facebook," *Cyberpsychology, Behavior, and Social Networking* 13, no. 5 (2010): 555–62, doi:10.1089/cyber.2009.0365.

3. 위의 책.

4. Carmen Russoniello, Kevin O'Brien, and J. M. Parks, "The Effectiveness of Casual Video Games in Improving Mood and Decreasing Stress," *Journal of Cyber Therapy and Rehabilitation* 2, no. 1 (2009): 53–66.

5. Wise et al., "Emotional Responses During Social Information Seeking on Facebook."

6. "Being Human," Maneesh Juneja, May 23, 2017, https://maneeshjuneja.com/

blog/2017/5/23/being-human.

7. James A. Coan, Hillary S. Schaefer, and Richard J. Davidson, "Lending a Hand," *Psychological Science* 17, no. 12 (2006): 1032–39, doi:10.1111/j.1467-9280.2006.01832.x.

8. Leslie J. Seltzer et al., "Instant Messages vs. Speech: Hormones and Why We Still Need to Hear Each Other," *Evolution and Human Behavior* 33, no. 1 (2012): 42–45, doi:10.1016/j.evolhumbehav.2011.05.004.

9. M. Tomasello, *A Natural History of Human Thinking* (Cambridge, MA: Harvard University Press, 2014).

10. Sarah Myruski et al., "Digital Disruption? Maternal Mobile Device Use Is Related to Infant Social-Emotional Functioning," *Developmental Science* 21, no. 4 (2017), doi:10.1111/desc.12610.

11. Kimberly Marynowski, "Effectiveness of a Novel Paradigm Examining the Impact of Phubbing on Attention and Mood," April 21, 2021, CUNY Academic Works, https://academicworks.cuny.edu/hc_sas_etds/714.

12. Anya Kamenetz, "Teen Girls and Their Moms Get Candid About Phones and Social Media," NPR, December 17, 2018, https://www.npr.org/2018/12/17/672976298/teen-girls-and-their-moms-get-candid-about-phones-and-social-media.

13. Jean M. Twenge et al., "Increases in Depressive Symptoms, Suicide-Related Outcomes, and Suicide Rates Among U.S. Adolescents After 2010 and Links to Increased New Media Screen Time," *Clinical Psychological Science* 6, no. 1 (2017): 3–17, doi:10.1177/2167702617723376.

14. Amy Orben and Andrew K. Przybylski, "The Association Between Adolescent Well-Being and Digital Technology Use," *Nature Human Behaviour* 3, no. 2 (2019): 173–82, doi:10.1038/s41562-018-0506-1.

15. Sarah M. Coyne et al., "Does Time Spent Using Social Media Impact Mental Health?: An Eight Year Longitudinal Study," *Computers in Human Behavior*

104 (2020): 106160, doi:10.1016/j.chb.2019.106160.

16. Seltzer et al., "Instant Messages vs. Speech: Hormones and Why We Still Need to Hear Each Other."

17. Tracy A. Dennis-Tiwary, "Taking Away the Phones Won't Solve Our Teenagers' Problems," *New York Times*, July 14, 2018, https://www.nytimes.com/2018/07/14/opinion/sunday/smartphone-addiction-teenagers-stress.html.

7장 불확실성

1. John Allen Paulos, *A Mathematician Plays the Stock Market* (New York: Basic Books, 2003).

2. Jacob B. Hirsh and Michael Inzlicht, "The Devil You Know: Neuroticism Predicts Neural Response to Uncertainty," *Psychological Science* 19, no. 10 (2008): 962–67, doi:10.1111/j.1467-9280.2008.02183.x.

3. Sally S. Dickerson and Margaret E. Kemeny, "Acute Stressors and Cortisol Responses: A Theoretical Integration and Synthesis of Laboratory Research," *Psychological Bulletin* 130, no. 3 (2004): 355–91, doi:10.1037/0033-2909.130.3.355.

4. Erick J. Paul et al., "Neural Networks Underlying the Metacognitive Uncertainty Response," *Cortex* 71 (2015): 306–22, doi:10.1016/j.cortex.2015.07.028.

5. Orah R. Burack and Margie E. Lachman, "The Effects of List-Making on Recall in Young and Elderly Adults," *Journals of Gerontology: Series B: Psychological Sciences and Social Sciences* 51B, no. 4 (1996): 226–33, doi:10.1093/geronb/51b.4.p226.

6. David DeSteno, "Social Emotions and Intertemporal Choice: 'Hot' Mechanisms for Building Social and Economic Capital," *Current Directions in Psychological Science* 18, no. 5 (2009): 280–84, doi:10.1111/j.1467-8721.2009.01652.x.

7. Leah Dickens and David DeSteno, "The Grateful Are Patient: Heightened Daily Gratitude Is Associated with Attenuated Temporal Discounting," *Emotion* 16,

no. 4 (2016): 421–25, doi:10.1037/emo0000176.

8. Marjolein Barendse et al., "Longitudinal Change in Adolescent Depression and Anxiety Symptoms from Before to During the COVID-19 Pandemic: A Collaborative of 12 Samples from 3 Countries," April 13, 2021, doi:10.31234/osf. io/hn7us.

9. Polly Waite et al., "How Did the Mental Health of Children and Adolescents Change During Early Lockdown During the COVID-19 Pandemic in the UK?," February 4, 2021, doi:10.31234/osf.io/t8rfx.

8장 창의성

1. Rollo May, *The Meaning of Anxiety* (New York: W. W. Norton, 1977), 370.

2. Matthijs Baas et al., "Personality and Creativity: The Dual Pathway to Creativity Model and a Research Agenda," *Social and Personality Psychology Compass* 7, no. 10 (2013): 732–48, doi:10.1111/spc3.12062.

3. Carsten K. De Dreu, Matthijs Baas, and Bernard A. Nijstad, "Hedonic Tone and Activation Level in the Mood-Creativity Link: Toward a Dual Pathway to Creativity Model," *Journal of Personality and Social Psychology* 94, no. 5 (2008): 739–56, doi:10.1037/0022-3514.94.5.739.

4. Thomas Curran et al., "A Test of Social Learning and Parent Socialization Perspectives on the Development of Perfectionism," *Personality and Individual Differences* 160 (2020): 109925, doi:10.1016/j.paid.2020.109925.

5. Patrick Gaudreau, "On the Distinction Between Personal Standards Perfectionism and Excellencism: A Theory Elaboration and Research Agenda," *Perspectives on Psychological Science* 14, no. 2 (2018): 197–215, doi:10.1177/1745691618797940.

6. 위의 책.

7. Diego Blum and Heinz Holling, "Spearman's Law of Diminishing Returns A Meta-Analysis," *Intelligence* 65 (2017): 60–66, doi:10.1016/j.intell.2017.07.004.

8. Patrick Gaudreau and Amanda Thompson, "Testing a 2×2 Model of Dispositional Perfectionism," *Personality and Individual Differences* 48, no. 5 (2010): 532–37, doi:10.1016/j.paid.2009.11.031.

9. Joachim Stoeber, "Perfectionism, Efficiency, and Response Bias in Proof-Reading Performance: Extension and Replication," *Personality and Individual Differences* 50, no. 3 (2011): 426–29, doi:10.1016/j.paid.2010.10.021.

10. Benjamin Wigert, et al., "Perfectionism: The Good, the Bad, and the Creative," *Journal of Research in Personality* 46, no. 6 (2012): 775–79, doi:10.1016/j.jrp.2012.08.007.

11. 위의 책

12. A. Madan et al., "Beyond Rose Colored Glasses: The Adaptive Role of Depressive and Anxious Symptoms Among Individuals with Heart Failure Who Were Evaluated for Transplantation," *Clinical Transplantation* 26, no. 3 (2012), doi:10.1111/j.1399-0012.2012.01613.x.

13. Søren Kierkegaard, *The Concept of Anxiety: A Simple Psychologically Oriented Deliberation in View of the Dogmatic Problem of Hereditary Sin*, translated by Alastair Hannay (New York: W. W. Norton, 2014).

9장 아이들은 연약하지 않다

1. Rainer Maria Rilke, *Letters to a Young Poet*, translated by Stephen Mitchell (New York: Vintage Books, 1984), 110.

2. "Mental Illness," National Institute of Mental Health, https://www.nimh.nih.gov/health/statistics/mental-illness.

3. Juliana Menasce Horowitz and Nikki Graf, "Most U.S. Teens See Anxiety, Depression as Major Problems," Pew Research Center, February 20, 2019, https://www.pewresearch.org/social-trends/2019/02/20/most-u-s-teens-see-anxiety-and-depression-as-a-major-problem-among-their-peers/.

4. Nassim Nicholas Taleb, *Antifragile: Things That Gain from Disorder* (New

York: Random House, 2016), 3.

5. Eli R. Lebowitz et al., "Parent-Based Treatment as Efficacious as Cognitive-Behavioral Therapy for Childhood Anxiety: A Randomized Noninferiority Study of Supportive Parenting for Anxious Childhood Emotions," *Journal of the American Academy of Child & Adolescent Psychiatry* 59, no. 3 (2020): 362–72, doi:10.1016/j.jaac.2019.02.014.

6. Howard Peter Chudacoff, *Children at Play: An American History* (New York: New York University Press, 2008).

7. Claire Cain Miller and Jonah E. Bromwich, "How Parents Are Robbing Their Children of Adulthood," *New York Times*, March 16, 2019, https://www.nytimes.com/2019/03/16/style/snowplow-parenting-scandal.html.

8. The Editorial Board, "Turns Out There's a Proper Way to Buy Your Kid a College Slot," *New York Times*, March 12, 2019, https://www.nytimes.com/2019/03/12/opinion/editorials/college-bribery-scandal-admissions.html.

9. Kerstin Konrad, Christine Firk, and Peter J. Uhlhaas, 2013. "Brain Development During Adolescence: Neuroscientific Insights into This Developmental Period," *Deutsches Arzteblatt International*, 110, no. 25 (2013): 425–31, doi:10.3238/arztebl.2013.0425.

10. P. Shaw et al., 2006. "Intellectual Ability and Cortical Development in Children and Adolescents," *Nature* 440, no. 7084 (2006): 676–79, doi:10.1038/nature04513.

11. Margo Gardner and Laurence Steinberg, "Peer Influence on Risk Taking, Risk Preference, and Risky Decision Making in Adolescence and Adulthood: An Experimental Study," *Developmental Psychology* 41, no. 4 (2005): 625–35, doi:10.1037/0012-1649.41.4.625.

12. Pasko Rakic et al., "Concurrent Overproduction of Synapses in Diverse Regions of the Primate Cerebral Cortex," *Science* 232, no. 4747 (1986): 232–35, doi:10.1126/science.3952506.

13. Colleen C. Hawkins, Helen M. Watt, and Kenneth E. Sinclair, "Psychometric Properties of the Frost Multidimensional Perfectionism Scale with Australian Adolescent Girls," *Educational and Psychological Measurement* 66, no. 6 (2006): 1001–22, doi:10.1177/0013164405285909.

14. Keith C. Herman et al., "Developmental Origins of Perfectionism among African American Youth," *Journal of Counseling Psychology* 58, no. 3 (2011): 321–34, doi:10.1037/a0023108.

15. Curran et al., "A Test of Social Learning and Parent Socialization Perspectives on the Development of Perfectionism."

16. Brittany N. Anderson and Jillian A. Martin, "What K-12 Teachers Need to Know About Teaching Gifted Black Girls Battling Perfectionism and Stereotype Threat," *Gifted Child Today* 41, no. 3 (2018): 117–24, doi:10.1177/1076217518768339.

17. Civil Rights Data Collection. https://ocrdata.ed.gov/DataAnalysisTools/DataSetBuilder?Report=7.

18. "2016 College-Bound Seniors Total Group Profile Report," College Board, https://secure-media.collegeboard.org/digitalServices/pdf/sat/total-group-2016.pdf.

19. Gijsbert Stoet and David C. Geary, "The Gender-Equality Paradox in Science, Technology, Engineering, and Mathematics Education," *Psychological Science* 29, no. 4 (2018): 581–93, doi:10.1177/0956797617741719.

20. Campbell Leaper and Rebecca S. Bigler, "Gendered Language and Sexist Thought," *Monographs of the Society for Research in Child Development* 69, no. 1 (2004): 128–42, doi:10.1111/j.1540-5834.2004.06901012.x.

21. Tara Sophia Mohr, "Why Women Don't Apply for Jobs Unless They're 100% Qualified," *Harvard Business Review*, August 25, 2014, https://hbr.org/2014/08/why-women-dont-apply-for-jobs-unless-theyre-100-qualified.

22. Elizabeth M. Planalp et al., "The Infant Version of the Laboratory Temperament

Assessment Battery (Lab-TAB): Measurement Properties and Implications for Concepts of Temperament," *Frontiers in Psychology* 8 (2017), doi:10.3389/fpsyg.2017.00846.

10장 올바른 방법으로 불안해하기

1. Søren Kierkegaard, *The Concept of Anxiety: A Simple Psychologically Oriented Deliberation in View of the Dogmatic Problem of Hereditary Sin*, translated by Alastair Hannay (New York: W. W. Norton, 2014, [1884]).

2. Jeremy P. Jamieson, Matthew K. Nock, and Wendy Berry Mendes, "Changing the Conceptualization of Stress in Social Anxiety Disorder," *Clinical Psychological Science* 1, no. 4 (2013): 363–74, doi:10.1177/2167702613482119.

3. Brandon A. Kohrt and Daniel J. Hruschka, "Nepali Concepts of Psychological Trauma: The Role of Idioms of Distress, Ethnopsychology and Ethnophysiology in Alleviating Suffering and Preventing Stigma," *Culture, Medicine, and Psychiatry* 34, no. 2 (2010): 322–52, doi:10.1007/s11013-010-9170-2.

4. Marcus E. Raichle, "The Brain's Default Mode Network," *Annual Review of Neuroscience* 38, no. 1 (2015): 433–47, doi:10.1146/annurev-neuro-071013-014030.

5. "Harvard Second Generation Study," Harvard Medical School, https://www.adultdevelopmentstudy.org/.

6. Geoffrey L. Cohen and David K. Sherman, "The Psychology of Change: Self-Affirmation and Social Psychological Intervention," *Annual Review of Psychology* 65, no. 1 (2014): 333–71, doi:10.1146/annurev-psych-010213-115137.

7. 위의 책.

8. E. Tory Higgins, "Self-Discrepancy: A Theory Relating Self and Affect," *Psychological Review* 94, no. 3 (1987): 319–40, doi:10.1037/0033-295x.94.3.319.

9. Scott Spiegel, Heidi Grant-Pillow, and E. Tory Higgins, "How Regulatory Fit Enhances Motivational Strength During Goal Pursuit," *European Journal of Social Psychology* 34, no. 1 (2004): 39–54, doi:10.1002/ejsp.180.

불안이 불안하다면

초판 1쇄 인쇄 2023년 4월 14일 | 초판 1쇄 발행 2023년 4월 28일

지은이 트레이시 데니스 티와리 | 옮긴이 양소하

펴낸이 신광수
CS본부장 강윤구 | 출판개발실장 위귀영 | 디자인실장 손현지
단행본개발팀 정혜리, 권병규, 조문채
출판디자인팀 최진아, 당승근 | 저작권 김마이, 이아람
출판사업팀 이용복, 민현기, 우광일, 김선영, 최재용, 신지애, 허성배, 이강원, 정유, 설유상, 정슬기,
　　　　　 정재욱, 박세화, 김종민, 전지현
영업관리파트 홍주희, 이은비, 정은정
CS지원팀 강승훈, 봉대중, 이주연, 이형배, 전효정, 이우성, 신재윤, 장현우, 정보길

펴낸곳 (주)미래엔 | 등록 1950년 11월 1일(제16-67호)
주소 06532 서울시 서초구 신반포로 321
미래엔 고객센터 1800-8890
팩스 (02)541-8249 | 이메일 bookfolio@mirae-n.com
홈페이지 www.mirae-n.com

ISBN 979-11-6841-525-6 (03180)